轉型正義與族群課題的他山之石

U0118609

出版
台灣國際研究學會

經銷
翰蘆圖書出版

國家圖書館出版品預行編目資料

轉型正義與族群課題的他山之石／施正鋒著. --初
版.--台北市：台灣國際研究學會；翰蘆圖書總經
銷，2017.02

　　面：21×15公分

ISBN 978-986-93946-2-8（平裝）

1.民主政治　2.政治轉型　3.社會正義　4.比較研究

571.6　　　　　　　　　　　　　　　　106001714

知識分享・文化傳播

翰蘆知識網 www.hanlu.com.tw

轉型正義與族群課題的他山之石

施正鋒

台灣國際研究學會
www.tisanet.org

轉型正義與族群課題的他山之石

2017 年 2 月 初版發行

著　　　者	施正鋒
發　行　人	施正鋒
出　版　者	台灣國際研究學會
地　　　址	台北市 106 大安區和平東路一段 129-1 號
電　　　話	02-2778-8152, 2356-8098
網　　　址	http://www.tisanet.org/main.htm
製　　　作	金華排版打字行
電　　　話	02-2382-1169

總　經　銷	翰蘆圖書出版有限公司
總　經　理	洪詩棠
法律顧問	許兆慶、彭國能、曾榮振（律師群依筆劃）
工作團隊	孫麗珠、許美鈴、王偉志、黃靜君、彭筠
地　　　址	台北市 100 重慶南路一段 121 號 5 樓之 11
電　　　話	02-2382-1120
傳　　　眞	02-2331-4416
網　　　址	http://www.hanlu.com.tw
信　　　箱	hanlu@hanlu.com.tw

大陸展售	廈門外图集团有限公司
地　　　址	厦门市湖里区悦华路 8 号外图物流大厦 4 楼
電　　　話	86-592-2986298

ATM轉帳	107-540-458-934 中國信託城中分行（代號 822）
郵政劃撥	15718419 翰蘆圖書出版有限公司

加入會員，直購優惠。

書局缺書，請告訴店家代訂或補書，或向本公司直購。

定價　新臺幣 580 元

目錄

第一部分
轉型正義

中、東歐的轉型正義[*]

Those who control the present, control the past and those who control the past control the future.

George Orwell, 1984

We had all become used to the totalitarian system and accepted it as an unchangeable fact and thus helped to perpetuate it. In other words, we are all - though naturally to differing extents - responsible for the operation of the totalitarian machinery. None of us is just its victim. We are all also its cocreators.

Vaclav Havel（1990）

In a totalitarian system, everyone is to some extent a victim and to some extent a collaborator.

Janos Kornai（Horne & Levi, 2003: 19-20）

It will take six months to reform the political systems, six years to change the economic systems, and sixty years to effect a revolution in the peoples' hearts and minds."

Ralf Dahrendorf（Cepl, 1997: 229-30）

---

* 發表於台灣歷史學會、彭明敏文教基金會、吳三連台灣史料基金會主辦「轉型正義學術研討會」，台北，台灣國際會館，2016/5/15。

在這段長達數十年的歲月，一般人對林鐘雄的印象就是反應這樣的感慨：「常常喝酒，甚是喝到醉醺醺。唉！很可惜這樣糟蹋自己。」如此的描述或認知，我認為只是表相的觀察，很少人知道或瞭解他內心深處真正的痛苦。他根本不曾向他人訴說其苦境，除了林師母。他一生背負喪失自由，忍受這個潛藏的壓力，到他逝世之後，我才獲悉。讓我深身體會：潛藏強大的特別壓力，可以徹底毀掉一個人的前途抱負。尤其，在白色恐怖時代。

彭百顯（2011：47）

壹、前言

「轉型正義」（transitional justice）是指在民主轉型的過程，如何面對舊政權（*ancien régime*）所留下來的不公不義（injustice）。自從第三波民主化在 1970 年代由南歐發軔，拉丁美洲國家在 1980 年代接棒，中、東歐國家[1]也在 1990 年代展開，民主轉型已經累積相當多的經驗。特別是後者，一方面要實施政治民主化，也要進行經濟市場化，同時還要處理族群和解。對於這些前共產國家的人民來說，轉型正義不只是民主化的課題，更是民族認同的重新定義，畢竟，不敢回顧過去，無法立足現在，更遑論邁向未來。

我們先前以光譜的方式，將轉型正義的途經分為失憶、除罪、補償、真相、整肅、審判、以及報復（施正鋒，2010：266）。在這

---

[1] 主要是指阿爾巴尼亞、白俄羅斯、保加利亞、捷克、愛沙尼亞、匈牙利、拉脫維亞、立陶宛、波蘭、羅馬尼亞、俄羅斯、斯洛伐克、烏克蘭。南斯拉夫解體後的各國，目前從事重建，轉型正義的研究較少，不過，仍有塞爾維亞、以及馬其頓嘗試洗滌。

裡，我們進一步以加害者、真相、以及受害者等三個軸線，將轉型正義的工作呈現如下（圖1）：對於加害者，在除罪（赦免）與報復之間，可以進行刑事審判、究其罪刑，也可以採取行政洗滌；針對真相，可以選擇集體失憶、展開調查、或是公布真相；面對受害者，可以加以漠視，也可以採取補償，更可以進行平反。

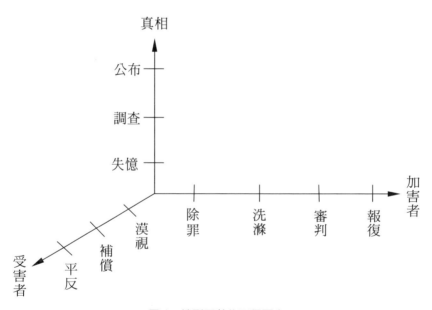

圖1：轉型正義的三個面向

戰後，盟軍對於戰敗的德國、以及日本採取軍事審判的方式，各國對於通敵者也不假辭色處分；拉丁美洲由於軍頭勢力盤據不去，民主政府投鼠忌器，多半加以赦免，也就是睜一隻眼、閉一隻眼。相較之下，中、東歐國家對於共產極權統治，大致採取洗滌的機制來著手轉型正義[2]，也就是透過各種洗滌法（lustration law）（表1），禁止過去在共黨政權擔任黨政高官、秘密警察、或是線民者任職公家機構，包括行政部門、各級議會、司法單位、國營事業、文傳媒體、甚至於大學院校。目前，除了共黨陰魂不散的俄羅斯[3]、白俄羅斯、以及烏克蘭，各國無不展開不同程度的洗滌工作。對他們來說，這不是處罰報復、而是伸張正義，這不是為了過去、而是為了現在，這不只是在建構新的政治結構，而是在建構新的道德，甚至於是整個社會的自我審判（Łoś, 1995: 118; Letki, 2002: 535; Welsh, 1996: 423; Ellis, 1996: 194-96），也就是 Damsa（2011: 338）所謂的「道德共同體」（moral community）。

表 1：中、東歐國家的『洗滌法』

年份	國家	法案名稱
1991	捷克	*Act Determining Some Further Prerequisites for Certain Positions in State Bodies and Organizations of the Czech and Slovak Federative Republic, the Czech Republic and the Slovak Republic (Big Lustration Law) (451/1991)*
1991	德國	*Stasi Files Act*
1991	愛沙尼亞	*Implementation Law*
1992	捷克	*Act on Some Further Prerequisites for Certain Positions Filled by Appointment or Designation of Officers of the*

---

[2] 少數的例外是針對「反人類罪」（crimes against humanity），譬如東德頭子 Honecker 下令射殺闖越柏林圍牆者、或是鎮壓匈牙利抗暴（1956）跟波蘭起義（1970）（Letki, 2002: 534）。

[3] 事實上，俄羅斯在 1993 年曾經有洗滌法草案出爐，主要針對各級黨部、公家機構、國營事業、以及工會中的共黨幹部，不過，無疾而終（Albon, 1993: 5: Ellis, 1996: 194-95）。

		Police of the Czech Republic and officers of the Penitentiary Service of the Czech Republic (Small Lustration Law) (279/1992)
1992	保加利亞	Law on Banking and Crediting
1992	保加利亞	Law on the Implementation of Some Additional Requirements to the Members of Governing Bodies of Scientific Organizations and High Attestation Committee (Panev Law)
1992	阿爾巴尼亞	Law on Political Parties
1993	捷克	Act Concerning the Lawlessness of the Communist Regime (19/93)
1993	拉脫維亞	Law on Registering Public Organizations
1994	拉脫維亞	Law on Election Rules for City, District, and County Councils
1994	匈牙利	Act on Checking Persons Holding Certain Key Positions and Positions of Public Trust, and Persons Shaping Public Opinion, and on the Historical Archive Office
1995	愛沙尼亞	Law on Procedure for Registration and Disclosure of Persons who Have Served in or Co-operated with Intelligence or Counter-intelligence Organizations of Security Organizations or Military Forces of States which Have Occupied Estonia (Lustration Law)
1995	愛沙尼亞	Citizenship Law
1995	拉脫維亞	Saeima Election Law
1995	阿爾巴尼亞	Law on Genocide and Crimes against Humanity Committed during the Communist Regime for Political, Ideological, and Religious Motives (Genocide Law)
1995	阿爾巴尼亞	Law on the Verification of the Moral Character of Officials and Other Persons Connected with the Defense of the Democratic State (Lustration Law)
1997	波蘭	Lustration Act
1997	保加利亞	Law on Public Administration

1997	保加利亞	*Law on Access to the Documents of the Former State Security*
1998	立陶宛	*Law on the Assessment of the USSR State Security Committee (NKVD, NKGB, MGB, KGB) and the Current Activities of the Staff Members of this Organization*
1999	立陶宛	*Law on Registration and Confession*
1999	羅馬尼亞	*Law on the Access to Personal Files and the Disclosure of the Secret Police ("Securitate") as Political Police*
2000	保加利亞	*Act Declaring the Bulgarian Communist Regime a Criminal Regime*
2000	馬其頓	*Law on Handling Personal Files Kept by the State Security Service*
2000	捷克	Act 422/2000
2000	捷克	Act 424/2000
2001	捷克	Act 147/2001
2002	斯洛伐克	*Act on Disclosure of Documents regarding the Activity of State Security Authorities in the Period of 1939-1989 and on the Founding the Nation's Memory Institute*
2002	克羅埃西亞	*Law on the Security Services*
2003	塞爾維亞	*Accountability for Human Rights Violations Act*
2004	羅馬尼亞	*Law on Judges and Prosecutors*
2006	羅馬尼亞	*Governmental Emergency Ordinance*
2007	波蘭	*Amending Act*
2008	馬其頓	*Law on Lustration*
2012	馬其頓	*Law on Lustration*

資料來源：Ellis（1996）、David（2004: 789）、Williams（2005: 31）、Konrad-
　　　Adenauer-Stiftung（2008）、Horne（2009）、Transitional Justice and Memory
　　　in the EU（2013）、Bronkhort（2006）。
說明：包含現有法律的修正案，譬如拉脫維亞的『政黨法』、或是保加利亞的『銀
　　　行信用法』。

　　「洗滌」（lustration）這個字眼起源於拉丁字 *lustratio*，字面上的意思是「讓光線穿過」、或是「透過光與火來澄清」，也就是透過宗教儀式來達到洗滌，特別是精神、或是道德層面的淨化（Bronkhorst, 2006; Horne, 2014: 227; Horne & Levi, 2003: 2）。在中、東歐國家民主轉型的過程中，媒體、及民意的最大質疑是，即使嘗試了各種轉型正義的機制，包括將元兇繩之以法、歸還被掠奪的財產，也公布了秘密檔案，只不過，對於那些幫兇似乎是束手無策，畢竟，就法律技術層面來看，這些人並沒有違犯當時的法律，然而，儘管沒有犯罪，卻也不能說他們是無辜的，而洗滌就是在這樣的脈絡下出現的（Williams, et al.: 2005: 22-23）。

　　相較於司法審判是針對中上層的元兇、或是首謀的處罰，洗滌是一種人事、及機構改革的行政措施，主要的對象是特務、幫兇、甚至於共產黨員，檢視政府機構、半官方單位、或是其他公共組織的人員過去是否跟共黨政權有勾搭，進而判斷他們是否有資格擔任公職（Lekti, 2002: 530; Horne, forthcoming: 1; Sadurski, 2014: 224: David, 2004: 789: Offe, 1996: 93）。具體而言，就是去審查（vetting, screening）政府部門是否殘餘的共黨潛伏爪牙，以防止這些素行不良的人重施故技、危害發芽中的民主政權，也就是「去共產黨化[4]」（decommunization）（Damas: 2011: 335; Lekti, 2002: 530; Sadurski, 2014: 225, 227）。換句話說，洗滌不止有助於民主鞏固，Williams 等人

---

[4] 形同戰後德國所從事的「去納粹化」（de-Nazification）、或是伊拉克此刻正在進行的「去阿拉伯復興社會黨化」工作（de-Ba'athification）（Chiu, 2011: 440）。有關於洗滌與去共產黨化的差異，見 Sadurski（2014: 225）、Williams 等人（2005: 23）、Łoś（1995: 121）、Lekti（2002: 531）。

（2005: 27）更認為去蕪存菁是「確保民主」（securitizing democracy）。

　　Horne（forthcoming: 4）特別指出，洗滌並不等於整肅（purge），因為前者是在釐清個人在過去是否有違反人權、並且追求個別責任，相對地，後者是不分青紅皂白，凡是過去參加過、或是隸屬特定組織或政黨就自動被列為肅清的對象；換句話說，洗滌是一種除穢的作法，要先終結現有的共產統治體制、擺脫過去，才有辦法著手和解、以及建構新制度，而洗滌則是承續兩者的必要作為（Damsa, 2011: 335, 345; Horne, forthcoming: 1, 4）（圖2）。簡而言之，洗滌是向前看，將這些人「失格」（disqualification）的目標是重建社會的互信，而整肅則是往回頭看，動機是處罰、或是報復（Offe, 1996: 93; Letki, 2002: 535）。

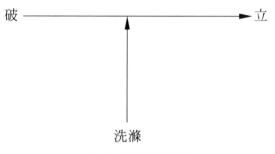

圖2：洗滌的必要性

　　接下來，我們先將嘗試建構一個轉型正義／洗滌立法的概念架構，說明相關的因素，接著說明洗滌的機制，包括對象、年限、以及職務，其次檢視贊成、以及反對的看法，在總結之前，我們將簡單報告各國實施的狀況。

貳、概念架構

要如何解釋轉型正義之所以能進行？我們歸納現有的解釋、以及模型（Horne & Levi, 2003; Letki, 2002; Sadurski, 2014; Welsh, 1996; Williams, et al., 2005），初步建構了下面的概念架構（圖 3），嘗試釐清相關變數之間的因果關係[5]。我們認為轉型正義政策制訂可以由需求、以及供給面來看。就需求面而言，影響一般選民需求的因素包括其他國家的示範效果、過去威權統治的壓迫程度、以及共產政權的退場方式；就供給面來說，政治菁英之所以願意從事轉型正義，一方面是面對選民的壓力，再來是政治場域競爭的考量，最後是外部的壓力。比較特別的是舊政權的退場方式，除了影響選民對於轉型正義的需求，也左右民主化後的政黨政治。另外，媒體報導、以及憲政法庭是中介變數，可以強化、或是減弱轉型正義的努力。

一、示範效果

示範效果是指受到其他國家的洗滌法所鼓勵，特別是捷克在 1990 年代初、中期成為各國仿效的模範生，西方國家甚至於認為捷克民主轉型的成功要歸功於徹底執行；譬如在匈牙利，首任民選政府原本無意洗滌，執政黨在國會的新秀希望能自我洗滌以杜悠悠眾口，民主論壇（Hungarian Democratic Forum, MDF）總理 József Antall（1990-93）從善如流（Williams, et al.: 2005: 32）。不過，廣義來說，

---

[5]　Welsh（1996: 419）將所有的因素分為過去（背景）、以及現在（脈絡、及政治）兩大類，她認為當下的政治運作逐漸取代過去的重要性。

洗滌法的出現往往是因為「面對過去」的努力不足、或是過度,因此必須正式立法、或是修法。譬如在捷克 1990 年國會大選,人民要求各黨候選人自清,然而,由於秘密檔案並未公開、而共產黨又拒絕配合,後來乾脆正式立法;同樣地,波蘭、及匈牙利因為政治人物相互指控對方是爪耙子,大家覺得有必要立法,把洗滌工作交給行政、或是司法機關來裁決(Williams, et al.: 2005: 32-33)。

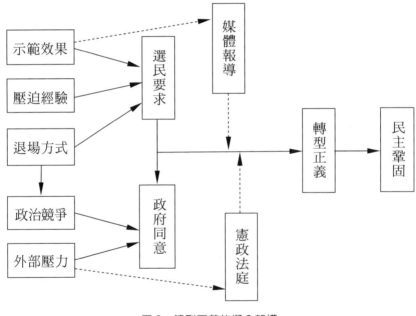

圖 3:轉型正義的概念架構

二、壓迫經驗

洗滌的幅度取決於共黨高壓統治的程度,捷克之所以洗滌相當徹底,主要是因為當年蘇聯以坦克鎮壓布拉格之春,而東德也有相同的慘痛記憶，尤其是柏林圍牆的禁錮。除了羅馬尼亞、阿爾巴尼亞、及保加利亞，共黨政權鞏固（1945-1950 年代中期）之後，多半由赤裸裸的肢體暴力改為政治壓迫，重心放在強化對於社會的滲透、及政治監控，秘密警察的人數大為增加；以波蘭為例，人口 3,800 萬，全職的秘密警察就有 24,000 人，並沒有可靠的線民人數，而東德在 1973-89 年期間，特務人數幾乎成長一半；就實際的打壓。東德、及羅馬尼亞不止對付異議份子，還擴及一般老百姓，在光譜的另一端，匈牙利頂多是進行監控、或是沒收印刷品，很少起訴、或是監禁（Welsh, 1996: 415, 420）。

三、政治競爭

不管是共黨的傳人、或是同情者，只要在民主化後的肇基選舉保有相當的實力，洗滌的推動就比較困難，甚至於不免政治對立（Welsh, 1996: 421）。大體而言，右派政黨會比較積極推動洗滌法、要求採取比較嚴格的措施，而左派政黨就顯得意興闌珊、主張寬容以待[6]，也因此，洗滌法往往成為政黨認同競爭的主軸，用來爭取選民的支持：譬如在波蘭，Lech Wałęsa 的團結聯盟執政時期（1990-95）一直有立法的嘗試，不過，一直要到被溫和派的 Aleksander Kwaśniewski 政府（1995-2005）以些微票數打敗後，充分體會到民主競爭並不能洗滌政府的成員，因此開始訴求政治人物必須跟共黨

---

[6] 除了阿爾巴尼亞、以及保加利亞一開頭，其他的洗滌法都是由反共政黨提出來；共黨通常會在協商之際談退場的條件，如果能在民主化後進入國會、甚至於取得政權，當然會反對、或是拖延洗滌的工作；相對之下，由於一些民主人士出身共黨，對於洗滌會天人交戰（Letki, 2002: 545, 537-38）。

的過去切割清楚，才有 1997 年的立法；在匈牙利，József Antall 總理（1990-93）虛晃一招，繼承共黨的社會黨（Hungarian Socialist Party, MSZP）贏得 1994 年大勝，原本支持洗滌法的自由黨（SZDSZ）轉而加入聯合政府，洗滌大打折扣，中間偏右的公民聯盟（Hungarian Civic Alliance, FIDESZ）主打反共的旗號終於在 1998 年上台，將適用範圍擴及司法人員及國營媒體、並延長年限（Williams, et al.: 2005: 31, 35-37; Appel, 2005: 387, 387; Bronkhorst, 2006）。

四、外部壓力

外部力量來自蘇聯、以及國際組織，而且都是負面的。在民主化的初期，由於蘇聯坦克尚未撤離，在野勢力跟共黨談判難免有所顧忌[7]；事實上，波蘭因為走在民主化的前面，團結工聯在談判桌上比較吃虧（Letki, 2002: 538）。另外，西歐國家或許對於共黨的極權統治沒有經驗，不像戰後去法西斯那麼熱衷，不過，歐盟（EU）、以及北大西洋公約組織（NATO）還是張臂歡迎中、東歐國家加入（Letki, 2002: 538-39）。歐洲理事會（Council of Europe, 1996）儘管同意洗滌的象徵意義，提出一些適用的判準（Szczerbowski & Piotrowskv, 2008）；另外，歐洲人權法院（European Court of Human Rights）、以及國際勞工組織（ILO）也從工作權的角度，表達了一些意見（Horne, 2009）。由於這些國家亟欲加入國際社會，特別是歐盟，也都多半會從善如流。

---

[7] 立陶宛算是特例，獨立並未跟蘇聯磋商，獨立後也不太願意跟共黨周旋（Letki, 2002: 537）。

五、退場方式

Huntington（1991）根據朝野的相對實力，將民主轉型的模式分為舊勢力主導質變（transformation）、朝野協商（transplacement）、以及由反對者取而代之（replacement）；一般而言，如果是由舊政權主導轉型，改變會比較少，要是由反對勢力主導，比較有可能大幅改革。除了羅馬尼亞，中、東歐國家的民主轉型過程平和，只要舊政權不是天怒人怨，多半可以獲得相當程度的赦免，或許可以歸功菁英以圓桌會議的方式來進行，特別是波蘭；由於排除老百姓參與協商，大體而言，轉型的方式端賴民主力量與共產黨的相對實力，也就是說，沒有實力的共黨政府只好認命崩盤（東德、捷克），相對地，如果舊勢力盤根錯節，積弱的反對勢力被迫分享權力、轉型正義拖泥帶水（波蘭[8]、匈牙利[9]）（Letki, 2002: 537）。（圖4）

六、媒體報導

選民之所以要求政府展開洗滌[10]，主要是因為擔心共產黨死灰復燃，而媒體扮演觸媒的角色。譬如蘇聯在1991年的流產政變，就

---

[8] 儘管談判內容並未公開，一般相信，前波蘭共黨頭子獲得保證不會被清算（Welsh, 1996: 421）；Letki（2002: 537）認為，團結工聯或許低估本身的實力、高估共黨的能耐。

[9] 根據了解，匈牙利共黨在1989年獲得保證不會被起訴，國會在1994年通過的洗滌法也相對寬容，除了說是因為原本的監控就比較鬆散，也要歸功共黨改革派在政權垮台前的自由化努力（Welsh, 1996: 421）。

[10] 波蘭、匈牙利、以及捷克在1990年代的民意支持大致在五成上下，波蘭雖然稍低（四成），不過，在1997年曾經一度高達76%（Williams, et al.: 2005: 33; Letki, 2002: 536）。

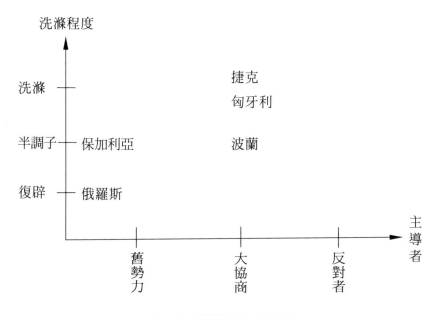

圖 4：政權轉移的模式與洗滌

是蘇共死硬派發動，抗拒戈巴契夫的改革，因此讓東歐國家驚覺必須除惡務盡，開始如火如荼推動洗滌立法（Williams, et al.: 2005: 30）。又如匈牙利在 1990 年爆發所謂的「多瑙河門醜聞」（Danubegate Scandal），也就是儘管共黨政府已經在 1989 年的革命垮台，特務餘孽竟然繼續監控仍然被視為敵人的異議份子，特別是自由黨（Alliance of Free Democrats, SZDSZ），開始推動洗滌法（Williams, et al.: 2005: 29; Wikipedia, 2016a）。同樣地在 1995 年，即將下台的波蘭內政部長 Andrzej Milczanowski 揭露，繼承波共的社會民主黨（Democratic Left Alliance, SLD）籍總理 Józef Oleksy（1995-96）是 KGB 的線民（也就是所謂的「關係良好」），也是促成該國洗滌法的導火線（Williams, et al.: 2005: 29, 36; Wikipedia, 2016b; Bronkhorst, 2006）。

七、憲政法庭

憲政法庭往往扮演煞車的角色，也就是說，當國會的去共黨化立法面對挑戰之際，如果總統自我定位為中立的仲裁者，就會將爭議交給憲政法庭來裁決，特別是保加利亞、以及匈牙利，也因此難免捲入政爭。譬如保加利亞在 1992 年立法禁止前共黨頭頭任職國營銀行，後來被判定違憲，另一個法則禁止高等教育、或是學術單位的學者跟共黨過從甚密，卻被認定合憲；前者是用來制衡國會中的強烈反共氛圍，後者則是因為共黨已經進入聯合政府（Welsh, 1996: 422; Ellis, 1996: 188-89）。同樣地，捷克、匈牙利、以及阿爾巴尼亞的洗滌法，也因為憲政法院的判決而必須調整對象、或是年限；至於俄羅斯，總統葉爾欽（Boris Yeltsin）在共黨政變流產後，以行政命令禁止共黨運作、同時將黨產充公，不過，憲政法庭判定共黨可以在地方運作（Ellis, 1996: 182-84, 194-95: Tracy, 1993: 592-94）。大體而言，憲政法庭關心的是回溯性處罰、追訴年限、對象含混、就業機會平等、以及程序正義等等法治課題，譬如沒有上訴的機會（Krygier & Czarnota, 2006; Horne, 2009: 717; Uzelac, 2007; Olson, 2013-14; Sadurski, 2014; McAdams, 1997）。

參、洗滌機制

Meierhenrich（2006: 99）把洗滌分為三個步驟：首先是篩洗擔

任公職的候選人，接著是禁止具有污點者任職，再來是移除那些目前任職者。Horne（forthcoming: 1）則把實施洗滌的方式分為強制解職（毫不留情）、幡然悔悟（可以留下來）、以及自動去職（否則面對揭露不光彩的過去）三大類；同樣地，Williams 等人（2003: 19）也將中、東歐國家的作法歸納為強制解職、審查切結書看是否可以留下來、以及透過輿論來讓當事人知難而退（圖 5）。另外，我們又可以將政治洗滌的運作分為對象（由官員、特務、到線民）、年限（由限期、展延、到無限）、以及職務（由行政、司法、國會、學界、到神職）等三個面向（圖 6）。

圖 5：洗滌去職的方式

一、對象

　　Horne（forthcoming: 5）指出，洗滌的範圍通常很少把所有的人都換掉，頂多是大家都重新聘任；不過，儘管反彈最小的作法則是只審查新聘任者的過去，卻可能放任有問題的人繼續作怪。一般而言，洗滌的對象以政府官員為主，特別是安全單位、以及司法部門；聯合國開發計畫署（UNDP, 2006: 19）也建議把洗滌的優先順序放

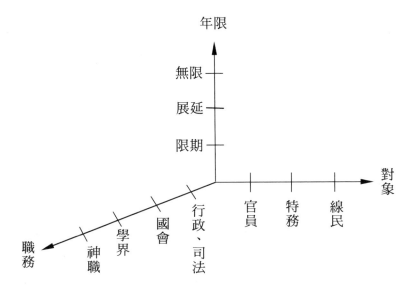

圖 6：政治洗滌運作的面向

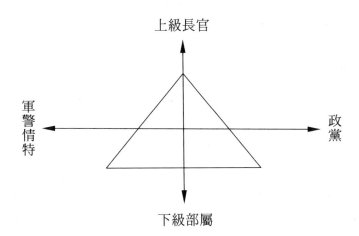

圖 7：可能面對洗滌的金字塔對象

在軍方、安全部門、情治單位、以及司法機構,也就是縮小打擊層面。David(2004: 791, fig. 1)進一步依據黨員與否、以及上下階層,將洗滌的對象分為四種(圖 10)。

二、年限

由於洗滌年限往往超過原本立法時的構想,因此有可能修法展延,甚至於改為沒有期限。洗滌年限最短的是匈牙利,始於 1994年、止於 2005,保加利亞在 1990 將 20 年延長為 35 年,匈牙利則解除過去 45 年來謀殺、叛國、及重傷害罪的年限,波蘭迄今也還在進行,而捷克先是延長五年、繼而調整為沒有期限,不免被議者質疑其「轉型」(transitional)正義背離「過渡」的原意(Welsh, 1996: 416-17; Horne, forthcoming: 14, 17-18)。通常,國會中的民主黨派會支持延長年限,只有共產黨、或改頭換面的政黨[11]才會公然表示反對(Horne & Levi, 2003: 15; Appel, 2005: 385)。

三、職務

Bronkhorst(2006)臚列中、東歐國家洗滌的職務,包括下面十二大類;正副總統、部長、政務官[12];國會議員;駐外大使、正副領事;事務官;政府雇員;地方行政首長;大學教授;法官、檢察官、監察委員、公證人;國營事業或是官股過半公司的經理、或董事;特務機構人員;軍官、或是內政部警政人員;選舉委員會委員;以及律師、教師、編輯、記者、以及負責洗滌者。以波蘭為例,就

---

[11] 一般而言,共黨如果被判為違憲組織,不是改名、就是加入社會黨。

[12] 以捷克為例,把行政部門的焦點放在國防、內政、及外交(Albon, 1993: 4)。

有 56 種「公共信任的職位及職業」必須接受洗滌，還包括中小學校長、以及各種媒體的主管（Horne, forthcoming: 14; Letki, 2002: 544）。又如匈牙利國會在 1994 年通過的洗滌法，包含 25 種職務：國會議員、國家銀行正副總裁、國營媒體的主管、警察局長、國立大學主管、司法人員、報紙及雜誌總編輯、以及國營事業主管（Ellis, 1996: 184）。

四、正反意見

Williams 等人（2005: 28）認為洗滌對大眾具有賦權的功能，也就是透過真相的揭露、可以提高人民對於公家機構的信心，願意即參與民主轉型、捍衛自己的權利[13]；Letki（2002: 540-41）也認為透過「壞的社會資本」的剔除、以及社會結構的重建，可以掃除百姓的政治疏離。另外，Meierhenrich（2006）、Chiu（2011）、以及 Michnik（1999）則從倫理、或是道德層面著手，表達不同看法。而 Łoś（1995）則將有關於洗滌的論述分為反烏托邦（dystopian）、以及贊成兩大類：前者大致上主張「真相會殺人」，認為會給社會帶來負面的效果；贊成者則以為洗滌是推動民主的先決條件，甚至於是捍衛國家安全及主權所必要：

五、贊成的理由

（一）「歷史的真相」（不能再發生）：揭露真相的目的是防止歷史杜

---

[13] 根據捷克國會在 1990 年的調查，1989 年的「天鵝絨革命」（Velvet Revolution）其實是由國家安全單位（StB）、捷共、以及 KGB 聯手，策動警察對示威的學生施暴，終究不可收拾（Williams, et al.: 2005: 29）。

撰，必且要追究責任，同時避免同樣的事情再發生，否則，沈默只會讓那些過去對於戒嚴令歌功頌德的作家繼續扮演「道德權威」的角色，複製原有的壓迫。如果真的那麼多人想盡辦法要掩飾真相，那種兄弟之情毋寧是虛假的，更不用說道德、及政治責任的澄清。在如此道德模糊的情況下塵封過去，謊言及高壓所塑造的社會是不可能正常化的，畢竟，如果要原諒，也必須要知道原諒誰。

（二）「起碼的正義」（至少不要獎賞惡棍）：洗滌禁止過去在高壓政權做壞事的人盤據高層，包括特務、以及黨政要員，免得他們借屍還魂、繼續作怪，因此，這不是處罰、而是伸張正義的起碼要求。此外，由於這些「權貴[14]」即使已經不再擔任黨政要職，他們掌有政治、經濟的重要管道，他們不只是過得很好，甚至於知道如何運用過去的人脈進行官商勾結、圖利自己[15]，造成財富分配不公，因此，這不只是要洗滌個人，還要清除他們的權力來源、並拆除原有的權力結構。

（三）「確保國家安全」（敲詐者的真相）：最危險的是如果不釐清真相，要是潛伏反對運動的爪耙子搖身一變為民主鬥士、一路蒙混爬到新政府的高職[16]，很可能成為過去特務網路勒索的對

---

[14] 俄文為 *nomenklatura*，是指經過共產黨核准而在各行各業擔任主管者（Wikipedia, 2016c）。根據估計，東德的特權職務高達 50 萬（Letki, 2002: 538）。

[15] 這種上下其手獲利的現象稱為「權貴資本主義」（*nomenklatura* capitalism），這些人在財經、以及產業的影響深遠，特別是在國營事業的民營化過程（Williams, et al.: 2005: 28, 30; Letki, 2002: 547）。

[16] 在 1990 年，匈牙利內政部長在閉門的國家安全委員會上承認，一些國會議員是秘密警察的線民（Williams, et al.: 2005: 29）。

象，彼此沆瀣一氣，不只是會影響民主的發展，甚至於可能回危害國家安全。因此，洗滌不是報復，而是一種對於當局的保護措施，以確信人民可以把政府交給這些政治人物，否則就好像體內的癌細胞，不知道什麼時候會吞噬我們。其實，許多秘密檔案老早就製作成縮影膠片、甚至於偷偷地運出國外，待價而沽事小、拿來當晉升的法寶就算了，萬一這些特務跟外力勾結，對於國家的傷害將無法估計。

六、反對的理由

（一）「有毒的真相」（滿罐的髒蟲）：認為大家不知道秘密警察滲透的程度，因此，很可能沒有能力處理真相。換句話說，毒素已經散佈整個社會，如果貿然將真相揭露出來，儼然就是猛虎出閘，所引發的負面影響將不可收拾，特別是萬一秘密警察的檔案如果被誤用，反而會造成二度傷害，倒不如療傷止痛，因此主張延緩公布真相，也就是所謂的「集體失憶」。

（二）「污染的真相」（知曉的權力）：擔心有關特務線民的紀錄如果被公開，很可能被政敵拿來大做文章[17]，只會惡化現有的政治

---

[17] 波蘭國會在 1992 年決議，要求政府揭露於 1945-90 年期間擔任過共黨線民的議員、部長、指揮官、法官、檢察官，內政部長 Antoni Macierewicz 根據共黨秘密警察檔案交出一份有 64 個名字的清單，第二份清單更是聳動，包含總統華勒沙、以及議長 Wiesław Chrzanowski；根據史學者出身的 Macierewicz，他只不過是想要證明這些檔案並不可信，另一種說法是政府想要使用這份名單打擊反對黨，終究，Jan Olszewski（1991-92）政府還是因為不信任案下台；另一位總理 Józef Oleksy 也因為污點下台（Williams, et al.: 2005: 33; Wikipedia, 2016d; Appel, 2005: 388; Bronkhorst, 2006）。在捷克，外交部長

鬥爭、社會分裂。也就是說，在民主化的開端，百花齊放，政客免不了壟斷、或是濫用所謂的「客觀真相」，秘密檔案淪為政爭的額外火藥，洗滌變成另一種形式的攻防戰。最糟糕的是一旦污點可能被當作把柄，秘密檔案待價而沽、在黑市四處竄流。

（三）「捏造的真相」（已死的靈魂）：主要的爭議在這些檔案的可信度[18]，換句話說，因為共產黨的秘密警察在本質上是「專業的騙子」，怎麼有可能由他們所杜撰的紀錄拼湊出真相來？另外，特務機關為了趕業績、拼獎金，往往不擇手段灌水[19]，有時候連死人都名列線民的名冊。甚至於，在政權轉移後，有些機關刻意重新製作假檔案，原來的文件早已偷偷運到國外[20]。

（四）「極權的威脅」（再訪卡夫卡）：質疑原本是用來脫胎換骨的「去蘇維埃人化」（Homo sovieticus）過程，卻被當作獵巫季節的展開，每個人的道德必須透過特務的記錄來確認，彷彿又回到共產極權統治的夢魘。也就是說即使進入後共產黨時代，

Jan Kavan 因為與總理 Václav Klaus 唱反調而被揭露是線民，面對去職、或是洗滌，他選擇後者，卻花了五年才平反；另外，副總理 Václav Valeš 也因為有類似的指控，最後以身體違和辭職（Appel, 2005: 398）。

[18] 除了東德保有超過 600 萬人的檔案（也就是成人的半數），波蘭的秘密檔案據估有四、到五成被銷毀（內政部還保有 300 萬檔案、反情報單位也有 40 萬），而捷克更高達九成（還好，秘密警察及線民的名單已電子化保存），匈牙利也聞檔案被毀，保加利亞則被拿走（Letki, 2002: 542; Welsj, 1996: 415; Appel, 2005: 385）。

[19] 其實，除了灌水（over-inclusive），更值得懷疑的是重要線民不會放在清單上（under-inclusive）（Letki, 2002: 542）。

[20] 譬如捷克國家安全單位（StB）的檔案，儘管一般相信被毀，有人質疑其實是被偷偷地帶出去；同樣地，波海三國的檔案據說被 KGB 運到俄羅斯（Williams, et al: 2005: 29; Letki, 2002: 542）。

在洗滌的鏡子前面，社會還是擺脫不了共黨的控制，任其繼續
割裂社會、製造仇恨，那是荒誕不經的超現實主義再現。

（五）「替代的真相」（大家都是罪人）：這種說法強調眾人懦弱屈從
於共黨高壓統治，絕大多數的人並未站出來反抗、或是至少表
達異議，並不是只有跟特務合作的人有罪，也就是前捷克總統
Vaclav Havel（1990）所說的，「我們不只是共產極權統治的受
害者，大家也都是[這部機器的]共同製造者」。除了「大家都
是共犯」的說法，也有人指控，政府進行洗滌只不過是轉移困
境的焦點。[21]

七、實施情況

根據 Elster（2004: 57-58），戰後西歐國家處罰通敵者多半在人
口 1%上下，而被處死者也沒有超過 40 人（表 2）。至於中、東歐國
家[22]，除了東德，由於共黨對於社會的監控相當廣泛，通盤洗滌有
技術上的困難，因此，至少第一步是要求軍隊去政治化，接著是先
從去共黨化著手，特別是針對秘密警察、及其線民[23]；至於適用洗
滌的職位，大多數國家把檢核的要求限於政府高層，捷克則擴及企

---

[21] 隨著而來的是「人手不足」說法，也就是萬一大肆洗滌，很可能許多職位找
不到稱職的人，特別是軍事、以及司法，只有東德比較特別，還可以由西德
引入補缺（Letki, 2002: 542）。

[22] 美國威斯康辛大學在 2005 年成立的 Transitional Justice Data Base Project
（2011），有 1970-2007 之間各國實際執行的資料。

[23] 在這些國家，原本的國家安全單位會被打散、再重新改組，而原有的主管多
半強制退休，少數的則會留用幫忙重整，不過，未見新舊人的百分比資料；
以羅馬尼亞為例，幾乎是換湯不換藥（Welsh, 1996: 415）。

業，而保加利亞甚至於延伸至學術界[24]（Letki, 2002: 539）。

表 2：西歐戰後處罰通敵者

	奧地利	比利時	丹麥	法國	荷蘭	匈牙利	挪威
百分比	0.2%	1.2%	0.3%	0.25%	1%	0.3%	2%
處死人數	4	30	11	39	4	16	10

我們參酌 Horne（2014: 236）、Letki（2002: 540, 543-45, 549）、以及 Sandurski（2014），稍加微調[25]，可以把這些國家實施洗滌的程度，分為徹底、局部、未具體落實、以及缺乏洗滌法（圖 8）。德國（東德）不只是洗滌過去跟共黨政權糾纏不清者，還以「技能不足」（technical incompetence）為由將 25 萬人列為「有待觀察」身分，大學所有法律、經濟、社會學系通通解散，只有 5% 的教授獲得回聘，而光是在 Saxony 邦，就有 13,500 小學老師去職，佔了 25%；捷克直到 2009 年 3 月為止，已經發出 47 萬張洗滌證書，只有 1 萬多失格的案例，不過，多半因為不是管理階層而未被調整職位，倒是絕大多數的社會科學教授、以及研究人員被迫去職；匈牙利將洗滌的職位限於 600 個高層，經過十年，有 7,872 人經過審查，其中有 126 人被證實是線民；波蘭有 2 萬職位必須先經過背景洗滌，然

---

[24] 譬如保加利亞的洗滌法源禁止前共黨頭子任職學術研究單位的主管，捷克連共黨的地方黨部負責人也被列為洗滌的對象（Welshi, 1996: 415）。

[25] 主要是羅馬尼亞、拉脫維亞、以及愛沙尼亞，Letki（2002: 549）被認為並未洗滌；Sandurski（2014）也與前兩者稍有出入，應該是觀察的時間點比較後面，也有可能是指標不同，也就是形式上的「揭露」與實質上的「失格」的差別。

而，線民只要誠實以報就可以保住工作，有點虛張聲勢，不能算是真正洗滌；立陶宛的洗滌只適用 300 個職位、而且限定在 1990 年 3 月以後的 KGB 線民，因此只有 80 人經過審查被停職[26]；阿爾巴尼亞原本要求國會議員候選人必須經過洗滌，後來還是縮小範圍；保加利亞洗滌法實施一年就被廢除，只揭露 25 個人（Horne, forthcoming: 15; Letki, 2002: 539-40, 544; Appel, 2005: 384, 386, 388）。在光譜的最左端，烏克蘭因為親俄羅斯勢力尾大不掉，政治上拉鋸阻礙洗滌；俄羅斯儘管當年嘗試洗滌，卻只做到平反，特務出身的普丁竟然大受歡迎；而白俄羅斯基本上是俄羅斯的附庸，還停留在威權體制，乏善可陳。

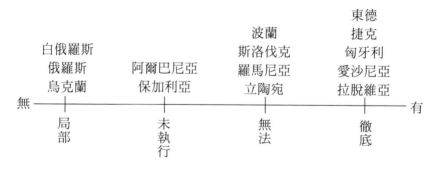

圖 8：中、東歐國家實施洗滌法的情況

我們根據 Lekti 的表（2002: 549），將洗滌實施情況與民主化程度的關係呈現如下（圖 9）。即使扣除波海三國，還是可以看出兩者

---

[26] 我們猜想，應該是境內有不少俄羅斯裔，或許不願意跟俄羅斯起衝突。愛沙尼亞可能是因為沒有 KGB 檔案，只能採取志願性質，形同虛設（Bronhorst, 2006）。基本上，愛沙尼亞、以及拉脫維亞比較委婉，透過人民團體登記法、公民權法、或是地方選舉法規範（Ellis, 1996: 190-92）。

高度相關，也就是說，洗滌得越徹底、民主化的程度越高，相對地，局部、或是根本沒有洗滌，民主化的程度越低。

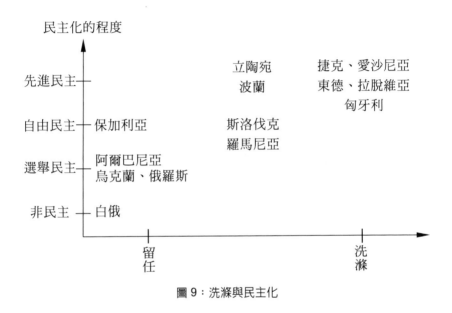

圖9：洗滌與民主化

肆、結語

　　總之，就中、東歐國家去共產黨化所做的努力來看，必須處理的對象大致上可以歸納為人物、事情、物件三大類。首先就人來說，就是追究當年元兇的責任，同時要揭露各種執行迫害者的身分，包括特務、檢警調、以及法官，並且要公布幫兇的身分，也就是線民。隨後是從事政府洗滌的任務，規定高層的政府職位不能由這些人擔任，以免他們繼續危害社會，甚至於包括大學教授。

　　接著是禁止共產黨運作，同時去除公共空間的歌功頌德。就前者而言，比較大的爭議牽涉人民結社的自由，國會立法往往被憲政法院判定違憲，譬如捷克；另外，共黨如果舊酒新瓶，法律上也莫可奈何。可以立竿見影的是街道、或是公共建築的改名，以及移除共黨「偉人」的雕像（特別是列寧）、或是彰顯共黨豐功偉業的紀念碑；譬如烏克蘭國會在去年以兩百五十四票比〇，決議禁止納粹、及共黨統治時代的任何象徵（Shchetko & Mills, 2019）。

　　再來，除了黨產凍結、充公、拍賣，治絲益棼的是被充公私人財產的歸還、或是補償，尤其是已經被拿來當作公共用途者，譬如學校、醫院、或是地方政府。不管合法、或是非法徵收，要是財產已經轉移給私人，要取回也是法律的難題；此外，如果政府決定賠償，財政上的負擔也相當沈重。儘管如此，民主政府還是必須正視，因為這不僅牽涉到人民的財產權，也關連到歷史正義，特別是族群之間的財富重分配，譬如日耳曼裔、及猶太人的財產歸還，而波海三國也要面對俄羅斯裔既得利益者。

　　當然，只要當年的財產證明還在，國家都可以處理。另外，由於社會企盼跟過去切割，公共空間的清洗也沒有爭議，只在博物館保留一些，作為不堪回首的歷史記憶。最大的困難是檔案多半被銷毀，加上這些秘密檔案原本就是特務機關所建立，很有可能當年為了獎金而灌水，可信度值得懷疑，更何況羅織。最令人擔心的是政治人物難免濫用檔案、指控對手是抓耙子，不勝其煩，而透過法律途徑來澄清則曠日廢時。

參考文獻

施正鋒，2006。《台灣族群政治與政策》。台北：翰蘆圖書。

彭百顯，2011。〈一代經濟學宗師的終身職志：自由——林鐘雄的經濟理想及對臺灣的大愛〉《台灣國際研究季刊》7 卷 3 期，頁 21-67。

Albon, Mary. 1993. "Democracy and Decommunization: Disqualification Measures in Eastern and Central Europe and the Former Soviet Union." (http://www.beyondconflictint.org/2014/wp-content/uploads/2014/02/DEMOCRACY-AND-DECOMMUNIZATION_-Venice-1993.pdf) (2016/10/6)

Appel, Hilary. 2005. "Anti-Communist Justice and Founding the Post-Communist Order: Lustration and Restitution in Central Europe." *Eastern European Politics and Societies*, Vol. 19, No. 3, pp. 379-405.

Bronkhort, Daan. 2006. "Lustration in Central and Eastern Europe: Truth and Justice." (https://www.amnesty.nl/part-ii-lustration-in-central-and-eastern-europe-truth-and-justice-june-2006-daan-bronkhorst) (2016/3/24)

Cepl, Vojtěch. 1997. "The Transformation of Hearts and Minds in Eastern Europe." *Cato Journal*, Vol. 17, No. 2, pp. 229-34.

Chiu, Yvonne. 2011. "Liberal Lustration." *Journal of Political Philosophy*, Vol. 19, No. 4, pp. 440-64.

Council of Europe. 1996. *On Measures to Dismantle the Heritage of Former Communist Totalitarian Systems* (http://assembly.coe.int/nw/xml/XRef/Xref-XML2HTML-en.asp?fileid=16507&lang=en) (2016/3/24)

Damsa, Liviu. 2011. "Lustration (Administrative Justice) and Closure in Post-Communist East Central Europe." *International Journal of Public Law and Policy*, Vol. 1, No. 4, pp. 335-75.

David, Roman. 2004. "Transitional Injustice? Criteria for Conformity of Lustration to the Right to Political Expression." *Europe-Asia Studies*, Vol. 56, No. 6, pp. 789-812.

Ellis, Marks. 1996. "Purging the Past: The Current State of Lustration Laws in the Former Communist Bloc." *Law and Contemporary Problems*, Vol. 59, No. 4, pp. 181-96.

Elster, Jon. 2004. *Closing the Books: Transitional Justice in Historical Perspective.* Cambridge: Cambridge University Press.

Havel, Vaclav. 1990. "Havel's New Year's Address to the Nation, 1990." (https://chnm.gmu.edu/1989/archive/files/havel-speech-1-1-90_0c7cd97e58.pdf) (2016/3/18)

Horne, Cynthia M. 2009. "International Legal Rulings on Lustration Policies in Central and Eastern Europe: Rule of Law in Historical Context." *Law and Social Inquiry*, Vol. 34, No. 3, pp. 713-44.

Horne, Cynthia M. 2014. "Lustration, Transitional Justice, and Social Trust in Post-Communist Countries: Repairing or Wresting the Ties That Bind?" *Europe-Asia Studies*, Vol. 66, No. 2, pp. 225-54.

Horne, Cynthia M. forthcoming. "Transitional Justice: Vetting and Lustration," in Dov Jacobs, ed. *Research Handbook on Transitional Justice* (http://cynthiamhorne.weebly.com/uploads/8/9/9/8/8998042/horne--vetting_and_lustration-preprint.pdf) (2016/3/24)

Horne, Cynthia M., and Margaret Levi. 2003. "Does Lustration Promote Trustworthy Governance? An Exploration of the Experience of Central and Eastern Europe." (www.colbud.hu/honesty-trust/horne/LeviHorne.doc) (2016/3/24)

Konrad Adenauer Stiftung. 2008. "Status Quo of 'Lustration' in SEE as of 31 January 2008." (http://www.kas.de/wf/doc/kas_13092-544-2-30.pdf)

(2016/3/24)

Krygier, Martin, and Adam Czarnota. "After Postcommunism: The Next Phase." *Annual Review of Law and Social Science*, Vol. 2, pp. 299-336.

Letki, Natalia. 2002. "Lustration and Democratization in East-Central Europe." *Europe-Asia Studies*, Vol. 54, No. 4, pp. 529-52.

Łoś, Maria. 1995. "Lustration and Truth Claims: Unfinished Revolutions in Central Europe." *Law and Social Inquiry*, Vol. 20, No. 1, pp. 117-61.

McAdams, A. James, ed. 1997. *Transitional Justice and the Rule of Law in New Democracies*. Notre Dame: University of Notre Dame Press.

Meierhenrich, Jens. 2006. "The Ethnics of Lustration." *Ethnics and International Affairs*, Vol. 20, No. 1, pp. 99-120.

Michnik, Adam. 1999. "The Rebirth of Civil Society." (http://miszlivetz ferenc.com/wp-content/uploads/2012/01/Michnik_The-Rebirth-of-Civil-Society.pdf) (2016/3/24)

Offe, Claus. 1996. *Varieties of Transition: The East European and East German Experience*. Cambridge: Polity Press.

Olson, Sara. 2013-14. "Transitional Justice and the Rule of Law: Lustration and Criminal Prosecutions in Post-Communist States" (http://www.international.ucla.edu/media/files/olson-vol-six-ch-xzm.pdf) (2016/3/24)

Sadurski, Wojciech. 2014. *Rights before Courts: A Study of Constitutional Courts in Postcommuist States of Central and Eastern Europe*. Dordrecht: Springer.

Shchetko, Nick, and Laura Mills. 2019. "Ukraine Bans Soviet-Era Symbols." *Wall Street Journal*, April 9 (http://www.wsj.com/articles/ukraine-bans-soviet-era-symbols-1428606171) (2016/3/24)

Szczerbowski, Jakub J., and Paulina Piotrowskv. 2008. "Measures to

Dismantle the Heritage of Communism in Central and Eastern Europe: Human Rights' Context (file:///C:/Users/Genuine/Downloads/Dialnet-MeasuresToDismantleTheHeritageOfCommnunismInEaster-3684868%20(6).pdf) (2016/3/24)

Tracy, Lynne M. 1993. "Prospects for an Independent Judiciary: The Russian Constitutional Court and the CPSU Trial." *Akron Law Review*, Vol. 26, No. 3, pp. 581-608.

Transitional Justice and Memory in the EU. 2013. "Lustration Mechanisms." (http://www.proyectos.cchs.csic.es/transitionaljustice/content/lustration-mechanisms) (2016/3/13)

Transitional Justice Data Base Project. 2011 (http://www.tjdbproject.com/#) (2016/3/17)

United Nations Development Programme (UNDP). 2006. *Vetting Public Employees in Post-conflict Settings: Operational Guidelines* (https://www.ictj.org/sites/default/files/ICTJ-UNDP-Global-Vetting-Operational-Guidelines-2006-English.pdf) (2016/3/17)

Uzelac, Alan. 2007. "(In)surpassable Barriers to Lustration: Quis Custodiet Ipsos Custodes?": Vladimira Dvorakova, and Anđelko Milardović, eds. *Lustration and Consolidation of Democracy and the Rule of Law in Central and Eastern Europe*, pp. 47-64. Zagreb: Political Science Research Centre.

Welsh, Helga A. 1996. "Dealing with the Communist Past: Central and East European Experience after 1990." *Europe-Asia Studies*, Vol. 48, No. 3, pp. 413-28.

Williams, Kieran, Brigid Fowler, and Aleks Szczerbiak. 2005. "Explaining Lustration in Central Europe: A 'Post-Communist Politics' Approach." *Democratization*, Vol. 12, No. 1, pp. 22-43.

Wikipedia. 2016c. "Nomenklatura." (https://en.wikipedia.org/wiki/Nomenklatura) (2016/3/19)

Wikipedia. 2016a. "Duna-gate." (https://en.wikipedia.org/wiki/Duna-gate) (2016/3/19)

Wikipedia. 2016b. "Józef Oleksy." (https://en.wikipedia.org/wiki/J%C3%B3zef_Oleksy) (2106/3/19)

Wikipedia. 2016d. "Antoni Macierewicz." (https://en.wikipedia.org/wiki/Antoni_Macierewicz) (2016/3/19)

捷克的轉型正義[*]

We had free elections, ... we elected a free parliament, we have a free press, we have a democratic government.　Yet ... [t]here still exist and work the powerful structures of the former regime.... Many places are governed by the same people as before.　They are connected to managers of industrial enterprises.　There exist immense bureaucratic colossuses that preclude rational economic behavior of individual enterprises and firms.　The old bureaucracy persists at all levels.

Vaclav Havel（David, 2003: 394）

But if revenge had been our motivation, there are more effective ways of going about it that inflict a far greater sanction than symbolic acts of condemnation, lustration, and restitution.

Vojtěch Cepi（1997: 231）

What would have happened in the Czech Republic if lustration hadn't passed? Perhaps we would be in the same position, merely as a result of the passage of time. . . . [Al]though it may well be untrue[,] one can imagine that the blackmailers used up all the easily blackmailable targets in the first few years, and that the

---

[*]　發表於台灣教授協會主辦「轉型正義與法律學術研討會」，台北，台灣大學社會科學院梁國樹國際會議廳，2016/4/23。

problem would have fizzled-out of its own accord even in the absence of any legal reform.

Anonymous（David, 2003: 430）

Vetting processes aim at excluding from public service persons with serious integrity deficits in order to (re-)establish civic trust and (re-)legitimize public institutions.

United Nations, OHCHR（2006: 4）

Thus a democratic state based on the rule of law must, in dismantling the heritage of former communist totalitarian systems, apply the procedural means of such a state. It cannot apply any other means, since it would then be no better than the totalitarian regime which is to be dismantled.

Parliamentary Assembly, Council of Europe（1992）

壹、前言

捷克斯洛伐克（Czechoslovakia，台灣一般簡稱捷克）在 1918 年由奧匈帝國獨立，二次大戰後，共黨政變取得政權（1948-90）、淪為蘇聯的衛星國家[1]。其中，在 1968 年短暫民主化，稱為「布拉格之春」（Prague Spring），旋被華沙公約組織成員出兵鎮壓。在 1989

---

[1] 在 1960 年，將國名由「捷克斯洛伐克共和國」（Czechoslovak Republic）改為「捷克斯洛伐克社會主義共和國」（Czechoslovak Socialist Republic），又在 1990 年先後改為「捷克斯洛伐克聯邦共和國」（Czechoslovak Federative Republic）、以及「捷克暨斯洛伐克聯邦共和國」（Czech and Slovak Federative Republic, CSFR）。

年底，人民發動非暴力的「天鵝絨革命」（Velvet Revolution），推翻共黨政權，開始推動民主轉型（democratic transition），特別是重視轉型正義（transitional justice）的工作。

針對加害者、以及受害者，轉型正義的機制可以歸納為失憶、除罪、補償、真相、洗滌、審判、以及報復（施正鋒，2010：266）。所謂的「洗滌」（lustration），是指透過聘任的行政程序，禁止加害者、或幫兇進入政府高層，免得這些人透過既有的權力網絡遂行支配，危害剛萌芽的民主政治。自從 1990 年以來，中、東歐國家面對不堪回首的共黨極權統治，大致上是採取洗滌的方式，也就是「去共黨化」，只有少數人被以「反人類罪」（crimes against humanity）加以起訴。

捷克除了著手平反、並補償受害者，還嘗試將加害者繩之以法，不過，儘管受害者一大堆、能找到的加害者不多，因此，司法審判並不太成功、甚至於有打蒼蠅之譏[2]；比較為人稱道的是洗滌，成效僅次於德國（東德）（David & Choi, 2005, Scarrow & Stein, 1994: 18-20; Nauclér, 2006: 14-15）。在 1991 年 10 月 4 日，捷克國會通過所謂的『大洗滌法』（*Large Lustration Act*, 451/1991[3]），禁止所有跟秘密警察有糾葛的人擔任政府高層職位，隨後在 1992 年 4 月 28 日

---

[2] 可以信任的司法人員不足，應該是原因之一（Scarrow & Stein, 1994: 18）。在 1995-2008 年期間，捷克起訴了 168 名前秘密警察（State Security, StB）特務，最惡名昭彰的是其頭子，卻在捷克解體時趁亂逃往斯洛伐克，最後只被判了 15 個月（Olson, 2013-14: 16）。

[3] 正式名稱為 *Act Determining Some Further Prerequisites for Certain Positions in State Bodies and Organizations of the Czech and Slovak Federative Republic, the Czech Republic and the Slovak Republic*（451/1991）。

通過『小洗滌法』（*Small Lustration Act*, 279/1992[4]），稍微擴充範圍；在 1995 年 9 月 22 日，國會將法展期五年（254/1995），又在 2000 年 10 月 25 日立法無限延長（422/2000）。該國在 1993 年解體為「捷克共和國」（Czech Republic, CR）、以及「斯洛伐克共和國」（Slovak Republic, SR），前者的洗滌工作持續進行，後者則不再處理、於 1996 年底自動失效。

不管是捷克字 *lustrace*、還是英語 lustration，都是起源於拉丁字 *lustro*，意思是透過宗教儀式來達到精神、或是道德層面的淨化（Bronkhorst, 2006）。然而，在捷克確有負面的弦外之音，也就是秘密警察的檢查，因此又有一個人是否具有案底的意義；很諷刺的是，這個字在民主化後，竟然轉為意指檢視一群的特定的人是否在過去為特務、或是線民，尤其是政治人物、公職人員、以及法官[5]，頗有以其人之道，還治其人之身的味道（David, 2003: 387-88）。聯合國人權高級公署（OHCHR, 2006: 4）直言，後衝突國家為了重建公民信任、以及建立公共機構的正當性，洗滌過程是法治工具之一。

在中、東歐民主化的過程當中[6]，捷克是最早採取洗滌措施的，

---

[4] 正式名稱為 *Act on Some Further Prerequisites for Certain Positions Filled by Appointment or Designation of Officers of the Police of the Czech Republic and officers of the Penitentiary Service of the Czech Republic*（279/1992）。

[5] Uzelac（2007）特別提到「誰來監督監督者」（*quis custodiet ipsos custodes*）的概念，也就是當司法人員本身就是共黨政權的幫兇之際，特別是法官，「寂靜的洗滌」（silent lustration）是一種途徑（p. 8）。

[6] 共黨政權垮台的順序是波蘭（1989/8）、匈牙利（1989/10）、捷克（1989/11）、羅馬尼亞（1989/12）、東德（1990/3）、南斯拉夫（1990）、保加利亞（1990）、阿爾巴尼亞（1991）、蘇聯（1991/4）。

也是被認為比較徹底的國家，西方國家甚至於認為，捷克民主轉型的成功要歸功於徹底執行洗滌。捷克在 1990 年舉行自由的國會大選，人民要求各黨候選人自清，然而，由於秘密檔案並未公開、而共產黨又拒絕配合，民選的國會後來乾脆正式立法著手洗滌。捷克之所以洗滌相當徹底，主要是因為當年蘇聯以坦克鎮壓布拉格之春，人民對於共黨的高壓統治記憶猶新，支持反對運動成立政黨進入國會，除惡務盡，所以可以在共黨垮台後很快就通過洗滌法，也是中、東歐國家唯一通過法律聲討共黨政權者[7]（Szczerbowski & Piotrowskv, 2008: 236-37; Nauclér, 2006: 13; Constitutional Court of the Czech Republic, 1993; 2001）。

儘管總統哈維爾（Vaclav Havel, 1989-92, 1993-2003）在兩次否決立法展延，兩次都被國會反否決，不過，他在天鵝絨革命十個月後，針對當年華沙公約組織軍隊入侵作了如下的陳述（David, 2003: 394）：

我們已經有自由的選舉、自由的國會、自由的媒體、以及民主的政府，然而，舊政權的頑強結構還繼續存在而運作著，許多地方還是跟過去一樣，被同樣的一批人統治著。這些人跟產業及企業的

---

[7] 該法（*Act on the Unlawfulness of the Communist Regime and Resistance against It*, 198/1993）宣告在 1948-89 年之間的共黨政權違法（criminal, illegitimate and abominable）而且令人鄙夷、共黨是違法而令人鄙視（criminal and contemptible）的組織、其領導者與黨員必須負起共同責任、人民的抗爭是正當而值得尊敬的。不過，不管是 Spanish National Research Council（2013）、還是 Institute for the Study of Totalitarian Regimes（2015），都只有該法的捷克文版本。在 1993 年，41 名國會議員連署要求釋憲，然而，捷克憲政法庭不認為該法違憲（Constitutional Court of the Czech Republic, 1993）。

經理人關係密切，龐然的官僚體系依然排拒個人企業及公司的理性經濟行為。老舊的官僚盤據各個層級。

我們無法知道他究竟是愛恨交織、還是跟國會議員扮演黑白郎君的角色（Scarrow & Stein, 1994: 23）。不過，由『大洗滌法』的投票結果，還是可以看出民心向背左右議員的投票：當時，在 300 名國會議員當中，148 名贊成、31 名反對、22 名棄權，另外有 70 名未出席，勉強過關；第一次展延時（五年），支持、反對、以及沒有意見各佔三分之一；到了第二次展延的時候（無期限），民調顯結果大致不變（David, 2003: 408-409; Williams, 2003: 17-19）。

由於捷克在 1948 年有類似的慘痛經驗，當時，反共政府的部長抗議辭職，共黨趁機發動政變，大家擔心舊事重演，尤其是又有 1956 年蘇聯坦克入侵匈牙利、1968 年入侵捷克的前車之鑒。因此，當蘇聯於 1991 年發生流產政變（August Putsch），主導者是反對戈巴契夫進行改革開放的蘇共死硬派，加上蘇聯在東德邊境還駐紮 30 萬重軍，捷克人心有餘悸，驚慌的國會獲得百姓的支持，很快地就在六個禮拜後通過洗滌法（David, 2003: 403; Williams, 2003: 15）。

接下來，我們先將檢視洗滌的正當性，接著介紹洗滌的機制，再來討論人權保障的爭議，最後作簡單的檢討。

貳、洗滌的正當性

Łoś（1995）認為洗滌可以有揭露歷史真相、維持起碼的正義、以及確保國家安全等目標，而 David（2003: 392-94）觀察捷克國會議員當年立法之際的辯論，發現贊成立法的理由還包括保護人權及維護法治、捍衛領土完整、以及提高社會的互信；其中，維持正義的說法佔了一半，國家安全的考慮高達兩成，而人權法治、以及了解真相也各有 15%；相對地，反對者認為洗滌的作法可能會侵犯人權、出於報復的動機、以及造成政治對立。不過，誠如捷克前憲政法庭大法官 Vojtěch Cepi（1993-2003）所言，如果真的要報復，在國人皆曰可殺的情況下，國會大可直接立法進行整肅，沒有必要拐彎抹角洗滌（Cepi, 1997: 231）；畢竟，天鵝絨的領導者很自豪地說：「我們跟那些人不一樣」（2003: 406）。我們將 David（2003: 394-408）的歸納整理如下：

一、維持起碼的正義

根據 1991 年的一項民調顯示，半數的人認為透過洗滌才可以改善政府部門及民間企業的人事陳痾。首先是針對權貴（*nomenklatura*）、以及秘密警察，由於他們保有過去的政府內外人脈，即使不能繼續待在公家單位，也可以轉到民間企業繼續擔任管理階層的角色。另外，由於原來用人的標準並未改變，包括強調所謂的政治成熟、以馬列的途徑解決問題、以及貫徹黨的路線，再加上社會價值觀也沒有改弦更張，聽任無能貪腐的極權統治的官僚阻撓政治、經濟、以及社會改革。事實上，尸位素餐事小，讓人擔心的是這些人趁火打劫，在政府進行經濟市場化之際，由於法規尚未進入軌道，藉機牟利、把金錢匯入西方銀行。因此，把清除那些跟過去糾纏不清的無用之徒，讓過去被排除的人有機會替國家做事，那是起碼的正義（David, 2003: 395-96）。

一開頭，捷克的新政府期待舊政權的人能知難而退，後來發現，這是天真的想法，畢竟，如果沒有法律依據，要當過秘密警察的人自動離職、放棄既得利益，那是違反人性的。當時有兩股勢力進行激烈的角力，一派希望能真正推動和平轉移，另一派則想辦法維持現狀，而洗滌法就是初步改革挫敗下的立即產物，企盼透過「菁英翻轉」（rotation of cadres）來進行二度革命，唯有透過除舊布新、揮別過去，才能打破過去壓迫者對於新社會的支配（David, 2003: 397）。

二、保護人權及維護法治

前面是唯恐病毒潛伏、伺機發作，這裡的關懷是擔心政治人物相互指控政敵是秘密警察的線民，毫無節制，不僅損壞當事人的名譽、及人權，也破壞基本的法治。一開頭，不同的政府部門各行其是進行洗滌，完全沒有章法，甚至於完全沒有獲得當事人的同意。譬如外交部長 Jiri Dienstbier 在 1990 年 9 月下令洗滌所有的部裡頭的人員，下自司機、上到部長；又如捷克通信社（Czechoslovakia Press Agency）社長強迫 23 名前秘密警察特工自動離職，否則威脅召開會議公諸世人，讓他們在同仁前顏面盡失而無法繼續待下去；最粗暴的是捷克總理 Peter Pithart（1990-92）逼退自己的環境部長，只因為後者只不過名列秘密警察意欲吸收的單子，並未真正當線民。根據經驗，與其各打五十大板、禁止洗滌，並不能解決問題，因為同樣的情況會不斷發生；與其禁止、不如加以節制，為了避免諸如此類的獵巫行動不斷發生，大家體會到有必要立法，規範哪些職務、以及職等必須進行洗滌（David, 2003: 398-400）。

三、確保國家安全與公共安全

　　主要的立意是民主還在萌芽之中，可能面對來自內、外的顛覆而夭折。在 1989 年 11 月 28 日，也就是天鵝絨革命的高潮，秘密警察頭子下令採取政治手段來「解決社會危機」，目標是誤導「敵人」，特別是在媒體抹黑反對運動的領導者，讓老百姓認為這些人嚴重的意識形態分歧、個人的敵對、以及路線之爭[8]。令人擔憂的是，即使共黨被迫交出政權，那些特務依然盤據內政部、影響新政府的人事認命，而且還唯恐天下不亂、利用手中的秘密檔案操弄政客互控。這些人還把魔掌伸向其他部會、媒體[9]、以及國營事業，不管是電視、收音機、報紙、公家機構、企業、甚至於工會，幾乎是無所不在[10]；即使這些人不是主管，也有可能使用手上的名單威脅上司。所以，為了防止政治醜聞一再爆發、防止政治人物被裹脅，唯一的解決之道就是揭露誰是秘密警察、或線民（David, 2003: 400-401）。

　　更令人擔心的是外力介入。由於蘇聯過去掌控中、東歐國家，特務往往以顧問身分進駐，KGB 很可能掌握各國的機密檔案。事實上，在這些國家民主化之後，赫然發現大量檔案憑空失蹤[11]，新政

---

[8]　另一種陰謀論是說，警察在 11 月 17 日武力驅散非暴力示威的學生，背後是 KGB、秘密警察、以及捷共策動的，目標是讓諸如戈巴契夫般的人以救星姿態出現，換句話說，整個天鵝絨革命的背後其實是捷共（Williams, 2003: 3）。

[9]　譬如在 1990 年，有 262 名秘密警察還待在、或是進入媒體（David, 2003: 401）。

[10]　在 1990 年，所有 8,591 名秘密警察全部獲得優退，被疑轉進繼續操控經濟（Williams, 2003: 5）。

[11]　根據捷克聯邦憲政法庭（Constitutional Court of the Czechoslovak Federal Republic, 1992），內政部的檔案很多在政權轉移中被慌亂「處理掉」了，特

權的領導者如果在過去與秘密警察過從甚密,不難想像會被俄羅斯特務用來操控。譬如在 1993 年領導斯洛伐克從捷克分離的政治人物 Vladimir Meciar[12],他便好多次毫不靦腆地公開承認,在自己的辦公桌發現一些人的秘密檔案,當下利用這些資料一路往上爬,終究當上斯洛伐克的總理(1990-92),接著又擔任斯洛伐克共和國的總理(1992-94, 1994-98)。其實,當俄羅斯特務頭子 Vladimir Putin 在 2000 年上台,中、東歐國家不敢掉以輕心,不知道什麼時候會把情資當成武器;換句話說,洗滌不是只有民主轉型的短期措施,更有國家安全的考量(David, 2003: 402-404)。

四、揭露過去的真相

對於老百姓來說,比較關心的是了解共黨極權統治的真相,尤其是人權的戕害,然而,由於政府不願意公開秘密檔案,大家充滿狐疑,感覺上就是有人在隱藏一些東西,只能透過媒體殘缺不全的報導去拼湊。既然沒有真相,又要如何去原諒不知道是誰的加害者?此外,在資訊無法公開的情況下,如果選民不能了解候選人的背景,特別是有沒有當過秘密警察、或是線民,就很難對政治人物產生信心、也很難對民主政治建立信任感;換句話說,如果每到選舉就流言蜚語滿天飛,選民投票的自由意志就會大打折扣(David, 2003: 404-405)。

別是負責「內部敵人」的第二處,90-95%的保險箱是空的,20,337 卷宗只剩下 2,189,也就是 89.9%不見了。

[12] 傳言他在 1980 年代中期擔任線民,被質疑從政仰賴秘密警察的卵翼,只不過,有關檔案於 1990 年初不翼而飛(Williams, 2003: 5)。

參、洗滌法

　　大體而言，我們可以將政治洗滌的運作分為對象（由官員、特務、到線民）、年限（由限期、展延、到無限）、以及職務（由行政、司法、國會、學界、到神職）等三個面向（圖1）。所謂的洗滌對象是指被質疑過去擔任特定職務、壓迫老百姓的人，尤其是黨政高層、特務、或是線民，要求他們離開公職；聯合國開發計畫署（UNDP, 2006: 19）建議把洗滌的優先順序放在軍方、安全部門、情治單位、以及司法機構。洗滌職務則是針對攸關公共利益者，排除這些人任職，包括政府三權、媒體、學界、神職、甚至於國營或具有官股的事業。至於洗滌年限，有時無法在期限內完成，有可能修法展延、或者廢除年限。

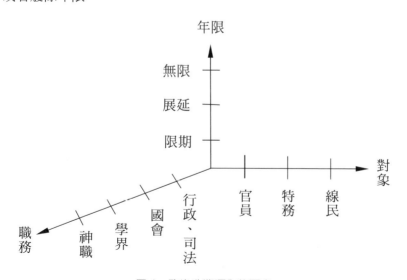

圖1：政治洗滌運作的面向

　　根據『大洗滌法』（1991）[13]，不管是透過選舉、認命、或是指派，任職於國家機構或組織的高層，必須符合一些條件。這些單位包括憲政機構（總統府辦公室、國會、各部會、憲政法庭、以及最高法院）、軍方、國防部、安全情報（Security Information Service, BIS）、警察、總統府護衛（Corps of the Castle Police）、公營媒體、國營事業、以及國家組織（§§ 1）。任何人只要超過十八歲，就可以向這申請洗滌證明書（lustration certificate）（§§ 8）；至於在 1971 年 12 月 1 日以後出生的公民，就不用接受該法的規範（§§ 20）。

　　在這裡，所謂的「國家組織」（state organization）（§§ 1[1.f]）包括大學、以及公立大學，也就是說，除了兩個最高研究院的院長，裡頭必須經過普選、或是經過學術評議會核准的主管，都必須接受洗滌，也就是主任、院長、以及校長（§§ 1[3]）。根據 David（2003: 427）的揣測，應該是高等教育充斥馬列主義的意識形態，因此，希望能大刀闊斧、趁機轟轟烈烈從事社會改造一番。

　　比較特別的洗滌對象是所謂「壓制性國家機器」（repressive apparatus）的成員，該法規定根本不可以任職上述國家單位（§§ 2-3），這些機構包括秘密警察、其相當層級的線民、共黨高層、國家安全部隊[14]的政治管理部門、民兵[15]、以及整肅委員會的委員；

---

[13] 請見 Williams（2003: 13-15）比較草案與定案的差異。

[14] 國家安全部隊（Corps of National Security, SNB）包含穿制服的公安（Public Security, VB）、以及秘密警察，是在戰後成立，用來取代傳統的警察，聽命於捷共，並且在 1948 年的政變協助接收政府；在 1991 年，因為被揭露試圖鎮壓天鵝絨革命中的學生，因而被解散（Wikipedia, 2016a）。

[15] 民兵（People's Militias）號稱「工人階級的武拳」，是捷共的民兵組織，原本是在接收政權後用來對抗右派游擊隊，隸屬內政部，後來在 1952 年改歸

在 1948-89 年期間曾經前往蘇聯 KGB、或其他政治安全大學訪問的
學者或接受訓練的幹員也包含在內（David, 2003: 410-11）（表 1）。

表 1：洗滌法適用的對象

	領導者	積極成員	一般成員
特務組織	秘密警察幹部 秘密警察特別身分線民 蘇聯 KGB 出身幹員 政治、安全大學訓練出身	共黨高幹 國安部隊政治管理部 人民部隊軍官	不適用
違憲組織	整肅委員會成員	不適用	不適用
政府部門	不適用	不適用	不適用

來源：改自 David（2004: 794, 805）。

就程序上而言，任何人如果已經任職、申請、或是受聘於上述
職位，必須向內政部申請一張證明書，確認未曾當過秘密警察、或
是其線民，同時，本人也必須繳交一份切結書[16]，聲明從未歸屬該
法所臚列的其他單位（§§ 4[1]、4[3]）。如果申請人證實先前隸屬該
法所列的單位，該單位必須終止聘僱關係、或是調往其他該法並未
規範的職位[17]（§§ 18[2]）。另外，該法規定，除非當事人書面同意，
證明書、或是相關事實不可以公開（§§ 19）。最後，如果當事人不
服證明書所載，可以訴諸於法[18]。

共黨，穿灰色制服；在 1980 年代末期，民兵人數將近四萬，主要的任務是使用
盾牌驅離抗議的群眾，在 1989 年底因共黨倒台而解散（Wikipedia, 2016b）。

[16] 大概有 25,000 公職人員必須填寫（David, 2003: 423）。

[17] 此部分已經終止適用。

[18] 根據洗滌上訴法庭在 2001 年公布，還是證實有 18 人的紀錄無誤，包括 4 名
國會議員、以及 2 名政府高官（David, 2003: 423）。

由捷克憲政法庭（Constitutional Court of the Czechoslovak Federal Republic, 1992）的判決書可以看到，截至 1992 年 9 月 7 日為止，政府總共發出 168,928 張洗滌證明，扣除 40,615 張有爭議的，其中有 11,363 份是證明有問題的（6.7%）。另外，根據內政部在 2001 年 3 月提供的一項統計，大約發出 345,000 張證明，其中大約 3% 呈陽性[19]（David, 2003: 413-14）。不過，就執行面而言，還是有很大改進的空間，譬如內政部長在 2001 年表示，許多情治人員非法取得「負面篩選」的證明，經過政府重新查核 150,000 張洗滌證明，發現 117 張不符事實，理由是輕描淡寫的「錯誤分析檔案」（David, 2003: 421）。至於切結書，根據到 2001 年底為止的分析，6,689 張當中有 85 張造假，只有 315 人承認過去不光彩的紀錄（David, 2003: 423）。

整體來看，捷克的洗滌工作並非包山包海。就垂直而言，除了司法單位，基本上是限定決策高層；至於水平來看，因為刻意縮小洗滌的層面，讓那些過去任職於「壓制性國家機器」的人四處流竄，特別是正在著手市場化的企業界，任由他們繼續肆虐，管理不善、缺乏透明、舞弊貪污、及公司倒閉等消息層出不窮，甚於公然違反聯合國的禁運。由於除了整肅委員會成員，洗滌的對象不包括共黨高層，所以，儘管權貴無法再仰賴捷共對於國家的控制，然而，他們還是可以透過企業捐款政黨的方式左右民主選舉，繼續延續支配。（David, 2003: 415-16）

---

[19] 也就是所謂的「陽性洗滌」（positive lustration）。不過，這是醫學的用法，特別是癌症的篩選，字義不免讓人誤解是沒有問題。

肆、人權保障的爭議

有關於人權保障的關懷，大致上可以歸納為資訊問題、正當程序、就業歧視、以及忠誠問題[20]（Horne, 2009: 717）。首先，最基本的資訊問題是真相與隱私之間的平衡，也就是擔心洗滌會被拿來當作揭發個人資料的工具；當然，這並非相互排斥的選擇，牽涉到立法是否周延。在立法的過程，捷克政府認為隱私重於真相，甚至於在草案中還禁止揭露秘密警察、或線民的名字，違者最高可以罰刑三年，因為國會議員強烈反對作罷。由實際的經驗來看，由於洗滌證明是直接送達給申請人，除非本身同意，公家機構並不能對外公開結果，因此，外人不會知道同事離職的原委；另外，根據『前國家安全單位資料存取法[21]』，每個人都可以看有關自己的紀錄，只不過，打小報告者的名字都用墨印蓋掉了，因此，除非自己刻意要告訴別人，受害者、或是第三者無從知道[22]（David, 2003: 424）。第二個資訊問題是究竟這些秘密檔案的可信度如何，換句話說，是否可以相信這些特務[23] 所記載的資料，尤其是有些部門原本就會故意捏造事實，伺機毀陷異議份子、製造政治混亂。

---

[20] 另外，請參考 Kosař（2008: 470-72）的批判。

[21] *Act on the Disclosure of Files Created in the Course of Activities on the Part of the Former State Security Service, and Some Further Acts*（140/1996），後來在 2002 年修正（107/2002）。

[22] 事實上，參議員打算修法，讓大家可以無限閱讀檔案，根據民調，52% 的受訪者贊成修法、20% 左右反對（David, 2003: 424-25）。

[23] Nauclér（2006: 8）稱之為「專業的騙子」。

　　正當程序是法治的起碼要求，尤其對於「回溯性正義」（retroactive justice）的質疑，換句話說，這些特務所做的事在過去並未違法，不應該事後立法處罰。然而，在共產政權之下，國家機器是極權統治的工具，包括司法，連憲法都是參考用的，更何況寄望花瓶般的國會有相關的立法，國際上的法學專家並不絕對禁止回溯性立法[24]（施正鋒，2014：33-36）。因此，課題轉向「追訴年限」（statutory limitations）原則，也就是如何計算追訴年限、以及是否可以延長年限、甚至於沒有期限？另外，上訴機制的有是否完備[25]、資訊進用的不對稱，也是對於當事人權利保障所必要（Horne, 2009: 717）。

　　有關於就業歧視，最大的爭議是究竟政治理念不同是否可以當作就業排除的標準，相關的議題是洗滌的依據是否違反人民結社的自由。相對的價值觀則是，到底那些在邪惡政權下的幫兇、甚至於加害者，會不會忠於民主政權？會不會傷害到正在萌芽中的民主政治？如果只是坐擁高薪的肥貓事小，要是這些人運用過去的權力結構，轉往市場經濟興風作浪，豈不是養癰遺患？萬一他們利用手中的秘密檔案操弄政治，是否會讓民主倒退、甚至於崩盤？

　　自從洗滌法通過後，一些不服人權被侵犯的捷克團體分別向歐洲理事會（Council of Europe）、以及國際勞工組織（International

---

[24] 參見 PACE（1992, para. 7）的不同看法。另一種說法是洗滌並非刑事處罰，而是針對未來做行政處置，換句話說，這不是為了過去處罰報復、而是為了現在伸張正義，甚至於，這不只是在建構新的政治結構，而是在建構新的道德共同體（Łoś, 1995: 118; Letki, 2002: 535; Welsh, 1996: 423; Ellis, 1996: 194-96）。

[25] 不過，共黨高層、以及大尾的線民沒有上訴的權利（Sadurski, 2014: 236）。

Labour Organization）提出控訴。對於歐洲理事會[26] 所提的人權侵犯控訴包括公平審判、個人隱私、家庭生活、自由表意、自由結社、有效救濟、以及反歧視（Horne. 2009: 720），雖然歐洲人權法院並沒有針對捷克做出判例[27]，歐洲理事會的大會[28]（Parliamentary Assembly）在 1992 年通過一項決議〈拆解前共黨極權體制遺緒的方式〉（PACE, 1992），嚴正聲明洗滌措施與民主國家是相容的，不過，必須符合些法治的原則，包括必須針對個人罪刑、正當程序（辯護、無罪推定、上訴等權利）、不得報復等原則（PACE, 1996），基本上是肯定洗滌的對於民主化的正面意義。

另外，國際勞工組織[29] 從 1992 年起，幾乎每隔一、兩年，就針對捷克的洗滌法是否違反『反就業歧視公約』（1958）提出觀察報

---

[26] 歐洲理事會在 1953 年通過『保護人權暨基本自由公約』（Convention for the Protection of Human Rights and Fundamental Freedoms），設有專責的歐洲人權法院（European Court of Human Rights, ECtHR），對於簽署國有約束力，由其最高權力機構部長會議（Committee of Ministers）監督執行情形，捷克是在 1993 年加入。

[27] 自從對於立陶宛所作的第一個判決 *Sidabras and Džiautas v. Lithuania*（2015），也先後對解體後的斯洛伐克、波蘭、以及拉脫維亞等等國家有相關判例，包括 *Turek v. Slovakia*（2006）、*Rainys and Gasparavičius v. Lithuania*（2005）、*Matyjek v. Poland*（2007）、*Bobek v. Poland*（2007）、以及 *Ždanoka v. Latvia*（2006），要求注意洗滌的妥適性。見 Kosař（2008）的比較分析。

[28] 目前由 47 個會員國的 324 名代表組成，主要的任務是監督各國的人權保障措施，特別是協助前共黨國家的民主化。

[29] 國際勞工組織在 1958 年通過『反就業歧視公約』（*Convention Concerning Discrimination in Respect of Employment and Occupation*），捷克在 1993 年簽署。另外，在 1998 年通過的『工作權基本原則宣言』（*Declaration on Fundamental Principles and Rights at Work*），還特別強調結社的自由、以及消除就業歧視。

告（ILO, 1992a, 1992b, 1995, 1996, 1998, 2000, 2001, 2002, 2003, 2005, 2007, 2008, 2009, 2011, 2012, 2015）。捷克團體控訴的理由，大致上是不滿因為政治看法被限制就業、以及違反各種程序正義，並宣稱有百萬人受到影響（ILO, 1992a: paras. 12-14）。國際勞工組織做了一些程序上的建議，包括實施期限，一方面建議捷克國會修法、或者加以廢除，另一方面則建議捷克憲政法庭介入釋憲（ILO, 1992a: paras. 105）。

　　由於有 99 名國會議員連署請願釋憲，捷克聯邦憲政法庭在 1992 年 11 月 26 日做出『洗滌一號判決』（Pl, ÚS 1/92）（Constitutional Court of the Czechoslovak Federal Republic, 1992），認為在民主轉型的過程，基於公共利益的考量，也就是國家安全、以及捍衛民主優於請願者的基本權利[30]，同意政府可以採取某些措施來防止共黨極權復辟，因此支持『大洗滌法』的絕大多數條文[31]。

　　值得一提的是原條文所列的洗滌對象「有意識的合作者／線民」（conscious collaborator）（§§ 2[1.c]），除了「地下的合作者／線民[32]」（clandestine collaborator），還包括「候選者作者／線民」（candidate

---

[30] 這種預防性（prophylactic）的主張，可能是沿用戰後德國所採用的「積極民主」（militant democracy）概念，也就是「民主安全化」（securitization of democracy）（Williams, 2003: 2, 9）。

[31] 在原來的條文，國防部長、以及內政部長可以因為「重大國家安全利益」而豁免（§§ 2[3]、§§ 3[2]），被判為違憲。

[32] 原文是 as a resident, agent, or occupier of an apartment lent to the State Security Service, or used as a place conspiracy, an informer, or an ideological collaborator of the Security Service（§§ 2[1.b]）（Chmielewski, 2010: 100）。不過，根據 Kosař（2008: 464），線民分為三級，A 級是指正式的探員，B 級是指非正式、但是可以信任的有意識合作者，C 級則是打算吸收者。

collaborator）（§§ 2[2]），也就是當事人很可能本身並不知道、卻被
註記可以接洽者[33]。捷克聯邦憲政法庭（Constitutional Court of the
Czechoslovak Federal Republic, 1992）在判決書中詳細說明潛伏線民
的運作、以及督導方式，認為把被看中的人也當幫兇是不合理的，
因此認為這個條款、以及相關的獨立審查委員會條款（§§ 11）是不
合宜的。

國會在 1995 年將洗滌法的適用延長五年，又乾脆在 2000 年取
消年限，又有 44 名國會議員連署要求釋憲，捷克共和國憲政法庭在
2001 年 12 月 5 日做出『洗滌二號判決』（PI, ÚS 9/01）（Constitutional
Court of the Czech Republic, 2001），大致維持『洗滌一號判決』的
觀點，也就是洗滌機制的存在是用來保護公共利益，同時宣判洗滌
年限的廢除並未違憲，理由是民主國家為了保護國民的安全、以及
確保民主的發展，可以要求官員效忠國家，並不限於民主轉型之際。

伍、檢討

根據 2000 年的一份民調，32% 的受訪者認為洗滌有利於民主的
發展，不過，也有 27% 持相反看法；至於是否改善公家機構、以及
企業的人事情況，27% 同意、30% 反對（David, 2003: 413-14）。其
實，選民比較關心的是候選人過去是否為特務、或是線民，然而，
捷克的洗滌法並沒有強制個人自清，只規定政黨可以要求自己的候

---

[33] 根據判決書（Constitutional Court of the Czechoslovak Federal Republic, 1992）
的可以看到，到 1992 年 9 月 7 日為止，在政府已發出 168,928 張洗滌證明當
中，這一類有 4,061 張（2.4%）。

選人提供洗滌證明書，因此，有些政黨從善如流、有些則置之不理（David, 2003: 415-16）。由於捷克的洗滌對象不限公職人員、還包括共黨要員因此，相對其他中、東歐國家，算是比較早嘗試剷除原來的權力網絡；只不過，這些權貴很快地就知道如何調適，馬上又建立了新的網絡，因此，在捷克走向經濟市場化的過程，他們又可以上下其手，特別是武器銷售（David, 2003: 431）。

基本上，在實施洗滌之後，民主化初期政客互控對手為線民的情況已經大為降低。在 1992 年國會大選之前，秘密警察線民的名單初步公布，又經過 1999 年的增補、而且可以上網查得到，選前的爆料抹黑、打擊政敵相對上比較困難。當然，還是不時會有秘密檔案違法出現，明顯針對特定對象[34]。由於檔案記載未必都是事實，特別是特務有可能刻意變造，當時總統 Havel 便表示，這些洩漏出來的紀錄「會造成無可測定的人間悲劇」，令人費解的是，他自己對於這些檔案也是半信半疑；亡羊補牢的作法是配套的『機密保護法[35]』、以及『資訊自由法[36]』，特別是處罰流出單位的主管（David, 2003: 419）。

有關於跟秘密警察「合作」（collaboration）的定義，究竟虛與委蛇是否可以當作共犯？如果是在脅迫之下同意擔任線民，是否罪

---

[34] 譬如民主化後擔任過外交部長、副總理、以及議長的 Jan Kavan，在 1991 被指控於 1969-70 年期間當過線民，終於在 1996 年獲得司法洗清，不過，傳言說他之所以會謠言纏身，真正的理由是他反對總理 Vaclav Klaus（1993-98）的經濟政策；另一名政治人物 Vaclav Vales 就沒有那麼幸運，後來被迫辭去國會議員職位（David, 2003: 419-20; Wikipedia, 2016c: Olson, 2013-14: 7）。

[35] 正式名稱為 *Act on the Protection of Classified Information*（412/2005）。

[36] 正式名稱為 *Freedom of Information*（106/1999）。

惡的程度跟特務一樣？甚至於，有些人只是被接觸、卻嚴正拒絕，是否因為有被認為被吸收的「潛力」，就在道德上有瑕疵？因為牽涉到極權統治下的人性，一些捷克知識份子在民主化後堅決反對洗滌的作法，認為大家畢竟都是受害者，如果只怪個人、不去追究共產制度的邪惡，未必公允；然而，話又說回來，如果把所有罪過都怪制度，那又便宜了那些主動投懷送抱、或是無法抵擋誘惑的共犯。

附錄1：捷克洗滌證書申請表英文翻譯[37]

(Czech Lustration Certificate Request Form - English Translated Copy)

STAMP

(200 Crown－Administrative Fee)

REQUEST

In the issue

pertaining to aquiring an lustration certificate within the

framework of § 8 Act No. 451/1991 Sb.

Title, First Name, Surname:

Any previous Names and/or Surnames:

Date of Birth:

Place of Birth:

Residential Phone Number:

Residential Address:

Zip Code:

---

[37] 來源：Chmielewski（2010: 80, Appendix 2）。

This also declares that I am bearer of citizenship of the Czech Republic.

Date:
(Official Signature of the Applicant)

Application should be sent to:
Ministry of Interior, P.O. BOX 627, 170 00 Prague 7

附錄 2：捷克轉型正義相關法律[38]

Act No. 119/1990 Coll. on Judicial Rehabilitation

Act No. 403/1990 Coll. on the Mitigation of Consequences of Some Property Violations

Act No. 212/1990 Coll. on the Revocation of Immovable Property of the State in the Long-time Use of the Communist Party of Czechoslovakia

Act No. 497/1990 Coll. on the Reversion of Property of the Socialist Youth Organization to the People of the Czech and Slovak Federative Republic

Act No. 496/1990 Coll. on the Return of Property of the Communist Party of Czechoslovakia to the People of the Czech and Slovak Federal Republic

Act no. 119/1990 Coll., on Judicial Rehabilitation

Act No. 451/1991 Coll., Establishing Additional Conditions for the Execution of Some Functions in State Bodies and Organizations of the Czech and Slovak Federal Republic, Czech Republic and Slovak Republic (Big Lustration Law)

Act No. 87/1991 Coll. on Extra-judicial Rehabilitation

Act No. 279/1992 Coll. on Some Additional Prerequisites for the Execution of Some Functions Occupied by Appointed or Nominated Servicemen of the Police of the Czech Republic and the Prison Service of the Czech Republic

Act No. 198/1993 Coll. on the Unlawfulness of the Communist Regime and Resistance against It

Act No. 217/1994 Coll. on the Provision of a Onetime Monetary Sum to Certain Victims of Nazi Persecution

---

[38] 來源：Spanish National Research Council（2013），略加增減。

Act No. 165/1997 Coll. on the Payment of Nonrecurring Compensation towards the Mitigation of Some Injustices Wrought by the Communist Regime

Act No. 106/1999 Coll. Freedom of Information

Act No. 212/2000 Coll. on the Mitigation of Certain Property Injustices Caused by the Holocaust

Act No. 107/2002 Coll., Amending Act No. 140/1996 Sb. on the Disclosure of Files Created in the Course of Activities on the Part of the Former State Security Service, and Some Further Acts

Act No. 218/2002 Coll., on Service of Public Servants in Administrative Authorities and on Remuneration of Such Servants and Other Employees in Administrative Authorities

Act No. 203/2005 Coll. on the Compensation of Certain Victims of the Military Occupation of Czechoslovakia by the Union of Soviet Socialist Republics, German Democratic Republic, Polish People' s Republic, Hungarian People' s Republic and Bulgarian People' s Republic

Act No. 357/2005 Coll. on the Acknowledgment of Participants in the National Struggle for the Formation and Liberation of Czechoslovakia and Certain of Their Survivors, on Extra Contribution to the Pensions of Certain Persons, on a Onetime Monetary Sum to Certain Participants in the National Struggle for Liberation in the Years 1939 to 1945 and on the Amendment of Certain Acts

Act No. 412/2005 Coll. on the Protection of Classified Information

Act No. 181/2007 Coll. on the Institute for the Study of Totalitarian Regimes and the Security Services Archive, and on Amendments to Some Acts

Act No. 262/2011 Coll. on the Participants in Anti-communist Opposition and Resistance

附錄 3：捷克『大洗滌法』（1991）[39]

451/1991 Coll.
ACT of 4th October 1991
Determining Some Further Prerequisites for Certain Positions in State Bodies and Organizations of the Czech and Slovak Federative Republic, the Czech Republic and the Slovak Republic

Amendment: NA03/1992
Amendment: 555/1992 Coll.
Amendment: 254/1995 Coll.
Amendment: 422/2000 Coll.
Amendment: 147/2001 Coll.
Amendment: 151/2002 Coll., 312/2002 Coll.
Amendment: 413/2005 Coll.

The Federal Assembly of the Czech and Slovak Federative Republic has resolved to pass the following Act:

Section 1

(1) This Act determines some further prerequisites for certain positions filled by election, designation or appointment

a) in bodies of state administration of the Czech and Slovak Federative Republic, the Czech Republic and the Slovak Republic;

b) in the Czechoslovak Army;

c) in the Federal Security Information Service, the Federal Police Force, the Castle Police Force;

d) in the Office of the President of the Czech and Slovak Federative

---

[39] 來源：Institute for the Study of Totalitarian Regimes（2015）。請比較 Chmielewski（2010: 99-106）有關於未經修正過的版本。。

Republic, the Office of the Federal Assembly, the Office of the Czech National Council, the Office of the Slovak National Council, the Office of the Government of the Czech and Slovak Federative Republic, the Office of the Government of the Czech Republic, the Office of the Government of the Slovak Republic, the Office of the Constitutional Court of the Czech and Slovak Federative Republic, the Office of the Constitutional Court of the Czech Republic, the Office of the Constitutional Court of the Slovak Republic, the Office of the Supreme Court of the Czech and Slovak Federative Republic, the Office of the Supreme Court of the Czech Republic, the Office of the Supreme Court of the Slovak Republic, in the Presidium the Czechoslovak Academy of Sciences and the Presidium of the Slovak Academy of Sciences and at the Supreme Administrative Court;

e) in the Czechoslovak Radio, the Czech Radio, the Slovak Radio, the Czechoslovak Television, the Czech Television, the Slovak Television, the Czechoslovak Press Agency of the Czech Republic and the Czechoslovak Press Agency of the Slovak Republic;

f) in state enterprises, state organizations, joint stock companies where the state is the majority shareholder, foreign trade corporations, in the state organization Czechoslovak State Railways, state funds, state monetary institutions and the State Bank of Czechoslovakia;

g) in offices of territorial self-governing units; unless stipulated otherwise below.

(2) Positions under section 1(1) b) in the Czechoslovak Army and at the Federal Ministry of Defence mean positions with the highest achievable ranks of Colonel and General and the positions of military attaches.

(3) Positions under section 1 (1) f) mean positions of the head of an organisation and senior officers directly subordinate to him/her. At universities and public universities 5) these posts mean also the

positions of elected academic officials and positions approved by the Academic Senate of the university and faculty. Positions under paragraph (1) g) mean the positions of a head of the authority and senior officers.

(4) This Act also determines some further prerequisites for the positions of a judge, lay judge, prosecutor, prosecution investigator, notary public, state arbiter and for persons serving as trainee judges, trainee prosecutors, trainee notaries public and arbitration trainees.

(5) This Act also determines the conditions of reliability to allow the operation of some licensed businesses. 1)

Section 2

(1) A prerequisite for a position as referred to in section 1 is that during the period from 25/2/1948 to 17/11/1989 the citizen was not:

a) an officer of the National Security Corps assigned to the State Security Service;

b) registered in the State Security Service' s files as a resident, agent, lent apartment holder, conspiracy apartment holder, informer or ideological collaborator of the State Security Service;

c) (expired)

d) a Secretary of a body of the Communist Party of Czechoslovakia or the Communist Party of Slovakia from the level of a District Committee or an equivalent committee upwards, a member of the presidium of these committees, member of the Central Committee of the Communist Party of Czechoslovakia or the Central Committee of the Communist Party of Slovakia, a member of the Bureau for the Management of Party Work in the Czech Lands or a member of the Committee for the Management of Party Work in the Czech Lands, except for those holding these posts only in the period from 1/1/1968 to 1/5/1969;

e) an employee of the system of structures as referred to in d) in a department in charge of the political running of the National Security Corps;

f) a member of the People's Militias;

g) a member of the National Front Action Committee after 25/2/1948, vetting commissions after 25/2/1948 or vetting and normalization commissions after 21/8/1968;

h) a student at Felix Edmundovic Dzerzinsky University of the Council of Ministers of the USSR for officers of the State Security Service, the University of the Ministry of the Interior of the USSR for officers of the Public Security Service, the Political College of the Ministry of the Interior of the USSR, or a postgraduate or a participant in courses lasting longer than 3 months at these schools.

(2) expired

(3) expired

Section 3

(1) A prerequisite for positions under section 1 at the Federal Ministry of the Interior, Federal Security Information Service, Federal Police Force and the Castle Police Force is that during the period from 25/2/1948 to17/11/1989 the citizen was not a) an officer of the National Security Corps assigned to a counterintelligence unit in the State Security Service;

b) assigned to the State Security Service holding the post of a Chief of Department or higher; c) a student at Felix Edmundovic Dzerzinsky University of the Council of Ministers of the USSR for officers of the State Security Service, the University of the Ministry of the Interior of the USSR for officers of the Public Security Service, the Political College of the Ministry of the Interior of the USSR, or a postgraduate or a participant in courses lasting longer than 3 months at these schools;

d) in the National Security Corps at the post of a Secretary of the Main Committee of the Communist Party of Czechoslovakia or the Main Committee of the Communist Party of Slovakia, a member of the Main Committee of the Communist Party of Czechoslovakia or the Main Committee of the Communist Party of Slovakia, a member of a Unit Committee* of the Communist Party of Czechoslovakia or a Unit Committee* of the Communist Party of Slovakia, or an officer of the National Security Corps assigned to the Department for Political Training and Educational, Cultural and Propaganda Activities of the Federal Ministry of the Interior;

e) a person as referred to in section 2 (1) b) through g).

(2) expired.

Section 4

(1) The citizen shall prove the facts as referred to in section 2 (1) a) and b) with a certificate issued by the Federal Ministry of the Interior.

(2) expired

(3) The citizen shall prove the facts as referred to in section 2 (1) d) through h) with an affidavit.

(4) expired

Section 5

The citizen who is to hold a position in a body or organization as referred to in section 1 shall submit the certificate, affidavit or finding, as the case may be, to the head of this body or organization. The application for the certificate to be issued by the Federal Ministry of the Interior shall be lodged by the citizen, unless stipulated otherwise below.

Section 6

* The general term Unit refers here mostly to district and regional directorates etc. (trans. note)

(1) Instead of the citizen who is to hold a position in a body or organization as referred to in section 1 or a citizen who is holding such a position on the date this Act becomes effective, the subject to apply to the Federal Ministry of the Interior for the certificate shall be:

a) for a citizen elected to such a position, the body competent to carry out the election;

b) for a citizen designated to such a position, the body competent to designate the citizen to such a position;

c) for a citizen appointed to such a position, the body competent to carry out the appointment. At the same time, the head of the body or organization shall inform this citizen of his or her duty to submit the certificate within 30 days of its delivery.

(2) The application for a certificate made for a citizen who is holding a position as referred to in section 1 on the date this Act becomes effective must be sent to the Federal Ministry of the Interior within 30 days of the date this Act becomes effective.

(3) The Federal Ministry of the Interior shall send the certificate to the citizen concerned within 60 days of the date of delivery of the application and at the same time notify thereof the subject which has applied for the issuance of the certificate.

(4) If the citizen who is holding a position as referred to in section 1 on the date this Act becomes effective fails to submit the certificate to the head of the body or organization within 30 days of its receiving, the head of the body or organization shall request within seven days the Federal Ministry of the Interior for sending a duplicate of that certificate.

Section 7

(1) The President of the Czech and Slovak Federative Republic, the Presidium of the Federal Assembly, the Presidium of the Czech National Council, the Presidium of the Slovak National Council, the Government of the Czech and Slovak Federative Republic, the Government of the Czech Republic and the Government of the Slovak Republic, the Prosecutor General of the Czech and Slovak Federative Republic, the Prosecutor eneral of the Czech Republic and the Prosecutor General of the Slovak Republic shall apply to the Federal Ministry of the Interior for a certificate on persons to hold positions established by appointment for which they enjoy this right under special provisions. The Federal Ministry of the Interior must grant this application without delay.

Section 8

(1) Any citizen aged 18 and over is entitled to apply to the Federal Ministry of the Interior for the certificate under section 2 (1) a), b) and c), or a finding under section 13, as the case may be.

(2) An application for the certificate must be accompanied with a CZK 200 duty stamp and an authenticated signature of the applicant.

Section 9

(1) The certificate shall be issued by the Federal Ministry of the Interior, which shall deliver it in the citizen's own hands; this shall not apply for certificates issued under section 7.

(2) If documents to support the issuance of the certificate are owned by another state body, this body, upon the request from the Federal Ministry of the Interior, must within seven days provide this Ministry with all the documents and other information necessary for the issuance of the certificate.

Section 10

For the purposes of this Act and for the purposes of court proceedings, the certificate, the finding and the data contained therein shall not constitute classified information.

Section 11

expired

Section 12

expired

Section 13

expired

Section 14

(1) If the citizen fails to satisfy the prerequisites as referred to in section 2, his or her employment shall terminate by a notice of dismissal served by the organization concerned within 15 days of the date when the organization learnt this fact, unless the employment terminates by mutual agreement or in another manner on an earlier date or unless the citizen is assigned to another position than the one as referred to in section 1.

(2) The provision of paragraph (1) shall apply accordingly to the termination of service by dismissal 2) if the citizen fails to satisfy the prerequisites for his or her position as referred to in section 3.

(3) If the citizen has refused to make an affidavit of the facts as referred to in section 2 (1) d) through h), or if the affidavit is not true, paragraphs (1) or (2) shall be applied.

Section 15

If a prosecutor or prosecution investigator fails to satisfy the prerequisites for his or her position as referred to in section 2, this fact shall be a reason for terminating his or her employment.

Section 16

Under the conditions as referred to in section 14 (1), the competent body shall file a motion to remove the judge or lay judge from his or her position.

Section 17

The provisions of the Labour Code allowing an organization to give a notice of dismissal only upon a previous consent from the relevant trade union body 3) shall not apply to the termination of employment under sections 14 and 15.

Section 18

expired

Section 19

It is forbidden to publish any facts contained in the certificate or finding or to publish the certificate or finding itself, as well as to publish any of the documents supporting the issuance without a previous consent from the citizen.

Section 20

The provisions of section 1 through 3 shall not apply to citizens born after 1 December 1971. These citizens shall not be required to submit the certificate or affidavit under section 4 hereof.

Section 21

(1) Publishers of press periodicals and licensed operators of radio and television broadcasting, news agencies and audiovisual programmes may for themselves or for their employee who is involved in forming the content production of the above media, upon his or her previous written consent, apply to the Federal Ministry of the Interior for issuing a certificate or a commission for issuing a finding; provisions of section 6 (3), section 9 (1), sections 10, 12, 13, section 18 through 20 thereof shall apply accordingly for these purposes.

(2) Presidents or equivalent representatives of political parties, political movements and associations 4) may for themselves or for a member of the management of their political party, political movement or association, upon his or her previous written consent, apply to the Ministry of the Interior for issuing a certificate or a commission set up under section 11 for issuing a finding.   The provisions of paragraph (1) shall apply accordingly to these relationships.

Section 22

(1) Should Acts of the National Councils empower the Ministers of the Interior and the Ministers of Justice of the Czech Republic and the Slovak Republic to ascertain facts as referred to in section 2 (1), the Federal Ministry of the Interior and the Commission must grant their applications for a certificate or finding.

(2) Termination of service of officers of the Penitentiary Service of the Czech Republic and the Corps of Prison and Court Guards of the Slovak Republic and officers of the Police of the Czech Republic and of the Police Force of the Slovak Republic shall be governed by Acts of the National Councils.

Section 23

This Act shall become effective on the date of promulgation.

Havel signed

Battěk signed

Vice Chairman of the Federal Assembly of the CSFR Čalfa signed

附錄 4：捷克『小洗滌法』（1992）[40]

279/1992 Coll.
ACT of the Czech National Council of 28 April 1992
on Some Further Prerequisites for Certain Positions Filled by
Appointment or Designation of Officers of the Police of the Czech
Republic and Officers of the Penitentiary Service of the Czech Republic

Amendment: 555/1992 Coll.
Amendment: 256/1995 Coll.
Amendment: 424/2000 Coll.
Amendment: 35/2002 Coll.
Amendment: 362/2003 Coll.

The Czech National Council has resolved to pass the following Act:

Section 1

This Act determines some further prerequisites for certain positions filled
by appointment or designation
a) in the Ministry of the Interior of the Czech Republic (hereinafter
referred to as "the Ministry");
b) in the Police of the Czech Republic;
c) in the Penitentiary Service of the Czech Republic.

**Prerequisites for certain positions in the Ministry and the Police of
the Czech Republic**
Section 2

(1) Positions under section 1 a) and b) mean positions of

---

[40] 來源：Institute for the Study of Totalitarian Regimes（2015）。

a) officers of the Police of the Czech Republic (hereinafter referred to as "police officer") called to fulfill tasks in the Ministry; 1)

b) police officers assigned to the Office of Investigation of the Czech Republic;

a) police officers assigned to a Police Directorate;

b) Director, Deputy Director, Commissioner, Commander of External Service*, Head of Administrative Service Department and Chief Inspector at the District and equivalent Metropolitan District and Municipal Directorates of the Police of the Czech Republic;

c) Director, Deputy Director, Chief Commissioner, Commander of External Service, Head of Department, Commander of a SWAT Team, Chief of Administrative Service Department, Chief of Section, Chief Senior Specialist and Senior Specialist at the Regional Police Headquarters in the Czech Republic and the Capital Prague Police Headquarters;

d) Director, Deputy Director, Chief of Department and Senior Investigator at the Regional Offices of Investigation in the Czech Republic and the Capital Prague;

* Uniformed Police (trans. note)

e) Director, Deputy Director and Chief of Department at the District and equivalent Metropolitan District and Municipal Offices of Investigation in the Czech Republic.

(2) Positions mean the positions as referred to in paragraph 1 a) through g) or equivalent positions.

** The general term Unit refers here mainly to district and regional directorates etc. (trans. note)

(3) Positions under paragraphs (1) and (2) mean service positions under a special Act. 1a)

Section 3

(1) A prerequisite for a position as referred to in section 2 is that during the period from 25/2/1945 to 17/11/1989 the citizen was not

a) an officer of the National Security Corps assigned to a counterintelligence unit in the State Security Service;

b) an officer of the National Security Corps assigned to the State Security Service holding the position of a Chief of Division and higher;

c) registered in the State Security Service's files as a resident, agent, lent apartment holder, conspiracy apartment holder, informer or ideological collaborator of the State Security Service;

d) repealed

e) a Secretary of a body of the Communist Party of Czechoslovakia or the Communist Party of Slovakia from the level of a District Committee or an equivalent committee upwards, a member of the presidium of these committees, member of the Central Committee of the Communist Party of Czechoslovakia or the Central Committee of the Communist Party of Slovakia, a member of the Bureau for the Management of Party Work in the Czech Lands or a member of the Committee for the Management of Party Work in the Czech Lands, except for those holding these posts only in the period from 1/1/1968 to 1/5/1969;

f) in the National Security Corps holding the post of a Secretary of the Main Committee of the Communist Party of Czechoslovakia or the Main Committee of the Communist Party of Slovakia, a member of the Main Committee of the Communist Party of Czechoslovakia or a the Main Committee of the Communist Party of Slovakia, a member of the Unit Committee** of the Communist Party of Czechoslovakia or the Unit Committee** of the Communist Party of Slovakia;

g) an employee of the system of structures as referred to in e) and f) in a department in charge of the political running of the National Security Corps;

h) an officer of the National Security Corps assigned to the Department for Political Training and Educational, Cultural and Propaganda Activities of the Federal Ministry of the Interior or the Ministry who was directly involved in the political training

i) an officer of the National Security Corps assigned to the position of a Deputy Chief (Commander) for Political Training and Education

j) a member of the People's Militias;

k) a member of the National Front Action Committee after 25/2/1948, vetting commissions after 25/2/1948 or vetting and normalization commissions after 21/8/1968;

l) a student at Felix Edmundovic Dzerzinsky University of the Council of Ministers of the USSR for officers of the State Security Service, the University of the Ministry of the Interior of the USSR for officers of the Public Security Service, the Political College of the Ministry of the Interior of the USSR and other security schools in the USSR, or a postgraduate or a participant in courses lasting longer than 3 months at these schools.

(2) Another prerequisite for positions under section 2 is that no facts as referred to in section 5 (1) c) and d) have been ascertained with respect to the citizen.

Prerequisites for certain positions in the Penitentiary Service of the Czech Republic
Section 4

(1) Positions under section 1 c) mean positions of

a) officers of the Penitentiary Service of the Czech Republic (hereinafter referred to as "penitentiary officer") assigned to the Directorate of the

Penitentiary Service of the Czech Republic;

b) Director and Deputy Director of a Department of the Penitentiary Service of the Czech Republic or an organizational unit of the Penitentiary Service of the Czech Republic placed on the same level as a Department of the Penitentiary Service of the Czech Republic;

c) Head of Division and of equivalent organizational units within the Departments of the Penitentiary Service of the Czech Republic, Head of Section (Group) in the organizational units of the Penitentiary Service of the Czech Republic equivalent in level to a Department of the Penitentiary Service of the Czech Republic;

d) Penitentiary officers assigned to Prevention Divisions (Groups) within the Departments of the Penitentiary Service of the Czech Republic.

(2) Positions under section 1 mean service positions under a special Act. 1a)

Section 5

(1) A prerequisite for positions under section 4 in the Penitentiary Service of the Czech Republic is that during or for the period from 25 February 1948 to17 November 1989

a) no facts as referred to in section 3 (1) have been ascertained with respect to the citizen;

b) the citizen was not a member of a Department Committee of the Communist Party of Czechoslovakia at the Correction Corps Administration of the Czech Republic, a member of a Department Committee of the Communist Party of Czechoslovakia in Departments and equivalent organizational units of the Correction Corps of the Czech Republic or a Chair of a Basic Unit of the Communist Party of Czechoslovakia in the Departments of the Correction Corps of the Czech Republic where no Department Committee of the Communist Party of Czechoslovakia was established;

c) the citizen did not hold the position of a Deputy Chief of the Headquarters or a Department of the Correction Corps of the Czech Republic in charge of political training;

d) the citizen did not hold the position of a Head of Division or Section or a Head of the Group of Internal Protection of the Correction Corps of the Czech Republic;

e) the citizen was not registered in the files of the Correction Corps of the Czech Republic as a resident, agent or confident of the Internal Protection of the Correction Corps of the Czech Republic.

(2) repealed.

Certificate and affidavit
Section 6

(1) The facts as referred to in section 3 (1) a) through d) shall be proved by a certificate issued by the Federal Ministry of the Interior, or a finding issued under a special Act. 2)

(2) The facts as referred to in section 3 (1) e) through g), j) and k) and in section 5 (1) b) through e) shall be attested by an affidavit.

Section 7

A citizen, police officer or penitentiary officer who is to hold a position as referred to in section 2 in the Ministry or within the Police of the Czech Republic or a position as referred to in section 4 in the Penitentiary Service of the Czech Republic shall submit a certificate, or a finding or affidavit, as the case may be, to the respective body; at the same time, before commencement of the position, he or she must submit an affirmation that he or she neither is nor was a collaborator of any foreign intelligence or counterintelligence service.

Section 8

(1) The Minister of the Interior of the Czech Republic and the Minister of Justice of the Czech Republic are entitled to apply with the bodies specified in a special Act for a certificate or finding of facts as referred to in section 3 (1) a) through d). 3)

(2) The Minister of the Interior of the Czech Republic and the Minister of Justice of the Czech Republic may authorize the body responsible for the appointment of a police officer, penitentiary officer or citizen who has been or is to be appointed to the position to apply for the certificate or finding under section 1.

(3) At the same time, the head of the body or the body shall inform the police officer, penitentiary officer or citizen that he or she must submit the certificate or finding within 30 days of its receiving.

(4) The application for the certificate regarding a police officer or penitentiary officer must be sent to the Federal Ministry of the Interior within 30 days of the date this Act becomes effective.

(5) If the police officer or penitentiary officer fails to submit the certificate to the head of the body or to the body within 30 days of its receiving, the head of the body or the body shall request the Federal Ministry of the Interior for sending a duplicate of that certificate.

Termination of service and transfer to a different position
Section 9

(1) If a police officer or penitentiary officer fails to satisfy the prerequisites for a position as referred to in section 3 (1) a) through e) and section 5 (1) b) through e), this shall be considered a reason for terminating service by a discharge. 4) The relevant body shall decide on the discharge of the police officer or penitentiary officer from the service within 15 days of learning the reason for discharge.

(2) If a police officer or penitentiary officer fails to satisfy the prerequisites for a position as referred to in section 3 (1) f) though l), this shall be considered a reason for his or her transfer to another position than that as referred to in sections 2 and 4.

(3) At discharge, the service terminates upon the lapse of two calendar months following the date of notification of the discharge decision, unless the relevant body and the police officer or penitentiary officer agree on a shorter period.

(4) If the police officer or penitentiary officer who fails to satisfy the prerequisites for the positions as referred to in section 3 (1) and section 5 (1) asks for discharge from the service5), the service terminates upon the lapse of two calendar months following the date of delivery of the request for discharge, unless the relevant body and the police officer or penitentiary officer agree on a shorter period.

(5) If the police officer or penitentiary officer refuses to submit an affidavit of the facts as referred to in section 3 (1) and section 5 (1) b) through e) and section 7 within 60 days of the date this Act becomes effective or if the affidavit is not true, paragraph (1) shall be applied.

Common and final provisions
Section 10

Unless otherwise stipulated herein, the conditions and manner of issuing certificates and findings, their delivery and the verification of facts, publication, classifying, sanctions and court jurisdiction for reviewing the findings shall be governed by the provisions of a special Act. 6)

Section 10a

The provisions of this Act shall not apply to citizens born after 1 December 1971.

Section 10b

The provisions of this Act, with the exception of section 2, section 3 (1) a), b), f), h) and i) and (2), and sections 4 and 5, shall be applied when determining some further prerequisites for the appointment or designation to service positions within the Fire and Rescue Service of the Czech Republic, the Customs Administration of the Czech Republic, the Security Information Service and the Office for Foreign Relations and Information accordingly, with a further prerequisite for a position being that during the period from 25 February 1948 to 17 November 1989 the citizen was not:

a) in the case of the appointment or designation to a service position of an officer of the Security Information Service or the Office for Foreign Relations and Information,

1. an officer of the National Security Corps assigned to a counterintelligence unit within the State Security Service;

***The general term Unit refers here mostly to district and regional directorates etc. (trans. note)

2. assigned to the State Security Service holding the position of a Chief of Department and higher;

3. in the National Security Corps holding the post of the Secretary of the Main Committee of the Communist Party of Czechoslovakia or the Main Committee of the Communist Party of Slovakia, a member of the Main Committee of the Communist Party of Czechoslovakia or the Main Committee of the Communist Party of Slovakia, a member of a Unit Committee*** of the Communist Party of Czechoslovakia or a Unit Committee*** of the Communist Party of Slovakia or an officer of the National Security Corps assigned to the Department for Political Training and Educational, Cultural and Propaganda Activities of the Federal Ministry of the Interior;

b) in the case of the appointment or designation to a senior service position in the Fire and Rescue Service of the Czech Republic or the Customs Administration, an officer of the National Security Corps assigned to the State Security Service. Section 11

This Act comes becomes effective on 1 June 1992.

Bure.ova signed

Pithart signed

附錄 5：節錄捷克憲政法庭針對『大洗滌法』釋憲文（1992）[41]

A democratic state has not only the right but also the duty to assert and protect the principles upon which it is founded, thus, it may not be inactive in respect to a situation in which the top positions at all levels of state administration, economic management, and so on, were filled in accordance with the now unacceptable criteria of a totalitarian system. Of course, a democratic state is, at the same time, entitled to make all efforts to eliminate an unjustified preference enjoyed in the past by a favored group of citizens in relation to the vast majority of all other citizens where such preference was accorded exclusively on the basis of membership in a totalitarian political party and where, as was already inferred earlier, it represented a form of oppression and discrimination in regard to these other citizens.

In a democratic society, it is necessary for employees of state and public bodies (but also of workplaces which have some relation to the security of the state) to meet certain criteria of a civic nature, which we can characterize as loyalty to the democratic principles upon which the state is built. Such restrictions may also concern specific groups of persons without those persons being individually judged, a situation which can be found, without a great deal of difficulty, in other legal systems as well (for example, in the Federal Republic of Germany, persons from the former German Democratic Republic or the east bloc may not be engaged by firms producing highly developed technology for the weapons industry.)

In comparison with the situation that existed during the communist regime, where all the top positions at all levels were filled not only in contradiction to democratic principles and international norms, but also at variance with the regime's own (hence, domestic) laws, the statute under

---

[41] 來源：Czechoslovak Constitutional Court（2001）。

consideration affects only a very limited group of employees, exclusively in the power, administrative, and economic apparatus, and it affects licensed trades which are or could be the source of certain risks, be it merely from the perspective of protecting the establishment of democracy and its principles, the security of the state, or the protection of state secrets or of those positions from which it is possible, either overtly or covertly, to influence the development of society and the desirable performances of jobs in individual bodies or organizations.

In addition, the conditions prescribed by the statute for holding certain positions shall apply only during a relatively short time period by the end of which it is foreseen that the process of democratization will have been accomplished (by 31 December 1996).

As a result of the considerations mentioned above, the Court is convinced that it cannot deny the state's right, if in conformity with the international commitments it has undertaken, to lay down in its domestic law conditions or prerequisites crucial for the performance of leadership or other decisive positions if, in which conditions or prerequisites, as was already referred to above, its own safety, the safety of its citizens and, most of all, further democratic developments are taken into consideration when setting the conditions or prerequisites.

If compared with the preceding legal order, these conditions might appear to be, from a formal perspective, a restriction on civil rights; however, in the current legal order the basic criteria, which will serve as the guide for our actions in the future, are those found the Charter and its introductory act. (23/1991 Coll.).

In contrast to the totalitarian system, which was founded on the basis of the goals of the moment and was never bound by legal principles, much less principles of constitutional law, a democratic state proceeds from quite different values and criteria. Even the statute now under consideration, Act

No. 451/1991 Coll., was based on them. It cannot be understood as revenge against particular persons or groups of persons, nor as discrimination against persons who, acting contrary to generally recognized principles either alone or in cooperation with or through a repressive body, had violated fundamental human rights and basic freedoms as they are understood and professed in a democratic society.

The statute under consideration does not even discriminate against such persons (neither in employment nor in their profession), it merely provides (and strictly for the future) certain additional preconditions for those positions designated as crucial by law, or for engaging in a licensed trade, particularly those linked with the possession of a firearm, of ammunition, of especially dangerous poisons, or with access thereto.

Such generally prescribed conditions do not, therefore, offend against either constitutional acts or international conventions. Each state or rather those which were compelled over a period of forty years to endure the violation of fundamental rights and basic freedoms by a totalitarian regime has the right to enthrone democratic leadership and to apply such legal measures as are apt to avert the risk of subversion or of a possible relapse into totalitarianism, or at least to limit those risks.

The law-based state which, after the collapse of totalitarianism, is tied to the democratic values enthroned after the collapse of totalitarianism, cannot in the final analysis be understood as amorphous with regard to values. With the adoption of the Charter of Fundamental Rights and Basic Freedoms as part of our legal system fundamentally changed the nature and the value system of our entire constitutional and legal order changed fundamentally.

Constitutional acts, statutes and other legal enactments, as well as the interpretation and application of them, must conform to the Charter of Fundamental Rights and Basic Freedoms (§ 1 para. 1 of the Introductory Act

23/1991 Coll.). Thus, an entirely new element of the renaissance of natural human rights was introduced into our legal order, and a new foundation for the law-based state was established in this way.

Thus, the concept of the law-based state does not have to do merely with the observance of any sort of values and any sort of rights, even if they are adopted in the procedurally proper manner, rather it is concerned first and foremost with respect for those norms that are not incompatible with the fundamental values of human society as they are expressed in the already referred to Charter of Fundamental Rights and Basic Freedoms.

Finally, from this perspective not even the principle of legal certainty can be conceived in isolation, formally and abstractly, but must be gauged by those values of the constitutional and law-based state, which have a systemically constitutive nature for the future.

As one of the basic concepts and requirements of a law-based state, legal certainty must, therefore, consist in certainty with regard to its substantive values. Thus, the contemporary construction of a law-based state, which has for its starting point a discontinuity with the totalitarian regime as concerns values, may not adopt a criteria of formal-legal and material-legal continuity which is based on a differing value system, not even under the circumstances that the formal normative continuity of the legal order makes it possible. Respect for continuity with the old value system would not be a guarantee of legal certainty but, on the contrary, by calling into question the values of the new system, legal certainty would be threatened in society and eventually the citizens' faith in the credibility of the democratic system would be shaken.

參考文獻

施正鋒，2006。《台灣族群政治與政策》。台北：翰蘆圖書。

施正鋒，2014。〈台灣轉型正義所面對的課題〉《台灣國際研究季刊》10 卷 2 期，頁 31-62。

Bobek v. Poland, 2007 (ms.gov.pl/pl/orzeczenia-etpcz/download,192,1.html) (2016/4/8)

Bronkhort, Daan. 2006. "Lustration in Central and Eastern Europe: Truth and Justice." (https://www.amnesty.nl/part-ii-lustration-in-central -and-eastern-europe-truth-and-justice-june-2006-daan-bronkhorst) (2016/3/24)

Chmielewski, Maciej. 2010. "Lustration Systems in Poland and the Czech Republic Post-1989: The Aims and Procedures of Political Cleansing." Master thesis, Palacký University (http://theses.cz/id/ 6655ba/104185-205175600.pdf) (2016/4/6)

Convention for the Protection of Human Rights and Fundamental Freedoms, 1953 (European Convention on Human Rights, ECHR) (http://www. echr.coe.int/Documents/Convention_ENG.pdf) (2016/4/8)

Constitutional Court of the Czechoslovak Federal Republic. 1992. "1992/11/26 - Pl. ÚS 1/92 (Czechoslovak Const. Court): Lustration." (http://www.usoud.cz/en/decisions/19921126-pl-us-192-czechoslovak- const-court-lustration/) (2016/4/7)

Constitutional Court of the Czech Republic. 1993. "1993/12/21-Pl. ÚS 19/93: Lawlessness." (http://www.usoud.cz/en/decisions/19931221-pl- us-1993-lawlessness/) (2016/4/7)

Constitutional Court of the Czech Republic. 2001. "2001/12/05 - Pl. ÚS

9/01: Lustration II." (http://www.usoud.cz/en/decisions/20011205-pl-us-901-lustration-ii/?amp%3BcHash=a74fe06f57a9dc2eccd88aac0fa4c 0ce&cHash=63ede4a4e405aba9339a69f8c1f4dfae) (2016/4/7)

Convention for the Protection of Human Rights and Fundamental Freedoms, 1953 (European Convention on Human Rights, ECHR) (http://www.echr.coe.int/Documents/Convention_ENG.pdf) (2016/4/8)

David, Roman. 2004. "Transitional Injustice? Criteria for Conformity of Lustration to the Right to Political Expression." *Europe-Asia Studies,* Vol. 56, No. 6, pp. 789-812.

David, Roman, and Susanne Choi Yuk-ping. 2005. "Victims on Transitional Justice: Lessons from the Reparation of Human Rights Abuses in the Czech Republic." *Human Rights Quarterly,* Vol. 27, No. 2, pp. 392-435.

Declaration on Fundamental Principles and Rights at Work, 1998 (http://www.ilo.org/declaration/lang--en/index.htm) (2016/4/8).

Horne, Cynthia M. 2009. "International Legal Rulings on Lustration Policies in Central and Eastern Europe: Rule of Law in Historical Context." *Law and Social Inquiry,* Vol. 34, No. 3, pp. 713-44.

Institute for the Study of Totalitarian Regimes. 2015. "Relevant Legislation." (http://www.ustrcr.cz/en/relevant-legislation) (2016/4/6)

International Labour Organization (ILO). 1992a. "Representation (article 24) - Czech and Slovak Federal Republic - C111 – 1992." (http://www.ilo.org/dyn/normlex/en/f?p=NORMLEXPUB:50012:0::NO ::P50012_COMPLAINT_PROCEDURE_ID,P50012_LANG_CODE:25 07443,en) (2016/4/5)

International Labour Organization (ILO). 1992b. "Observation (CEACR) - Discrimination (Employment and Occupation) Convention,

1958 (No. 111) - Czech Republic." (http://www.ilo.org/dyn/normlex/en/f?p=1000:13100:0::NO:13100:P13100_COMMENT_ID:2105580) (2016/4/8)

International Labour Organization (ILO). 2015. "Observation (CEACR) - Discrimination (Employment and Occupation) Convention, 1958 (No. 111) - Czech Republic." (http://www.ilo.org/dyn/normlex/en/f?p=1000: 13100:0::NO:13100:P13100_COMMENT_ID:3251279) (2016/4/8)

Kosař, David. 2008. "Lustration and Lapse of Time: Dealing with the Past' in the Czech Republic." *European Constitutional Law Review*, Vol. 3, No. 3, pp. 460-87.

Matyjek v. Poland, 2007 (file:///C:/Users/Genuine/Downloads/001-80219. pdf) (2016/4/8)

Nauclér, Minna. 2006. "Transitional Justice: Lustration, Truth-Revealing and Reconciliation in the Political Transitions of the Czech Republic, South Africa and Northern Ireland." Master thesis, Lund University (http://lup.lub.lu.se/luur/download?func=downloadFile&recordOId=13 24189&fileOId=1324190) (2016/4/8)

Olson, Sara. 2013-14. "Transitional Justice and the Rule of Law: Lustration and Criminal Prosecutions in Post-Communist States" (http://www.international.ucla.edu/media/files/olson-vol-six-ch-xzm.pdf) (2016/3/24)

Parliamentary Assembly, Council of Europe (PACE). 1992. "Measures to Dismantle the Heritage of Former Communist Totalitarian Systems." (http://assembly.coe.int/nw/xml/XRef/Xref-XML2HTML-en.asp?fileid =16507&lang=en) (2016/4/5)

Parliamentary Assembly, Council of Europe (PACE). 1996. "Guidelines to Ensure That Lustration Laws and Similar Administrative Measures Comply with the Requirements of a State Based on the Rule of Law."

(http://assembly.coe.int/nw/xml/xref/x2h-xref-viewhtml.asp?fileid=7506 &lang=en#_ftn1) (2016/4/8)

Rainys and Gasparavičius v. Lithuania, 2005 (file:///C:/Users/Genuine/ Downloads/001-68749.pdf) (2016/4/8)

Sadurski, Wojciech. 2014. *Rights before Courts: A Study of Constitutional Courts in Postcommuist States of Central and Eastern Europe.* Dordrecht: Springer.

Scarrow, Susan, and Jonathan Stein. 1994. "The Politics of Retrospective Justice in Germany and the Czech Republic." (http://aei.pitt.edu/63634/ 1/PSGE_WP5_4.pdf) (2016/4/8)

Sidabras and Džiautas v. Lithuania, 2015 (file:///C:/Users/Genuine/ Downloads/CASE%20OF%20SIDABRAS%20AND%20OTHERS%20v .%20LITHUANIA.pdf) (2016/4/8)

Spanish National Research Council (CSIC). 2013. "Transitional Justice and Memory in the EU: Czech Republic." (http://www.proyectos.cchs. csic.es/transitionaljustice/content/czech-republic) (2016/4/6)

Szczerbowski, Jakub J., and Paulina Piotrowskv. 2008. "Measures to Dismantle the Heritage of Communism in Central and Eastern Europe: Human Rights' Context (file:///C:/Users/Genuine/Downloads/Dialnet-MeasuresToDismantleTheHeritageOfCommnunismInEaster-3684868% 20(6).pdf) (2016/3/24)

Turek v. Slovakia, 2006 (file:///C:/Users/Genuine/Downloads/001-72354.pdf) (2016/4/8)

United Nations, Office of the United Nations High Commissioner for Human Rights (OHCHR). 2006. "Vetting: An Operational Framework." HR/PUB/06/5 (http://www.ohchr.org/Documents/Publications/Ruleoflaw Vettingen.pdf) (2016/4/8)

Uzelac, Alan. 2007. "(In)surpassable Barriers to Lustration: Quis Custodiet Ipsos Custodes?": Vladimira Dvorakova, and Anđelko Milardović, eds. *Lustration and Consolidation of Democracy and the Rule of Law in Central and Eastern Europe*, pp. 47-64. Zagreb: Political Science Research Centre.

Wikipedia. 2016a. "Sbor Národní Bezpečnosti." (https://en.wikipedia. org/wiki/Sbor_národní_bezpečnosti) (2016/4/6)

Wikipedia. 2016b. "People's Militias (Czechoslovakia)." (https://en. wikipedia.org/wiki/People%27s_Militias_(Czechoslovakia)) (2016/4/6)

Wikipedia. 2016c. "Jan Kavan." (https://en.wikipedia.org/wiki/Jan_Kavan) (2016/4/6)

Williams, Kieran. 2003. "Lustration as the Securitization of Democracy in Czechoslovakia and the Czech Republic." *Journal of Communist Studies and Transition Politics*, Vol. 19, No. 4, pp. 1-24.

Ždanoka v. Latvia, 2006 (file:///C:/Users/Genuine/Downloads/001-72794. pdf) (2016/4/8)

由轉型正義到眞相調查委員會[*]

Transitional justice is made of the processes of trials, purges, and reparations that take place after the transition from one political regime to another.

Jon Elster（2004: 1）

Transitional justice can be defined as the conception of justice associated with periods of political change, characterized by legal responses to confront the wrongdoings of repressive predecessor regimes.

Ruti G. Teitel（2003: 69）

Transitional justice is a response to systematic or widespread violations of human rights.　It seeks recognition for victims and promotion of possibilities for peace, reconciliation and democracy. Transitional justice is not a special form of justice but justice adapted to societies transforming themselves after a period of pervasive human rights abuse.　In some cases, these transformations happen suddenly; in others, they may take place over many decades.

International Center for Transitional Justice（n.d.）

---

[*] 發表於小米穗原住民文化基金會主辦、台灣原住民研究學會合辦、台灣原住民族政策協會協辦「原住民族的轉型正義學術研討會」，台北，2016/7/30。

The notion of "transitional justice" discussed in the present report comprises the full range of processes and mechanisms associated with a society's attempts to come to terms with a legacy of large-scale past abuses, in order to ensure accountability, serve justice and achieve reconciliation. These may include both judicial and non-judicial mechanisms, with differing levels of international involvement (or none at all) and individual prosecutions, reparations, truth-seeking, institutional reform, vetting and dismissals, or a combination thereof.

Kofi Anna（2004: 4）

為實現社會正義、司法正義、歷史正義、土地正義和分配正義等轉型正義，由國家設置調查和解委員會，對歷代統治者所掌控而加諸原住民族的國家暴力歷史進行再梳理與詮釋、發掘真相，藉以釋放被壓抑與噤聲的歷史記憶，建立具各族群共識的「共享歷史」，達致「真相追尋」、「族群承認」，以及「國民和解」的目的；並對原住民族因而流失的土地、語言、文化、征戰傷亡等給予適當賠償；任何調查結果產生前，由總統代表政府為四百多年來原住民族所遭遇的剝削，向原住民族道歉。

蔡英文（2016）

壹、前言

「轉型正義」（transitional justice）是指「轉型時期的正義」（justice in time of transition）（Mouralis, 2014: 87）。簡單來說，轉型正義是指在一個國家在進行民主轉型（democratic transition）之

際，要如何面對先前威權、或是極權體制所造成的人權侵犯；相對之下，廣義的轉型正義是指國家在經歷巨幅的政治變動之後，要如何來看待過去（coming to term with the past），特別是舊政權（*ancien regime*）所留下來的不公不義（injustice），也就是支配政治、經濟掠奪、社會壓抑、以及文化霸權（Elster, 2004: 1; Teitel, 2003: 69; Olsen, et al, 2001a: 9-13）。因此，轉型正義並不侷限適用於正在從事民主化的國家，而那些已經確立的民主國家（established democracy）並沒有排除適用的道理。

根據 Teitel（2003）所提供的系譜，轉型正義的發展可以約略分為三個階段（phase）[1]：第一階段（1945-89）是指由戰後到冷戰結束，主要是由戰勝國對於戰敗國所從事的國際正義，也就是紐倫堡大審、以及東京大審對於戰犯的審判；第二階段（1989-2000）是指由冷戰結束到千禧年到來之前，由中美洲軍事政權、東歐共產政權、到非洲獨裁政權相繼民主化，政治轉型之際如何處理人權侵犯、同時著手社會的和解；第三階段（2000-）則是指進入二十一世紀之後，轉型正義已經被世人廣為接受，尤其是「國際刑事法院」

---

[1] 請勿與 Huntington（1991）的人類三波（wave）民主化浪潮混淆：第一波始於十九世紀、第二波始於戰後、第三波始於 1974 年的葡萄牙康乃馨革命迄今。不過，Teitel 的第二階段轉型正義與 Huntington 的第三波民主化倒是有重疊。另外，有關於轉型正義做一個研究領域的發展，特別是在 1990 年代，見 Mouralis（2014）。事實上，轉型正義在 1980 年代已經成為專門的研究領域（field of study）。位於紐約的「國際轉型正義中心」（International Center for Transitional Justice），成立於 2001 年，由牛津大學出版的期刊《國際轉型正義學報》（*International Journal of Transitional Justice*）已經進入第十年了。

（International Criminal Court, ICC）在 2002 年設立，因此稱為「穩定狀態」（steady-state）的轉型正義，也就是所謂轉型正義的正常化。

我們如果把轉型正義分解為成因（X）、機制（Y）、以及目標（Z），機制是被解釋的應變數、或是政策產出（output），而成因是用來解釋的獨立變數、或是輸入項（input），最終要看所轉型正義的結果（outcome）是否能達成原先意圖的目標。首先，就轉型正義的機制而言，不管是加以報復、或刻意失憶，都不是好的選項，那麼，在光譜的兩個極端之間，可以有司法審判、行政洗滌、真相調查、補償還原、及特赦除罪等作法（圖 1）。

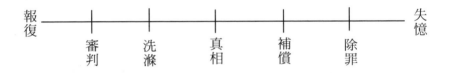

圖 1：轉型正義的機制

接著，轉型正義的立即目標就是要伸張正義，才有可能進一步談社會和解；同樣地，如果社會不能和解，民主的實踐將淪於投票主義，不可能有真正的民主；再回到進行轉型正義之際，必須先釐清真相，否則，就不會有起碼的正義；當然，和平又是更高的境界，特別是正面的和平。由真相、正義、和解、民主、到和平，表面上看來，這是一個環環相扣的鏈狀因果關係（causal link），然而，我們認為這是一系列的必要條件、而非充分條件；換句話說，儘管前件的完成未必保證能獲致後件，前件卻是要達成後件所必須（圖 2）。

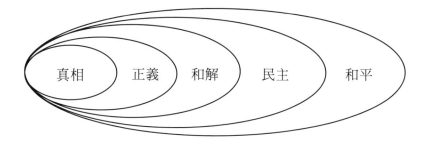

圖2：轉型正義的目標

　　正義可以分為修正式正義（rectificatory justice）、以及分配式正義（distributive justice）（Estrada-Hollenbeck, 2001; Roberts, 2002; Rawls, 1971; Barkan, 2000）：前者是強調如何處理過去所犯的錯誤，又可以進一步分為處罰式正義（retributive/retroactive justice）、及修復式正義（restorative/restitutive/reparative justice）兩大類，後者則是追求政治權利、經濟資源、社會地位、及文化認同的公平分配。我們可以說，前者是為了課責（accountability），後者是為了公平（fairness）。如果以前述轉型正義的發展來看，第一階段關注的是處罰式正義，第二階段是修復式正義，第三階段兼顧兩者（Muvingi, 2009: 165）。

　　再來，究竟要如何促成轉型正義，那是政治運作的實務，必須歸納實踐的經驗。我們先前建構了一個轉型正義的概念架構（施正鋒，2016），分別以人民的需求、以及政府所的提供[2]，來說明政治菁英從事轉型正義的意願：前者包括他國的示範效果、先前的壓迫

---

[2]　我們發現，Dancy 等人（2010：45）也有類似的構思，他們的用字是「對於正義的需求」（demand for justice）、以及「所提供的轉型」（supply of transition）。

經驗、以及舊政府的退場方式[3]，後者除了直接面對選民的壓力，還會考慮政治場域的競爭、以及國際的壓力；至於媒體的報導、以及憲政法庭則扮演中介的角色，可以強化、或是弱化轉型正義的進行（圖3）。

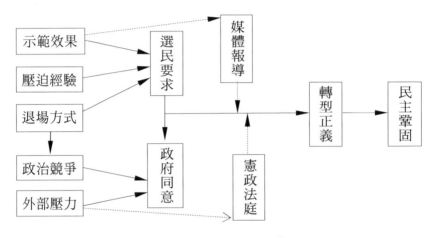

圖3：轉型正義的概念架構

　　最後，轉型正義過程的行為者當中，除了受害者（victim）、以及加害者[4]（perpetrator），在光譜的中間（圖2），往往也有置身度外、甚至於冷血的路人甲旁觀者（bystander, onlooker）。旁觀者是否那麼無辜，值得探討，因為，有些人即使並非權貴、更非幫兇，卻是「不

---

[3] Huntington（1991）觀察第三波民主化的經驗，根據朝野的相對實力，將民主轉型的模式分為舊勢力主導質變（transformation）、朝野協商（transplacement）、及由反對者取而代之（replacement）：一般而言，如果是由舊政權主導轉型，改變的幅度會比較小；相對地，要是由反對勢力來主導，就比較有可能巨幅改革。

[4] 當然，我們也可以把幫兇（collaborator）列入加害者，特別是線民。

小心的受益者」(accidental beneficiary)，當然要捍衛舊體制[5]；當然，前者至少還可以藉口在不得已的情況下虛與委蛇，未必都是機會主義者(opportunist)。然而，學者林健次(2016)卻點出所謂「聰明的利用者」，難怪不少人堅持維護國民黨政權的現狀。

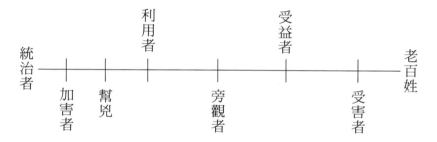

圖4：轉型正義過程中的行為者

貳、真相調查委員會

自從第三波民主化在 1974 年於葡萄牙展開以來，四十多年來，約有一百個國家經歷民主轉型，其中，如果以比較嚴格的標準來看，有超過三分之一採取真相調查的模式[6]（Dancy, et al.: 2010; Hayner, 2006, 2001; Freeman, 2006: Appendix 1）（附錄 1）。不管稱為「真相委員會」(truth commission)、還是「真相和解委員會」(truth and reconciliation commission)，這是一種妥協的轉型正義途徑，也就是說，在司法審判不可能的情況下，又不甘心就此遺忘，只好選擇採

---

[5] 譬如那些擔任接收大員的「半山」，或是一些附和國民黨、「光復有道」的人。
[6] 根據 Olsen 等人（2010b: 806-807），在 1970-2004 年期間，總共有 74 個國家經歷民主化、從事 91 次轉型正義、成立了 53 個真相委員會。

取真相調查，至少能讓真相水落石出。基本上，這是一種相對上比較薄弱的轉型正義工具；東歐國家的轉型正義普遍進行洗滌，而拉丁美洲國家則多半採取真相委員會，主要是因為軍頭尾大不掉、文人政府投鼠忌器（Skaar, 1999）。

真相委員會是國家針對過去一段特定時期的人權侵犯，臨時成立的一個具有調查權的委員會（Teitel, 2003: 78; OHCHR, 2006: 1; Dancy, et al., 2010: 49; Hayner, 2011: 11: Freeman, 2006: 18）。國家的調查委員會（commission of inquiry）大體有三種：首先是由國會或是行政部門針對特定事件、或議題所成立的特別委員會，前者在任務完成即解散，後者則比較像是諮詢單位；接著是常設的人權保障獨立機構，包括人權委員會[7]、或監察機關（ombudsman）；再來就是為了處理轉型正義所特別成立的真相委員會，這是一個任務型的編組，通常是在撰寫調查報告以後就解散。

國家之所以要成立真相委員會，顧名思義是要調查過去所發生的人權侵犯，也就是想辦法了解到底發生了什麼事情；再來是透過調查報告的撰寫、及公布，一方面宣洩社會長期壓抑的不滿，另一方面則具有教育大眾的作用；接著是政府承認過去做錯了事，而社會也接受自己有相當程度介入的事實；只有在大家都願意面對事實的情況下，特別是加害者及受益者原意祈求原諒、而受害者也願意原諒，整個社會才有可能和解、受傷的心靈才能獲得撫慰及復原；最後，委員會的報告必須提出具體建議，才能避免重蹈覆轍

---

[7] 如馬來西亞人權委員會（Human Rights Commission）調查原住民族土地權（EMRIP, 2013: 18）。

（Schlunck, 1998: 418-19; Hayner, 2001: 24-31）。總之，就是了解過去、承認錯誤、避免犯錯（OHCHR, 2006: 1-2）。

當然，徒法不足以自行，光是設立眞相委員會未必就會有眞相、更不用說達成社會和解[8]。為了避免資源或權力不足，眞相委員會的運作必須有相當的條件。首先是政治菁英必須有和解的意願，否則，眞相委員會很可能淪爲政黨意氣之爭的另一個場域；再來是整體社會是否支持、百姓會不會給政府的壓力，否則，也不過是另一個掛慮有其表的機構（Schlunck, 1998: 419; OHCHR, 2006: 2-3）。當然，政府是否有心推動，還是會衡量社會大衆的要求、以及剛下台在野力量的拉扯，換句話說，朝野的相對實力是關鍵（Skaar, 1999）（圖5）：

		舊政權的實力	
		強	弱
社會大衆的要求	強	眞相委員會	司法審判
	弱	無關緊要	無解

來源：Skaar（1999: 1113）。

圖5：社會要求與舊政權的角力

由於擔心政治力量介入，絕大部分國家排除國會調查、或是行政調查，另外成立超然的調查委員會，聘請社會上具有公信力的人擔任委員，不設在總統府、或是國會之下。同樣地，司法單位即使

---

[8] 有關於眞相委員會的效果，見 Bakiner（2013）、以及 Brahm（2007）的實證研究。

可以針對孤立事件進行調查，畢竟還是屬於國家體制的一部分，獨立性難免被質疑；國史館的任務是國家歷史的纂修，恐難獨挑調查真相的大樑。而國家人權委員會所面對的是當下的人權侵犯個案、而非過去的通案，並不適合；監察機關主要處理人民跟政府來往之際的權利受損，範圍還是有其侷限性，尤其是國家對於原住民族的集體權侵害。

一般而言，國家級的真相委員會要不是透過國會立法、就是總統頒佈行政命令所設置（見附錄 1）。不管設在立法、行政、或是聯合運作，真正的差別在於是否國會立法授與調查權（subpoena power）（Freeman, 2006: 188-204; Hayner, 2001: 214）。經過修憲後的中華民國體制，儘管朝向總統制，卻還有一個行政院長，總統成立的任何組織只能算是諮詢機構，類似目前的總統府人權諮詢委員會，表面上位高權重，卻不會有真正的調查權，這也是目前原住民族最關注的地方。

參、原住民族的轉型正義

到目前為止，轉型正義的框架主要用在威權體制的民主化，尚未被廣泛運用到被視為榜樣的西方自由式民主[9]（liberal democracy）。就概念上而言，這裡牽涉到語意、以及相關的時間軸線爭辯。誠然，就字面來看，轉型正義是由轉型、及正義兩個概念所組成，由於

---

[9] Jung（2009）稱這些沒有進行政權轉移的社會為「非轉型社會」（non-transitional society）。相較於轉型正義是非常時期的正義，Ohlin（2007）稱為「尋常正義」（ordinary justice）。

transition 又有「過渡時期」的意思，難免讓人望文生義，誤以為只是後威權時期的短暫措施。事實上，轉型正義就是要處理過去所有的不公不義（historical injustice），也就是為了歷史正義（historical justice）。難道，正義會隨著時間的遞嬗而有所不同？如果硬是要區分「過渡時期的正義」、以及所謂的「歷史正義」，這樣恣意的歷史切割，其實就是一種推卸責任的作法；根據 Barkan（2000: xxxi），有點像是吃自助餐，只點想要吃的菜。

　　儘管轉型正義已經蔚為國際社會的主流，Sharp（2013: 151-52, 157）認為它迄今未能觸及深層的結構性暴力（structural violence）[10]，因此主張如果真的要建構和平[11]（peace-building），也就是追求正面的和平（positive peace），就不能光是重視政治制度的改革、或是斤斤計較法律技術枝節，而是必須採取整體的（holistic）途徑，將關心的範圍由傳統對公民與政治權的關懷，延伸至一向被當作邊陲的社會權、經濟權、及文化權保障，亦即前述分配式正義、或是社會正義（social justice）[12]；他同時也力促，應該將關懷的對象由國家

---

[10]　根據和平研究學者 Galtung（1969），暴力有三種，我們最討厭的是直接暴力，也就是流血跟戰爭。其實，弱勢者每天早上睜開眼睛所面對的是結構性暴力，隱諱不明，卻是殺人不見血。當然，最高段的是文化性暴力，由支配者決定價值思想的對錯，絕對不允許有討論的餘地。

[11]　由暴力到和平，可以有三種途徑：比較保守的作法是保持現狀，在衝突發生以後，想辦法避免近一步惡化，也就是「維持和平」（peace-keeping）、或是「恢復和平」（peace-restoring）；比較主動的作法是要「營造和平」（peace-making），積極降低彼此的敵意、辦法建立和諧的關係，甚至於不惜改變現狀，全力「建構和平」。

[12]　參見 OHCHR（2014）、United Nations（2010）、Muvingi（2009）、Sankey（2014）、以及 Schmid 與 Nolan（2014）。

及個人擴及社區及群體。Sharp（2013）把這些當務之急稱為第四代的轉型正義。在這樣的脈絡下，先進的民主國家成為必須面對轉型正義的對象，尤其是那些建立在征服原住民族的所謂墾殖國家[13]（settlers' state），譬如美國、澳洲、紐西蘭、及加拿大（圖 6）。

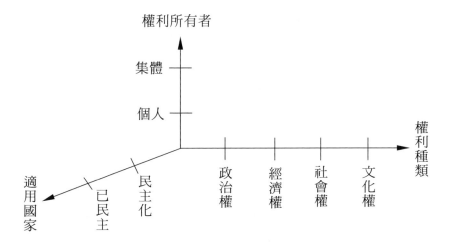

圖 6：第四代轉型正義的適用範圍

拉丁美洲國家比較傾向於使用真相委員會進行轉型正義，其中，瓜地馬拉、秘魯、智利、巴拉圭、以及阿根廷涵蓋跟原住民族的和解（EMRIP, 2013: 19）。瓜地馬拉的調查委員會是透過游擊隊與政府的和平協定設置的，原住民族並未參與；政府原先拒絕接受調查的報告，經過十年，才終於在 2011 年承認軍方進行滅族，逮捕了一名將軍（Arthur, 2012: 37, 40）。澳洲國會在 1991 年立法設置了原

---

[13] Balint 等人（2014）則乾脆稱之為「墾殖者的殖民國家」（settler colonial state）。

住民族和解理事會（Council for Aboriginal Reconciliation），於 2000 年提出報告，教育社會大眾的性質比較高、實質效果有限（Gunstone, 2005; Weston, 2001: 1036）。加拿大政府面對原住民族針對當年教會寄宿學校的人權侵犯集體求償，只好庭外和解，被迫在 2008 年立法成立了真相和解委員會[14]（Truth and Reconciliation Commission），於 2015 年完成報告六冊（Arthur, 2012: 39; Jung, 1999: 6-9; Angel, 2012; Park, 2015）。

比較特別的是紐西蘭的「外坦吉特別法院」（Waitangi Tribunal），這是依據『外坦吉條約法』（*Treaty of Waitangi Act, 1975*）而來的常設準司法機構，主要的任務是受理毛利人對於『外坦吉條約』（*Treaty of Waitangi, 1840*）保障下的權利的聲索（claim），行使調查權，功能有點像台灣的監察院，不能算是真相委員會。雖然外坦吉特別法院的報告沒有約束力，不過，司法單位、以及行政單位往往不敢輕忽它的看法、以及建議。在 1985 年，外坦吉特別法院被授權回溯調查毛利人在過去的土地權、以及漁獲權受損（Byrnes, 2004; Hayward & Wheen, 2004）。

聯合國（United Nations, 2010: 8; EMRIP, 2013: 18）以「真相權／知的權利」（right to the truth, right to know）著眼，認為真相委員會是近用正義（access to justice）的途徑之一。只不過，真相委員會未必能解決原住民族的問題，除了在實際運作上的技術問題，譬

---

[14] 美國緬因州政府在 2013 年成立類似的真相和解委員會（Maine Wabanaki-State Child Welfare Truth and Reconciliation Commission），已經在 2015 年完成調查報告（EMRIP, 2013: 19; Sharon, 2013; McCrea, 2013; MWCWTRC, 2015）。

如委員會的獨立及公正性、政治干預、經費不足、族人的參與不足、以及缺乏後續執行方案，整體來看有下列重大的挑戰（Jung, 2009; EMRIP, 2013: 19-21; Librizzi, 2014: 188-91）：

一、範圍

原住民族所遭遇的人權侵犯包山包海[15]，包括主權／領域／土地／以及資源的流失、與國家簽訂的條約／協定／協議未被遵守、以及集體的被殖民經驗。然而，就廣度與深度而言，往往真相委員會被授權調查的範圍受限、過於零碎，自然未能真正挖掘問題的根源。其實，所有墾殖國家與後威權國家的最大不同，就是原住民族的主權不被國家承認、傳統領域在無主之地（*terra nullius*）的假設下被剝奪、以及土地資源以各種藉口被挪用；因此，如果政府不能正視這項事實、重新定位國家與民族的關係、調整以墾殖社會為中心的心態，那麼，任何的補救將有如以繃帶掩飾傷口。

二、途徑

傳統的真相委員會習於以個人受害者來檢視個案，忽略到原住民族的政治、經濟、社會、文化、甚至於環境權利遭到侵害，包括政治排除、流離失所、強迫同化等等；由於這是有系統的集體迫害，墾殖者國家是最大的加害者、而墾殖者通常被描繪為無辜的受益

---

[15] 不管稱之為結構性傷害（structural harm）、結構性不正義（structural injustice）、墾殖者的殖民（settler colonialism）、還是內部殖民（internal colonialism）（Balint, et al., 2014; Arthur, 2009; Park, 2015; Short, 2005）。

者，因此，就沒有人必須負責[16]。此外，各國的真相委員會通常會以可行性為由，將調查所涵蓋的期間限於轉型之前的威權統治時期，換句話說，假設見證人還活著、或是文字記載還留著；然而，他們無視原住民族遭遇迫害已經有好幾百年，肩上的重軛並未隨著時間推移而消去，族人的苦難透過口傳代代傳下來。最後，這些委員會的調查往往以國家為中心、忽視原住民族的世界觀，轉型正義不過是墾殖者確認現有支配的工具。

三、動機

　　對於政府來說，轉型正義的目的之一是在歷史劃一道線，透過調查、道歉、以及補償，墾殖社會可以跟原住民族說：「我們從此不欠你們了！」換句話說，當下的政府把轉型正義當作一個場域，用來告別歷史、不必再為過去負責，而原住民族在國家領導者道歉後也應該可以閉嘴了[17]。相對地，原住民族認為轉型正義並非一道牆、而是橋樑，要透過真相委員會將歷史帶入現在、用過去的政策批判現今所遭受的不公義處境；所以，轉型並非切割、而是關係，透過

---

[16] 譬如加拿大的真相委員會被限定調查個別學生的創痛，族人則希望能探究集體的文化戕害，有相當大的差距（Jung, 2009: 10）。倒是 1991 年成立的「原住民族調查委員會」（Royal Commission on Aboriginal Peoples, RCAP），針對原住民族的困境，在 1996 年完成有六千頁的五冊調查報告，向政府提出 440 項未來二十年的政策建議，範圍比較綜合性（Hurley & Wherrett, 1999）。

[17] 保守黨出身的加拿大總理 Stephen Harper（2006-15）便認為，加拿大政府對原住民族的人權保障已經做得很好，沒有必要再簽署『聯合國原住民族權利宣言』（*United Nations Declaration on the Rights of Indigenous Peoples*, 2007）（Fraser-Kruck, 2009）。

真相的承認來引導政府接受自己的責任，並經過公共的爭辯來理解，原來，原住民族的生存受到限制、發展受到打壓，其實是源自政策底層的隱形壓迫性結構。

在所有的墾殖社會，原住民族的邊陲化是因為長期被排除（excluded）在主流社會之外；然而，如果轉型正義只是透過納入（inclusion）來鞏固國家的正當性，那是一種包藏禍心的再殖民（recolonization）（Matsunaga, 2016）。因此，我們再回頭檢視轉型正義的目標（圖 2），不談民主、或是和平，由真相到和解之間，必須先有正義，問題是，我們需要何種正義？由轉型正義四階段的發展，我們可以看到，已經由修正式正義的推廣到分配式正義，難道這樣還不夠？

Fraser（2005）主張正義應該有重分配、承認、以及代表三種，不可脫鉤處理[18]。首先，即使支配者願意進行重分配，如果不能轉換彼此之間的關係，轉型正義終究也不過是確認現有的宰制，也就是必須由「確認式正義」（affirmative justice）提升到「轉換式正義」（transformative justice）；亦即，社會、或是經濟場域的重分配，必須建立在承認彼此文化差異的前提下，而非假設不對稱的同化關係是自然的（Petoukhov, 2012; Gready, et al., 2010）。換句話說，如果不能以「民族對民族」（nation to nation）的方式來相互傾聽，所謂的重分配也是假的（EMRIP, 2013: 21; Jung, 2009: Librizzi, 2014: 188）。

---

[18] 參考 Fraser 與 Honneth（2003）有關於重分配（社會經濟結構）、還是承認（文化認同）孰重的對話。

再來，Fraser（2005: 305）認為不公不義的背後除了有經濟社會場域的「分配不均」（maldistribution）、以及文化場域的「錯誤承認」（misrecognition），其實，在政治場域的「失幀」（misframing）也必須同步解決。也就是說，面對政治空間的傑利蠑螈化，弱勢者光是有發聲的機會還不夠，在戰術上還必須結合國內外的進步力量。因此，當漢人國家以任何理由來合理化原住民族轉型正義的分開處理[19]，即使出於善意，那又是另一種形式的排除，我們必須戒慎小心，畢竟，原住民族在四百多年來，又不是第一次被騙。

肆、民進黨政府的作為[20]

自從贏得大選以來，民進黨把相當多的精力用在轉型正義的落實，特別是透過『促進轉型正義條例』（簡稱『促轉條例』）的推動，希望能還原歷史真相、促進社會和解。根據草案，行政院將設置促進轉型正義委員會（簡稱「促轉會」），負責處理國民黨的黨產、開放政治檔案、清除威權象徵、以及平反司法不公。在這同時，原住民族則希望能將四百年來所遭遇的不公不義也列入調查的範圍，然而，民進黨政府迄今相當堅持分開處理原住民族的轉型正義。

根據時代力量所提出的『歷史正義與權利回復法草案』，轉型正義應該涵蓋數百年來各族群所遭受的不公，特別是原住民族，不應侷限於威權時代；該黨團並不反對總統府設置真相調查委員會，只

---

[19] 譬如林雍昇（2015）、或是陳翠蓮（2016）。

[20] 原先以〈草莽沒有錯、草包才是問題——原住民族的轉型正義就只有道歉了事？〉登於《民報》2016/5/30。

不過希望能在行政院的促轉會納入原住民族的權利回復調查，免得前者淪為空包彈。其實，民進黨籍原住民族立委陳瑩有類似提案，卻硬是被壓下來。另外，在野原民立委也連署提出『促進轉型正義條例回復原住民族傳統領域土地條例草案』，點出核心在於土地歸還。

新任原民會主委夷將·拔路兒表示，『原住民族基本法』（簡稱『原基法』）對於原住民族的權利保障已有相當規定，而且早已開始推動，因此沒有必要重複立法。問題是，就是因為『原基法』立法十年以來，配套子法遙遙無期，只好求助於即將成立的促轉會；更何況，權利保障並不等於轉型正義。最令人無法接受的是對於相關「土地調查委員會」的職權，夷將質疑對於拒絕傳喚者可以處罰是否有違比例原則，聽起來像是國民黨立委挑戰促轉會的調查權，難道執政黨患了人格分裂症？

誠然，蔡英文在競選過程承諾要在總統府設置「調查與和解委員會」，誓言「挖掘過去強加於原住民族的國家暴力，將歷史真相透明公開」。總統府發言人黃重諺表示，因為國家與原住民族的關係必須「非常嚴肅地去對待」，而且要「尋求跨部會的協調、執行」，所以希望將原住民族轉型正義委員會設在府裡。然而，如果這個委員會的基本的任務就是撰寫調查報告，並沒促轉會所擁有立法院授與的調查權，無權傳喚證人、或調閱文件，又與目前的總統府人權諮詢委員會有多大的差別？

我們知道，轉型正義的途經不外失憶、除罪、補償、真相、整肅、審判、以及報復，其中，真相調查用於西班牙、南非、以及中南美洲，主要是因為保守勢力盤據的不得已作法。事實上，世界上有原住民族的國家當中,只有加拿大在 2007 年成立真相及和解委員會,任務是針對當年政府將原住民族孩童由家中帶走、強迫就讀教會管理的寄宿學校,過程中又遭受虐待、甚至於強暴等事件。真不知道總統府還要參考哪一個國家的經驗?

日前,蔡英文總統在民進黨中執會上提醒立委,未來跟閣員未來溝通可以直接一點,「畢竟我們是草莽的政黨」。我們認為,問題不再於執政黨內部的溝通方式是否草莽,而是政策制訂的心態。如果『促轉條例』的對象就是國民黨,乾脆就正名為『威權時期促轉條例』,不要使用一般性的名稱、卻又刻意排除原住民族的適用。坦誠而言,相對於『促轉條例』的規劃如火如荼,原住民族調查與和解委員會還在研議,難不成,原住民族的轉型正義就只有道歉了事?

伍、結語

作為領導者,光有決斷力以及意志力不夠,還必須有一致性。斑馬的迷彩原本就有欺敵的作用,然而,如果再加上不同的部位有不同的顏色,那就更為炫目;只是,就不知道目的為何。民進黨把『促進轉型正義條例』當作新春第一炮,可以理解。只不過,做人做事必須一致,否則,左支右絀,不免會讓人以為信心不足。另外,所謂的輕重緩急,也會被認為是大小眼。

『促轉條例』草案出爐,原住民族要求一併處理四百年來的不公不義,卻被認為是「鬥鬧熱」(湊熱鬧),只好另行提了五個『促轉條例』草案要求審查。然而,民進黨政府卻以原民會尚未提案為由硬是擋下來。在這同時,民進黨決定在立法院臨時會議通過『不當黨產條例』，選民樂見。只不過，民進黨黨團跟行政院都沒有提案，只有立委個人的版本，被人抓包，還是要強行送審。還記得先前，民進黨立委還揶揄原民立委，為何五個『原住民族促轉條例』草案之中有一個是有關土地，位階不同。原民立委答道，民進黨既然要推『促轉條例』、又有『不當黨產條例』草案，是母法、子法的關係，為何原民就不行？

真夠野蠻的政黨，口口聲聲誠意，講道理講不下去，就動用人數的優勢要求散會。民進黨難道忘了在過去，國民黨老是用這一招拒絕反對黨發言？民進黨走過民主化，難道不知道民主的基本精神，是強調在過程中「相互傾聽、相互說服」？如果不出面協調整合溝通，光是強押原住民族地方上的菁英背書，一副傲慢的態度、甚至於訕笑，即使大家一時隱忍不發，終究會出事的。奉勸還是懸崖勒馬、不要學國民黨一意孤行，屆時四面楚歌，悔恨不及。

沒有調查權，就沒有真相（Weston, 2001: 1053）。然而，民進黨政府宛如唱針壞掉了，堅持有高度、卻是空殼的總統府原住民族真相委員會。這不是所謂行政調查權有無的爭議、而是放在總統府的委員會根本沒有調查權。原漢真的差這麼多？完全無視原住民族立委所提出來的五個草案，這是哪一門子的「最會溝通的政府」？看來，不只是頑固、而且是相當傲慢。光靠嘴巴道歉是沒有用的，還要看答應立即做什麼，而非從此歷史切割，交給國史館發包給歷史學者去研究就好。不講實質的如何歸還公道，連程序上的調查權都不願意給，比詐騙集團還不用心，這是很可惡的態度。忽然讓我想到前幾天，朋友分享搭飛機升等的經驗：

甲說，有一回升等，但是用餐的時候還是吃經濟包。

乙的經驗更慘，用餐的時候還被叫回經濟艙去吃。

我們原住民族的待遇，表面上是坐頭等艙，實際上是坐貨艙，凍死了。

附錄 1：各國眞相調查委員會

國家	真相委員會名稱	授權	時限	期間	報告
烏干達	Commission of Inquiry into the Disappearances of People in Uganda since 25 January, 1971	總統	1974	1971-74	有
玻利維亞	National Commission of Inquiry into Disappearance	總統	1982-84	1967-82	無
阿根廷	National Commission on the Disappearance of Persons	總統	1983-84	1976-83	1985
烏拉圭	Investigative Commission on the Situation of Disappeared People and Its Causes	國會	1985	1973-82	1985
津巴布威	Commission of Inquiry	總統	1985	1983	無
菲律賓	Presidential Committee on Human Rights	總統	1986-87	1972-86	無
烏干達	Commission of Inquiry into Violation of Human Rights	總統	1986-95	1962-86	1994
尼泊爾	Commission of Inquiry to Locate the Persons Disappeared during the Panchayet Period	總理	1990-91	1961-90	1991
智利	National Commission on Truth and Reconciliation	總統	1990-91	1973-90	1991
查德	Commission of Inquiry on the Crimes and Misappropriations Committed by the Ex-President Habré, His Accomplices and/or Accessories	總統	1990-92	1982-90	1992
德國	Commission of Inquiry for the Assessment of History and Consequences of the SED Dictatorship in Germany	國會	1992-94	1949-89	1994

薩爾瓦多	Commission on the Truth for El Salvador	和平協定	1992-93	1980-91	1993
斯里蘭卡	Commissions of Inquiry into the Involuntary Removal or Disappearance of Persons	總統	1994-97	1988-94	1997
海地	National Commission for Truth and Justice	總統	1995-96	1991-94	1997
蒲隆地	International Commission of Inquiry	聯合國	1995-96	1993-95	1996
南非	Truth and Reconciliation Commission	國會	1995-2000	1960-94	1998
厄瓜多爾	Truth and Justice Committee	部會	1996-97	1979-96	無
瓜地馬拉	Commission to Clarify Past Human Rights Violations and Acts of Violence That Have Caused the Guatemalan People to Suffer	和平協定	1997-99	1962-96	1999
奈及利亞	Commission of Inquiry for the Investigation of Human Rights Violations	總統	1999-2001	1966-99	2002
印尼	Commission for Human Rights violations in East Timor	國家人權委員會	1999	1999	2000
烏拉圭	Peace Commission	總統	2000-2001	1973-85	2002
南韓	National Committee for Investigation of the Truth about the Jeju April 3rd Event	國會	2000-	1947-54	2004
南韓	Presidential Truth Commission on Suspicious Deaths	總統	2000-2002	1961-90	2002
烏拉圭	National Peace Commission	總統	2000-2003	1973-85	2002
巴拿馬	Truth Commission	總統	2001-2002	1968-89	2002
秘魯	Truth and Reconciliation Commission	總統	2001-2003	1980-2000	2003
東帝汶	Commission for Reception, Truth and Reconciliation	聯合國	2001-	1974-99	2005

塞爾維亞與蒙特內哥羅	Commission for Truth and Reconciliation	總統	2002-2003	1991-2001	無
迦納	National Reconciliation Commission	國會	2002-2004	1957-2001	2004
獅子山	Truth and Reconciliation Commission	和平協定	2002-	1991-99	2004
中非共和國	Truth and Reconciliation Commission	總統	2003	1960-2003	
巴拉圭	Truth and Justice Commission	國會	2003-2006	1954-89	
阿爾及利亞	Ad Hoc Inquiry in Charge of the Question of Disappearances	總統	2003-2005	2002	2005
剛果民主共和國	Truth and Reconciliation Commission	和平協定	2004-		
印尼／東帝汶	Commission on Truth and Friendship (CTF)	總統	2004-	1999	
摩洛哥	National Commission for Truth, Equity, and Reconciliation	國王	2004-2005	1956-99	2005
利比亞	Truth and Reconciliation Commission	國會	2005-	1979-2003	

來源：Dancy 等人（2010: Appendix A）；另請參考 Freeman（2006: Appendix 1）、以及 Hayner（2001: Chart 1）。

附錄 2：由推拖拉扯到耍流氓的立法過程[*]

　　民進黨主導的『促進轉型正義條例』於上週完成初審，可惜排除原住民族的轉型正義；經過協調，民進黨與時代力量黨團達成共識，同意分開處理。然而，在週一的審查會，原住民族立委總共提出五個版本的草案，而且也初步達成整合，擔任召委的民進黨籍立委段宜康還親自下海詢答，慷慨激昂拖過傍晚五點，然後走回主席台宣布散會，留下錯愕的眾人，特別是原住民族立委。

　　民進黨把『促轉條例』適用的年限侷限於威權統治時期（1945-91），矛頭針對國民黨，原住民族的歷史正義則規劃由總統府設置相關委員會。只不過，由於總統府的機制只有諮詢的功能，不會有國會授與的調查權，相較之下，即將設在行政院的獨立機構促轉會卻有傳喚證人、及調閱文件的權力，天壤之別，原住民族自然企盼『促轉條例』的年限往前延伸，一併檢視四百年來所遭遇的不公不義。

　　到目前為止，民進黨不願意納入原住民民族的理由，是轉型正義原本就是只適用於威權體制的民主轉型。不過，這並竟只是最狹義的解釋，廣義而言，轉型正義可以視為在經歷重大政治變動之後，如何著手政治正常化，因此，並不只是民主化的課題，還包括國家在發生革命、戰爭、內戰、或是屠殺之後，整個社會如何進行重建的挑戰，甚至於必須面對慰安婦、黑奴、以及原住民族的和解。

---

[*]　原先登於《民報》2016/6/28。

　　大體而言，執政黨面對原住民族的憂心，採取的是推託拉扯的策略。首先，民進黨主張原住民族所面對的課題相當複雜，因此，在社會沒有共識之下，比較適合放在總統府裡頭，地位也比較崇高。然而，府方的代表也承認本身只是幕僚單位、沒有辦法編列預算，因此，所謂「總統的高度」、「高度重視」、「有決策性」、「道德性比較高」等等，也不過是抽象的推諉空話。

　　接著，行政院採取緩兵之計，應允在下個會期提出『原住民族土地海域法』、以及『原住民族自治區法』。問題是，這兩個法是因應『原住民族基本法』的諸多配套子法，關懷的是原住民族的土地權、以及自治權的實踐，未必等同於原住民族長年所面對的政治支配、經濟掠奪、社會歧視、以及文化剝奪等。坦誠而言，如果行政院有心，為何不能傾聽原住民族的吶喊，至少提出相對的草案？

　　再來，原民會把焦點放在『原基法』所規定的推動會，歸咎國民黨執政八年只開兩次會。然而，如果連『原基法』規定必須設置原住民族土地調查及處理委員會，一直受限於政府改造而空中樓閣，又如何期待推動會有任何調查權？至若『原基法』規定總統可以召開協商會議，那是針對政府與原住民族自治間權限發生爭議之際的調解機制，不容魚目混珠。

　　其次，國民黨垂死掙扎不說，執政黨立委擺明是來排班充數，念稿子、吊書袋，理不直、氣不狀，假質詢、真套招。民進黨既然已經全面執政，卻只會把國民黨拉來墊背，也不能掩飾自己也不過是外來政權；同樣地，原民會支支吾吾、唯唯諾諾，只是在告訴大家，本身就是漢人國家的間接殖民統治工具。難怪，原住民族在『促轉條例』只被允許出現在說明，更證明原住民族只被當作註腳。

　　政治哲學家約翰・羅爾斯在《正義論》（*A Theory of Justice*）揭櫫「正義的平等原則」（Rawls, 1971: 302），也就是說，正義是指社會上最弱勢的成員能感受到最大的受益（to be of the greatest benefit to the least-advantaged）。當民進黨政府以特殊的差異性刻意排除原住民族，這意味漢人的轉型「正義」有別於原住民族的歷史「正義」；如果說這不是歧視，什麼才叫做歧視？

附錄 3：原住民族的轉型正義[*]

聽了一個小時，初步觀察，DPP 立委是草包加上傲慢，鄭天財及高金委員足以擔大任應付御用立委，Freddy 夠意思。請民進黨放話給記者修理原住民族立委（含黨籍）之前，先作一點功課。

老柯的基本論調還是「轉型正義跟原住民族的歷史正義不同」，凸半天，就是講不清楚。他講原住民族權利，竟然還扯上聯合國安理會？我不喜歡老柯假裝有學問的姿態在訓人，一副好像別人都不懂的樣子。我找出這篇是聯合國秘書長安南當年向安全理會的報告，基本上是在講後衝突的國家如何透過法治來促進民主轉型。儘管其中有兩段提及可以使用真相調查委員會，卻看不出有轉型正義不適用於原住民族的意思。不要唬人。

忘了哪位民進黨立委說，好像是說加害者不同，而荷蘭人等等是外國政府，原住民族要去跟他們要！天啊，政權的繼承不是要概括承受？所有的話都反映潛意識。光是一句「原住民族也有責任要讓自己變得更好」，就是典型的怪罪受害者，充滿了歧視而不自知。就好像跟被性侵害者說，「都是你的裙子太短」。受過高等教育的人，怎麼說得出口？難道，他不知道原住民族社會組織是如何被破壞的？我當時在場，聽了就十分不舒服，可惜旁聽者不能發言。

尤美女立委說，原住民族要求的轉型正義條例是空的，奇怪，同樣是框架法，漢人的就是實的？又說，要等蔡總統回國八月一號道歉後，看總統府的真相委員會再說。奇怪，國會的立法權還要看

---

[*]　寫於臉書，2016/6/29-7/5。

總統的臉色？說真的，關鍵在於府內的委員會是虛尊的、沒有調查權的諮詢機構，怎麼能跟國會授權的獨立機構相提並論？至於部落法人化，立場跟國民黨差不多，就是要把 16 個民族零碎化為 500 個以上的部落，再分而治之，殖民心態一樣。

張宏陸委員說，要照顧現在、看到未來，認為這比較重要。原來，也是不脫國民黨的福利殖民主義。至於說公聽會不要老是找專家學者，應該問原住民同胞參與、問他們真的要什麼。相當不禮貌，請你去問一下你們最近兩任的黨主席，過去三年的智庫族群組是拜託誰召集？小英的族群政策又是誰幫忙？

這位記者（陶曉嫚，2016）很惡劣，不只甘於當傳聲筒，而且對於原住民族很敵意。立場不同沒有關係，然而，不應聽一面之詞，至少也要起碼的平衡報導，問一下原住民族立委、或在場的年輕人，會死嗎？還是，根本沒有出現在委員會？老總，拜託請關心一下專業道德！誰說歸還原住民族傳統領域，其他人都要搬去澎湖？有關於土地歸還，為何不舉加拿大[21]，偏偏要舉澳洲？誰說轉型正義只

---

[21] 在 1970 年代，加拿大的原住民族開始挑戰政府，特別是在聯邦最高法院在 Calder v. Attorney-General of British Columbia（1973）判定土地權尚未被消除之後，開始推動「通盤還我土地政策」，加緊處理尚未與政府簽訂條約的原住民族土地權及資源開發問題、積極鼓勵原住民族與政府進行談判。在魁北克省，政府與當地 Cree 及 Inuit 原住民族簽署協定（James Bay and Northern Quebec Agreement），除了成立自治政府、賠償外，傳統領域的土地作下列三種安排（施正鋒，2015）：

1. 由聯邦政府撥出 14,000 平方公里土地，這是社政府的轄區、也是族人居住的地方。主要分為兩類：IA 土地（佔 60%）歸聯邦政府管轄、所有權屬於省政府，不過，族人專屬使用、由社政府所管制、權益歸社政府；IB 土地（佔 40%）歸省政府管轄，土地只能賣給省政府。儘管原住民族擁有使用

限於由戰爭到和平、由威權到民主？

　　台灣智庫這種作法，是相當丟臉的。幹！落井下石！支配者的工具！不屑再當你們的諮詢顧問！原來，維持現狀就是捍衛漢人支配的現狀。上回，有人做民調，大部分的人認為東部的醫療設施很好、政府已經對原住民族做很多了，你相信嗎？使用一般人口的抽樣，去反映對於佔人口 2% 少數族群的看法，公平嗎？這是毫無廉恥的知識暴力。

　　權，不過，土地上的礦產及其他開發的權益主要歸省政府，而社議會只能透過通過條例來加以管制，因此，原住民族的土地權還是未被承認。

2. 劃定外圍的 151,600 平方公里為族人的專屬漁獵區、外人未經族人同意不可進入，歸省政府管轄；土地及資源權歸省政府所有，族人不可居住；儘管原住民族可以參與漁獲、狩獵、旅遊、發展、及林業的共管，並不能控制土地的開發。

3. 剩下的 1,000,000 平方公里（約佔魁北克省三分之二土地）為族人的傳統領域，劃為該省的公共土地，土地及資源權歸省政府，族人的權利有限；一般大眾可以前往漁獵、或是開發，不過，必須接受協定及法律的規範。另外，族人對於特定的水生動物、及毛皮哺乳類有專屬的狩獵權，也可以參與土地的管理及開發；雖然省政府、以及三家省營公司擁有開發資源的特別權利，聯邦政府及省政府必須針對資源開發進行影響評估。

附錄 4：兩種有關於原住民族轉型正義胡說八道的說法[*]

目前關於原住民轉型正義，光譜上大概有三種立場。一種立場是現在民進黨政府堅持的，放在總統府的真相和解委員會。現在快通過的『促轉條例』，裡面分五大委員會，黨產、人權等等，我們當初是主張把原住民放在裡面有一個委員會。或者這個『促轉條例』可以訂名為『促進「威權時代」的轉型正義條例』，不要掛羊頭賣狗肉。

另一種立場就是另外訂一個原住民的『促轉條例』。民進黨好像是跟時代力量講好了，但是進入委員會，大家看到民進黨推拖拉，主要說法是原住民立委太多版本，無法整合。行政院目前是不提版本的，至少要四五個月以後才會提一個版本。

我不反對總統府裡面有一個調查委員會，問題是目前總統府的真調會，是沒有調查權的。總統府如果這樣成立委員會，就會像現在的人權諮詢委員會一樣，兩年寫一個報告就沒有了，跟道歉一樣是放屁，然後就沒事了。

他們說了很多關於為什麼要切割的道理。第一個：「殖民者不只有中華民國政府還有日本人、荷蘭人，原住民應該要去找日本人、荷蘭人討公道」。這是胡說八道，政府是有繼承的。日本人把原住

---

[*] 引言台灣原住民族政策協會、台灣原住民族學院促進會、台南市西拉雅族群部落發展促進會、LIMA 台灣原住民青年團、原住民族青年陣線舉辦「原住民不是政黨惡鬥的工具，促轉無「原」就是不正義，要求原住民族『轉型正義專法』記者會」，台北，立法院門口，2016/7/5。感謝馬躍‧比吼 Mayaw Biho 整理。

民土地拿走了，國民黨政府也接著把原住民土地拿走了，一個是強盜一個是小偷，都是一樣不要臉。新的政府可以說「跟我沒有關係」嗎？我再講一次，這就是不要臉。

第二個說法：「如果把土地還給原住民，所有的漢人都要跑去澎湖住了」。這也是胡說八道。孫大川當主委的時候頂多說，「那我們花蓮跟台東是不是要廢縣了？怎麼辦？」這個說法還比較有良心。

但是要提醒大家，三十個原住民鄉鎮的傳統領域是很清楚的。我們現在不是面對原漢衝突，而是國家把原住民的土地拿走了，然後寧願 BOT 給財團。為什麼不還給原住民。說要還多少？一半？三分之一？三分之二？都可以再討論。但是政府現在是完全不處理，這樣的蠻橫是超越藍綠的。

現在策略怎麼辦？我們有沒有辦法很短時間，五個版本的法案整合出來呢？我覺得是有可能的。鄭天財委員的主要是關於土地，是一個實質法；另外四個是框架法，利用不同位階可以整合起來。

第一個是要堅持要有調查權，這是程序的部分。第二，實質內容的部份應該不只有「土地」、「文化」這些，最重要的應該是「主權」。不同版本重視的不太一樣，我們要如何坐下來整合。第三個是現在的時機跟 2005 年一樣，跟通過『原基法』時一樣「兵荒馬亂」，國民黨不知道會鬥成怎麼樣，明天還有沒有國民黨，我們不知道。民進黨是鷹派跟非鷹派鬥得很一塌糊塗，所以他們把原住民議題放在旁邊，「放在旁邊」就是沒有了，這個時候應該恢復過去原住民的問政會。

2005 年就是因為有原住民問政會，才通過『原基法』。不要以為民進黨是吃素的，當時他們本來要覆議的。行政院長要求總統覆議，是在原住民立委堅持之下，才沒有覆議。這樣的情況之下，如果有原住民立委真的那麼聽政黨的，我們就必須要小心。目前為止我覺得不錯，除了 Kolas 以外都不錯。除了 Kolas 這真糟糕的、很可憐的不分區以外，陳瑩不錯也站出來了，時代力量也站出來，高金也站出來，國民黨立委也願意出來整合。所以在明天前是不是拜託幾位委員整合問政會？盼望大家不要去罵現在這幾個立委，除了 Kolas 以外。除了譴責民進黨以外，希望立委趕快整合，用聯集的方式，把「主權」、「調查權」放進去。藉這個機會測驗一下，小英有原住民的血統，就真的是那麼關心原住民嗎？

附錄 5：原住民族的轉型正義[*]

　　第三波民主化對於轉型正義有許多不同作法。總統府下是沒有調查權的。但原住民族僅在『促轉條例』的註腳當中。蔡英文在選舉時將原住民地位提的相當高，但現在卻又將原住民族放置在相當低的位置。『促轉條例』到底要講述的是什麼？民進黨似乎想要限縮在威權體制中，但這是相當狹義的說法，我們不只只是說看到道歉而已，我們看到加拿大與澳洲，加拿大的例子的真調會僅是調查教會學校裡的不正義，澳洲的例子更扯，廢除原民會以後成立一個新的單位來辦活動而已。我們現在看到紐西蘭的土地法也是一個一個慢慢調查。現在看到台糖、國家公園的土地可以馬上歸還的啊。若政府急著要 BOT 的話，何不交還給原住民來管理呢？『促轉條例』若要處理國民黨，直接稱呼為『威權時代轉型正義處理條例』就好了。

　　談到加害者問題，不僅僅只有國民黨，荷蘭人與日本人也要看進來。民進黨似乎把原住民族的正義想放在國史館內處理，但他們能處理嘛？恐怕是沒辦法的。另外是土地歸還的問題，有些人很誇張的說要遷移到澎湖，但能歸還就歸還，不能歸還還有其他辦法，加拿大的例子就分成好幾級，且歸還多少也還可以談判。調查權是可以調查文件、審閱文件。若沒有調查權就在總統府裡吹冷氣，兩

---

[*]　引言於立法院第 9 屆第 1 會期司法及法治委員會「原住民族促進轉型正義公聽會」，台北，立法院紅樓 302 會議室，2016/7/6。感謝原住民族青年陣線 K 小編整理。

年後寫寫報告就好了。真調會要做什麼，真相調查、寫報告、建議文書，兩年內絕對寫不出來。還是要提醒大家，John Rawls 曾提及正義是最低階層者認為公平才是正義。現在的司法程序並沒有進行，所以才要有個新的管道。

另外要譴責民進黨的外圍組織，特別是台灣智庫。人權的東西是不能用民調的方式來討論的。若能民調也不用法院、不用法律了。另要對老柯等民進黨立委喊話，不要再修理原住民立委了，說他們是國民黨的外圍組織，但你們多少人從國民黨內出來的？另外不要亂修理學者。問清楚民進黨內族群政見的召集人是誰再來罵。

參考文獻

林健次，2016。〈林全犧牲享受？〉《自由時報》4 月 15 日（http://talk.ltn.
com.tw/article/paper/979359）（2016/7/12）。

林雍昇，2016。〈威權體制的轉型正義不應與原住民族的歷史正義混為
一談〉《民報》5 月 27 日（http://www.peoplenews.tw/news/3bdfed90-
b549-4f7c-86f2-d63c1b882a11）（2016/7/17）。

施正鋒，2015。〈加拿大魁北克省 James Bay Cree 原住民族的自治〉收於
施正鋒、吳珮瑛《原住民族的主權、自治權與漁獲權》頁 155-86。
台北：翰蘆。

施正鋒，2016。〈中、東歐的轉型正義〉發表於台灣歷史學會、彭明敏
文教基金會、吳三連台灣史料基金會主辦「轉型正義學術研討會」，
台北，台灣國際會館，5 月 15 日。

陳翠蓮，2016。〈轉型正義不宜包山包海〉《蘋果日報》6 月 24 日（http://
www.appledaily.com.tw/appledaily/article/headline/20160624/37281715/）
（2016/7/17）。

陶曉嫚，2016。〈原民立委逼小英端出更好的政策牛肉，《原民促轉條
例》打假球〉《新新聞》7 月 7 日（http://www.new7.com.tw/NewsView.
aspx?t=04&i=TXT20160629174723C6D）（2016/7/17）。

蔡英文，2016。『2016 總統大選蔡英文原住民族政策主張』（http://iing.
tw/posts/46）（2016/7/17）。

Angel, Naomi. 2012. "Before Truth: The Labors of Testimony and the
Canadian Truth and Reconciliation Commission." *Culture, Theory and
Critique*, Vol. Vol. 53, No. 2, pp. 199-214.

Anna, Kofi. 2004. "The Rule of Law and Transitional Justice in Conflict
and Post-conflict Societies." S/2004/616 (http://www.un.org/en/ga/search/
view_doc.asp?symbol=S/2004/616) (2016/7/11)

Arthur, Paige. 2012. "Indigenous Self-determination and Political Rights: Practical Recommendations for Truth Commissions," in *Strengthening Indigenous Rights through Truth Commissions: A Practitioner's Resource*, pp. 37-48. New York: International Center for Transitional Justice.

Bakiner, Onur. 2013. "Truth Commission Impact: An Assessment of How Commissions Influence Politics and Society." *International Journal of Transitional Justice*, Vol. 8, No. 1, pp. 6-30.

Balint, Jennifer, Julie Evans, and Nesam McMillan. 2014. "Rethinking Transitional Justice, Redressing Indigenous Harm: A New Conceptual Approach." *International Journal of Transitional Justice*, Vol. 8, No. 2, pp. 194-216.

Barkan, Elazar. 2000. *The Guilty of Nations: Restitution and Negotiating Historical Injustice.* Baltimore: John Hopkins University

Brahm, Eric. 2007. "Uncovering the Truth: Examining Truth Commission Success and Impact." *International Studies Perspective*, Vol. 8, No. 1, pp. 16-35.

Byrnes, Giselle. 2004. *The Waitangi Tribunal and New Zealand History.* Melbourne: Oxford University Press.

Corntassel, Jeff, and Cindy Holder. 2008. "Who's Sorry Now? Government Apologies, Truth Commissions, and Indigenous Self-Determination in Australia, Canada, Guatemala, and Peru." *Human Right Review*, Vol. 9, No. 4, pp. 465-89.

Dancy, Geoff, Hunjoon Kim, and Eric Wiebelhaus-Brahm. 2010. "The Turn to Truth: Trends in Truth Commission Experimentation." *Journal of Human Rights*, Vol. 9, No. 1, pp. 45-64.

Elster, Jon. 2004. *Closing the Books: Transitional Justice in Historical Perspective.* Cambridge: Cambridge University Press.

Estrada-Hollenbeck, Mica. 2001. "The Attainment of Justice through Restoration, Nor Litigation: The subjective Road to Reconciliation," in Mohammed Abu-Nimer, ed. *Reconciliation, Justice, and Coexistence*, pp. 65-85. Lanham, Md.: Lexington Books.

Fraser, Nancy. 2005. "Mapping the Feminist Imagination: From Redistribution to Recognition to Representation." *Constellations*, Vol. 12, No. 3, pp. 295-307.

Fraser, Nancy, and Axel Honneth. 2003. *Redistribution or Recognition? A Political-Philosophical Exchange.* London: Verso.

Fraser-Kruck, Heidi. 2009. "Canada's Failure to Support the United Nations Declaration on the Rights of Indigenous Peoples." (http://www. lrwc.org/ws/wp-content/uploads/2012/03/Canada.Failure.to_.Support. UNDRIP.pdf) (2016/7/15)

Freeman. Mark. 2006. *Truth Commissions and Procedural Fairness.* Cambridge: Cambridge University Press.

Galtung, Johan. 1969. "Violence, Peace, and Peace Research." *Journal of Peace Research*, Vol. 6, No. 3, pp. 167-91.

Gready, Paul. 2010. "Transformative Justice: A Concept Note." (http://www.wun.ac.uk/files/transformative_justice_-_concept_note_web _version.pdf) (2016/7/18)

Gunstone, Andrew. 2005. "The Formal Australian Reconciliation Process: 1991-2000." Presented at the National Reconciliation Planning Workshop, Canberra, Old Parliament House, May 30-31 (http://www. uniya.org/research/reconciliation_gunstone.pdf) (2016/7/18)

Hayner, Priscilla B. 2011. *Unspeakable Truths: Facing the Challenge of Truth Commissions*, 2nd ed. New York: Routledge.

Hayner, Priscilla B. 2006. "Truth Commissions: A Schematic Overview."

International Review of the Red Cross, Vol. 88, No. 862, pp. 295-310.

Hayner, Priscilla B. 2001. *Unspeakable Truths: Confronting State Terror and Atrocity*. New York: Routledge.

Hayward, Janine, and Nicola R. Wheen, eds. 2004. *The Waitangi Tribunal: Te Roopu Whakamana I te Tiriti o Wantangi*. Wellington: Bridge Williams Books.

Huntington, Samuel P. 1991. *The Third Wave: Democratization in the Late Twentieth Century*. Norman: University of Oklahoma Press.

Hurley, Mary C., and Jill Wherrett. 1999. "The Report of the Royal Commission on Aboriginal Peoples." (http://www.lop.parl.gc.ca/ content/lop/researchpublications/prb9924-e.htm) (2016/7/15)

International Center for Transitional Justice (ICTJ). n.d. "What Is Transitional Justice?" (https://www.ictj.org/sites/default/files/ICTJ-Global-Transitional-Justice-2009-English.pdf) (2016/7/11)

Jung, Courtney. 2009. "Canada and the Legacy of the Indian Residential Schools: Transitional Justice for Indigenous People in a Non-Transitional Society." (file:///C:/Users/Genuine/Downloads/SSRN-id1374950%20 (1).pdf) (2016/7/18)

Librizzi, M. Florencia. 2014. "Challenges of the Truth Commissions to Deal with Injustice against Indigenous Peoples," in Wilton Littlechild, and Elsa Stamatopoulou, eds. *Indigenous Peoples' Access to Justice, Including Truth and Reconciliation Processes*, pp. 182-94. New York: Institute for the Study of Human Rights, Columbia University.

McCrea, Nick. 2013. "Wabanaki Truth and Reconciliation Commissioners Sworn in; Prepare to Begin Learning, Healing." (http://bangordailynews. com/slideshow/wabanaki-truth-and-reconciliation-commissioners-sworn -in-prepare-to-begin-learning-healing/) (2016/7/15)

Maine Wabanaki-State Child Welfare Truth and Reconciliation Commission (MWCWTRC). 2015. *Beyond the Mandate, Continuing the Conversation: Report of the Maine Wabanaki-State Child Welfare Truth and Reconciliation Commission* (http://www.mainewabanakitrc.org/wp-content/uploads/2015/07/TRC-Report-Expanded_July2015.pdf) (2016/7/15)

Matsunaga, Jennifer. 2016. "Two Faces of Transitional Justice: Theorizing the Incommensurability of Transitional Justice and Decolonization in Canada." *Decolonization: Indigeneity, Education and Society*, Vol. 5, No. 1, pp. 24-44.

Mouralis, Guillaume. 2014. "The Invention of 'Transitional Justice in the 1990s," in Liora Israël, and Guillaume Mouralis, eds. *Dealing with Wars and Dictatorships: Legal Concepts and Categories in Action*, pp. 83-100. The Hague: Asser Press.

Muvingi, Ismael. 2009. "Sitting on Powder Kegs: Socioeconomic Rights in Transitional Societies." *International Journal of Transitional Justice*, Vol. 3, No. 2, pp. 163-82.

Ohlin, Jens David. 2007. "On the Very Idea of Transitional Justice." *Whitehead Journal of Diplomacy and International Relations*, Vol. 8, No. 1, pp. 51-67.

Olsen, Tricia D., Leigh A. Payne, and Andrew G. Reiter. 2010a. *Transitional Justice in Balance: Comparing Processes, Weighing Efficacy*. Washington, D.C.: United States Institute of Peace.

Olsen, Tricia D., Leigh A. Payne, and Andrew G. Reiter. 2010b. "Transitional Justice in the World, 1970-2007: Insights from a new Dataset." *Journal of Peace Research*, Vol. 47, No. 6, pp. 803-809.

Park, Augustine S. J. 2015. "Settler Colonialism and the Politics of Grief: Theorising a Decolonising Transitional Justice for Indian Residential Schools." *Human Rights Review*, Vol. 16, No. 3, pp. 273-93.

Petoukhov, Konstantin S. 2012. "Locating a Theoretical Framework for the Canadian Truth and Reconciliation Commission: Charles Taylor or Nancy Fraser?" *International Indigenous Policy Journal*, Vol. 3, No. 2 (http://ir.lib. uwo.ca/cgi/viewcontent.cgi?article=1094&context=iipj) (2016/7/17)

Rawls, John. 1971. *A Theory of Justice*. Cambridge, Mass.: Harvard University Press

Roberts, Rodney C. 2002. "Justice and Rectification: A Taxonomy of Justice," in Rodney C. Roberts, ed. *Injustice and Rectification*, pp. 7-28. New York: Peter Lang Publishing.

Sankey, Diana. 2014. "Towards Recognition of Subsistence Harms: Reassessing Approaches to Socioeconomic Forms of Violence in Transitional Justice." *International Journal of Transitional Justice*, Vol. 8, No. 1, pp. 121-40.

Schmid, Evelyne, and Aoife Nolan. 2014. " 'Do No Harm'? Exploring the Scope of Economic and Social Rights in Transitional Justice." *International Journal of Transitional Justice*, Vol. 8, No. 3, pp. 362-82.

Schlunck, Angelika. 1998. "Truth and Reconciliation Commissions." *ILSA Journal of International and Comparative Law*, Vol. 4, No. 2, pp. 415-22.

Sharon, Susan. 2013. "Maine, Tribes Seek 'Truth and Reconciliation'." (http://www.npr.org/2013/03/12/174080043/maine-tribes-seek-truth-and -reconciliation) (2016/7/15)

Sharp, Dustin N. 2013. "Interrogating the Peripheries: The Preoccupations of Fourth Generation Transitional Justice." *Harvard Human Rights Journal*, Vol. 26, No. 1, pp. 149-78.

Short, Damien. 2005. "Reconciliation and the Problem of Internal Colonialism." *Journal of Intercultural Studies*, Vol. 26, No. 3, pp.

267-82.

Skarr, Elin. 1999. "Truth Commissions, Trials—or Nothing? Policy Options in Democratic Transitions." *Third World Quarterly*, Vol. 20, No. 6, pp. 1109-28.

Teitel, Ruti G. 2003. "Transitional Justice Genealogy." *Harvard Human Rights Journal*, Vol. 16, pp. 69-94.

United Nations. 2010. "Guidance Note of the Secretary-General: United Nations Approach to Transitional Justice." (https://www.un.org/ruleoflaw /files/TJ_Guidance_Note_March_2010FINAL.pdf) (2016/7/11)

United Nations, Human Rights Council, Expert Mechanism on the Rights of Indigenous Peoples (EMRIP). 2013. "Access to Justice in the Promotion and Protection of the Rights of Indigenous Peoples" A/HRC/ EMRIP/2013/2 (http://www.ohchr.org/Documents/Issues/IPeoples/ EMRIP/Session6/A-HRC-EMRIP-2013-2_en.pdf) (2016/7/14)

United Nations, Office of the High Commissioner of Human Rights (OHCHR). 2014. "Transitional Justice and Economic, Social and Cultural Rights." HR/PUB/13/5 (http://www.ohchr.org/Documents/ Publications/HR-PUB-13-05.pdf) (2016/7/11)

United Nations, Office of the High Commissioner of Human Rights (OHCHR). 2006. "Rule-of-Law Tools for Post-Conflict States: Truth Commissions." HR/PUB/06/01 (http://www.ohchr.org/Documents/ Publications/RuleoflawTruthCommissionsen.pdf) (2016/7/13)

Weston, Rose. 2001. "Facing the Past, Facing the Future: Applying the Truth Commission Mode; to the Historic Treatment of Native Americans in the United States." *Arizona Journal of International and Comparative Law*, Vol. 18, No. 3, pp. 1017-59.

加拿大的原住民族眞相和解委員會[*]

This means that one must guard against such simplistic platitudes as 'to forgive is to forget'. It is also crucial not to fall into the error of equating forgiveness with reconciliation.   The road to reconciliation requires more than forgiveness and respectful remembrance.   It is, in this respect, worth remembering the difficult history of reconciliation between Afrikaners and white English-speaking South Africans after the devastating Anglo-Boer/South African War (1899-1902).   Despite coexistence and participation with English-speaking South Africans in the political system that followed the war, it took many decades to rebuild relationships and redistribute resources - a process that was additionally complicated by a range of urban/rural, class, and linguistic and other barriers.   Reconciliation requires not only individual justice, but also social justice.

Truth and Reconciliation Commission of South Africa（1998: 117）

壹、前言

加拿大從 1870 年開始廣設「印地安住宿學校」（Indian Residential School, IRS），直到 1996 年，總共至少有十五萬名原住民族孩童被

---

[*] 發表於台灣發展研究學會、台灣大學地理環境資源學系主辦「第八屆發展研究年會：環境與永續發展」，台北，台灣大學地理學系館，2016/10/15-16。

迫就讀；他們離鄉背井來到教會學校，多半是被硬生生地從家裡帶走。這些小孩除了被強迫灌輸同化教育，共同的經驗就是身心上遭到的霸凌，特別是因為講母語、堅持自己的信仰或習俗，往往在廣庭大眾下被羞辱、體罰，更駭人聽聞的是，不少學生在學校被性侵害，至少有六千的小孩未及長大離奇死亡，許多學校還有墓園，一堆堆沒有墓碑的坏土，留下斑斑血淚的痕跡[1]（Angel, 2012: 200; Montgomery, 2015）。

根據加拿大政府的估計，目前還有 90,600 名唸過住宿學校的原住民在世；截至 2008/8/4 為止，政府已經收到 94,758 份要求賠償的申請書（Cassidy, 2009: 49）。禍延子孫，給原住民族社會帶來無窮的傷害。面對集體求償的官司，在金錢的考量下，加拿大政府被逼在 2008 年成立「原住民族真相和解委員會」（Truth and Reconciliation Commission, TRC），並在 2015 年完成調查、公布報告。本文嘗試理解委員會成立的背景、運作的方式、調查的結果、以及後續的處理，希望能有助於政府規劃類似的機構。在進入討論之前，我們先介紹本文的概念架構。

早先，我們曾經根據先前有關於原住民族的漁獲權、以及自治權的研究（施正鋒、吳珮瑛，2014；施正鋒，2016a：262），提出一個轉型正義的概念架構（施正鋒，2016b）。在這裡，我們依據 Nagy（2014）所提供的觀察，針對加拿大原住民族的轉型正義，草繪了一個概念架構圖（圖 1）。我們如果將政府與原住民族所簽訂的和解

---

[1] 有關於加拿大的原住民族政策，見 Anaya（2014）、Hedican（2013）、以及 Cardinal（1689）。

協定、以及真相委員會的設置當作想要解釋的現象（Y），那麼，可以分別由原住民族的要求（demand）、以及政府的妥協（supply）來看。

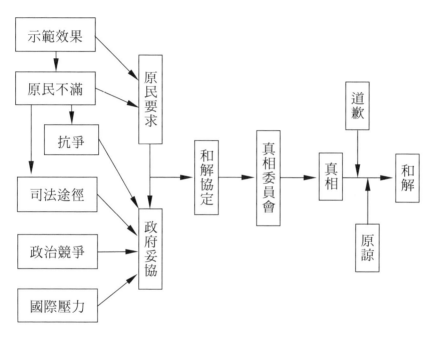

圖1：加拿大原住民族轉型正義的概念架構

　　就原住民族的立場來看，整體而言，長期以來的白人殖民統治並未完全去除，而印地安住宿學校形同文化滅種，政府並未積極處理，甚至於刻意漠視，菁英們當然強烈不滿。由於國際社會對於原住民族權利保障的關注蔚為主流，特別是聯合國推動『原住民族權利宣言』（*United Nations Declaration on the Rights of Indigenous Peoples, 2007*），給加拿大的原住民帶來鼓勵，而南非民主化成立的真相和解委員會（Truth and Reconciliation Commission, TRC）也有示範效果[2]。在高度期待與實際際遇的落差下，原住民族開始採取手段表達訴求，包括抗爭、以及司法途徑。

　　就政府來說，朝野政黨面對魁北克省割席而去的壓力，不得不正視原住民族的呼聲；如果說抗爭代表權力政治，司法途徑則有鉅額侵權賠償的風險。就國際場域而言，加拿大原住民族一向獨領風騷，相對之下，政府則對於研議中的『原住民族權利宣言』有所保留，聯合國頗有微詞；另外，加拿大在形式上原為英國領地，在 1980 年代積極推動憲法「回歸本土化」（repatriation），英國接到原住民族告狀，必須跟在渥太華的聯邦政府曉以大義[3]。另外，朝野政黨對於原住民族的態度略有不同，一般而言，保守黨（Conservative Party）對於原住民族的訴求嗤之以鼻，而自由黨（Liberal Party）政府比較願意傾聽配合（附錄 1）。

貳、歷史發展

　　加拿大的原住民族住宿學校是白人傳教士宣教工作的一部分，第一所是法國教會在 1620 年於東部成立的，屬於自願性質，不過，因為原住民族父母不願意把小孩子送去唸書，因此辦得不是很成

---

[2] 有關於南非真相和解委員會的研究相當多，譬如 Graybill（2002）、Shea（2000）、以及 van Vugt 與 Cloete（2000）。

[3] 又如自由黨政府原來對於談判意興闌珊，後來，在第一民族議會大酋長 Phil Fontaine 在 2005 年接受總理 Paul Martin 邀請，陪同前往梵諦岡參加教宗若望保祿二世（Pope John Paul II）的葬禮之後，司法部才態度丕變（Nagy, 2014: 209）。

功；在 1830 年代，英國教會、及衛理會（Methodist）分別在安大
略省分別設置一所原住民學校，當加拿大於 1867 年正式建國，政府
開始補助這兩家學校，接著又於 1883 年出錢在西部成立了三所，到
1996 年廢除為止，前後總共有 135 所（Arsenault, 2015: 5）。

表面上，政府協助教會創辦這些學校的用意是提供原住民小孩
教育，共同的目標是開化、並皈依為基督徒，然而，真正的動機是
視之為同化政策的工具，教導他們歐洲的生活方式，包括文化、社
會、道德、以及宗教規範，以切斷他們跟族人的羈絆；另外，兩者
也都相信，透過教化可以降低抗爭及犯罪率，也就是用來「終結印
地安問題」（Cassidy, 2009: 47; Arsenault, 2015: 5; Shelley, 2014: 6）。

學校設置的法源是『印地安法』（*Indian Act, 1894*）[4]，以符合
當年跟原住民族簽訂條約提供教育的承諾，不過，實施的對象不限
於有身分的印第安人（status Indian），還包括 Inuit、以及 Metis 的
小孩（Cassidy, 2009: 48）。當政府充分掌握原住民族人口之後，在
1920 年修訂『印地安法』，強制 7-15 歲之間的孩童必須念一般學校
（下課後可以回家）、還是住宿學校；由於當時的住宿學校招生有困
難，政府派訓導主任（truant officer）前往部落抓小孩去遙遠的學校
上學，必要的時候還可以使用武力；當然，有些父母自動把孩子送
去唸書，一些父母則因為被印地安事務部（Department of Indian
Affairs）的官員、或是神職人員威脅入獄、或是罰款，只好眼睜睜

---

[4] 聯邦政府是在 1874 年開始介入寄宿學校的管理，特別是指定校長，因此，
儘管這是政府委託教會辦理，法院則稱之為雙方的「合資」（joint venture）；
到了 1969 年，政府收回絕大多數學校的管理權，教職員成為雇員（Cassidy,
2009: 47, 49）。

地看小孩被抓走（Cassidy, 2009: 48; Arsenault, 2015: 5）。

　　唸過教會住宿學校的人普遍有負面的經驗，特別是苛刻的待遇、以及認同被抹去。一當這些小孩來到學校，首先就是傳統服飾、及隨身物立即被拿走，接著是剪掉辮子，再來是給與教名，當然，許多學校嚴禁族語。由於薪水很低，找不到好的老師，教學品質不佳；又由於學校沒有錢，學生有半天必須從事勞力工作，包括下田、修理、或是清掃。另外，學校的衛生條件普遍不好，從 1880 年代到進入二十世紀，天花、麻疹、流感、及肺炎肆虐，光是在 1907 年的死亡率有 25%，到了 1909 年更高達 50%，據估總共有六千名學生在學校、或是回家後病死。最難過的則是食物不足，學生只好到外面四處覓食、甚至於不惜偷竊食物，因此，由入學到畢業的感覺就是吃不飽（Cassidy, 2009: 48; Arsenault, 20015: 5-6）。

　　印地安住宿學校體制不只造成親子之間的生離死別，也給族人帶來無法彌補的傷害。就部落而言，年輕人除了失去學習傳統的文化、及信念的機會，也喪失領導所需要的技能；第一代還好，畢竟他們畢業後回到部落，多少還可以從長者身上學一些東西，然而，當長輩逐漸凋零逝去，年輕世代成為父母，能傳遞給後輩的已經不多，原住民族的認同當然越來越淡薄（Arsenault, 20015: 6-7）。儘管政府已經關掉所有的原住民族住宿學校，帶來的無窮禍害依然肆虐，包括失業、貧窮、家庭暴力、毒品及酗酒氾濫、家庭崩解、性侵犯、賣淫、遊民、入獄、以及早逝等等社會問題（Arsenault, 2015: 7）。

　　許多學生在學校被欺負，卻是投訴無門。體罰司空見慣，包括打人、蛙跳、禁閉、或是禁食；有些學生因為受不了而逃走，抓回來後處罰得更嚴，好像犯人越獄一樣處置，甚至於死於逃亡過程；

僅管有良心的督學向當局反映，政府卻視若無睹。最糟糕是教職員對學生的性侵犯相當猖獗，傳聞不斷，卻投訴無門，因為沒有人相信會有這種事，一直要到曼尼托巴省（Manitoba）民族議會大酋長 Phil Fontaine 於 1990 年在全國電視，以自己跟同學當年被性侵犯的親身經歷提出控訴、呼籲政府展開調查，才首度引起所謂的主流社會注意。政府於次年成立「原住民族調查委員會」（Royal Commission on Aboriginal Peoples, RCAP），在 1996 年的調查報告中加以揭露，社會大眾才普遍知道有這種不人道的事情發生（Arsenault, 2015: 6; Cassidy, 2009: 57-58; Nagy, 2014: 204）。

原住民族調查委員會（RCAP, 1996）在報告中呼籲政府成立特別委員會進一步展開深入調查，並建議設置收藏相關檔案、及影像資料的史料館等等。政府原本認為沒有必要那麼麻煩，在公開承認責任、並向受害者表示「難過」（sorrow）之後，只答應在「印地安暨北方事務部」（Department Indian and Northern Affairs, DIAND[5]）下面成立一個辦公室來支應[6]。部長 Jane Stewart 在 1998/1/7 宣布『凝聚力量—加拿大原住民行動方案』（*Gathering Strength: Canada's Aboriginal Action Plan, 1997*），採取四項對策：政府接受責任、成立療癒計畫、採取「另類爭端解決」（Alternative Dispute Resolution, ADR）機制、輔以司法途徑（Cassidy, 2009: 58-66）。

---

[5]　從 2011 年開始稱為「原住民事務暨北方發展部」（Aboriginal Affairs and Northern Development Canada, AANDC）。

[6]　原稱「印地安住宿學校解決單位」（Indian Residential School Resolution Unit），後來在 2001 年自立辦公室 Office of Indian Residential Schools Resolution Canada（IRSRC）。

在 1990 年代，這些住宿學校的受害者開始結合，要求政府還我公道，特別是採取集體求償民事訴訟（class actions）。面對繁瑣的官司[7]，加拿大政府走投無路，才在 2005/11/20 跟原住民族簽訂了一項原則合意書[8]（*Agreement in Principle, 2005*），接著在 2006/5/8 正式確認『印地安住宿學校和解協定』（*Indian Residential Schools Settlement Agreement*, IRSSA）；由於牽涉集體求償，協定還必須在 150 天內經過多數原告同意，因此，終於在 2007/1/16 獲得法院核准，於 2007/9/19 開始執行，這是加拿大有史以來最大規模的庭外和解（Cassidy, 2009: 66-67; Nagy, 2014: 200; Stanton, 2011: 4）。協定包含五大項目：共同經驗補償（Common experience Payment, CEP）、獨立評估程序（Independent Assessment Process, IAP）、療癒計畫、紀念活動、及成立真相和解委員會（Arsenault, 2015: 16；朱柔若，2010）。

參、委員會的運作

真相和解委員會的授權放在『印地安住宿學校和解協定』的附件（*Schedule "N", 2006*），時限五年。顧名思義，大目標是真相、療癒、以及和解，具體的任務如下：承認住宿學校的經驗及影響，提供受害者及其家人願意前來的安全環境，推動真相和解活動，教育大眾了解，儘可能找出完整的紀錄、保存、並對外公開，撰寫報

---

[7] 在 2005 年，政府及教會面對 15,000 件民事官司、以及 11 件集體求償訴訟，再加上 5,000 件循著另類爭端解決的模式求償（Nagy, 2014: 206）。

[8] 這是兩階段的談判，如果合意書被各方所接受，就可以著手地二階段的條約協商。

告、提出建議[9]，以及舉辦紀念活動。

委員會由三人組成，其中至少一名必須是原住民族[10]，政府在任命之際必須徵詢第一民族議會（Assembly of First Nations）的意見。委員會設有秘書處，負責研究、舉辦活動、紀錄陳述、蒐集檔案、處理資訊、準備報告、保存紀錄、以及評估建議。委員會另外成立一個諮詢委員會「印地安住宿學校倖存者委員會」（Indian Residential School Survivor Committee, IRSSC），政府參酌第一民族議會的意見後，由倖存者組織所推派的人選當中挑選 10 人組成，必須反映區域的代表性，以便協助秘書處指派區域聯絡人。

比較特別的是有關委員會權力，除了嚴格限制在接受陳述及檔案、以及資料的存檔運用，做了相當多的負面規範：不得舉辦正式公聽會，不得進行公開調查，不得進行司法程序；沒有傳喚證人的權力（subpoena power），不得強迫出席任何委員會的活動；報告或建議不可讓任何人或組織涉及刑事、或是民事的責任，也不可妨礙司法程序；除非當事人同意，不可提及個人的名字（name names）、也不可將其陳述或資訊提供他人使用。簡而言之，跟其他國家的真相委員會的最大不同，欺世盜名，就是沒有調查權（power of inquiry）（Stanton, 2011: 6, 9）。

我們如果比較聯邦政府、省政府、及 Cree 與 Inuit 簽訂的協定（*James Bay and Northern Quebec Agreement, 1975*），以及與 Naskapi

---

[9]　包括學校設置的歷史、目的、營運、及監督，對於社會、跨世代、及個人尊嚴的傷害，以及持續的遺緒。

[10]　相較之下，原住民族調查委員會由七人組成，其中四名必須是原住民族（Flisfeder, 2010: 4）。

Indian Band 簽署的協頂（*Northeastern Quebec Agreement, 1978*），後來再由國會根據兩個協定通過法律（*Cree-Naskapi (of Quebec) Act, 1984*）來落實，可以看到『印地安住宿學校和解協定』並未經過國會立法確認。真相和解委員會或許因為設置的依據只是協定，位階太低，所以未能獲得充分授權。

因此，儘管協定上寫著，「為了確保真相和解過程的效能，政府及教會應該將手中擁有或掌握的所有相關檔案，提供給真相和解委員會使用[11]」，然而，不只是一些檔案已經被銷毀，由於擔心被當作獵巫的對象，政府部門多半不太願意配合，大大延宕委員會的調查工作。譬如原住民族在兩次世界大戰驍勇作戰，國防部一開頭表示很樂意幫忙研究，然而，當被問到是否當年在住宿學校提供軍事訓練課程，官員斷然繼續接觸，應該是擔心破壞原本封閉的運作方式。同樣地，皇家騎警（Royal Canadian Mounted Police, RCMP）雖然欣然提供報告，但是對於在偏遠地區抓原住民族小孩的行為，卻是避重就輕（Arsenault, 2015: 21-22）。

根據加拿大審計長的報告（Office of the Auditor General of Canada, 2013），負責協調的印地安暨北方事務部與真相和解委員會合作不足，主要是因為協定並未定義什麼是「相關檔案」，雙方有不同認知，供需未必相符；同樣地，照說國家圖書與檔案館（Library and Archives Canada, LAC）應該是國家的最高歷史檔案中心，卻表明並不負責搜尋各部會的檔案，而印地安暨北方事務部也表示這不

---

[11] 原文是「In order to ensure the efficacy of the truth and reconciliation process, Canada and the churches will provide all relevant documents in their possessions or control to and for the use of the truth and Reconciliation Commission, . . .」。

是他們的工作，大家互踢皮球，三個和尚沒水喝。

真相和解委員會無計可施，只好對簿公堂，最後法官判決，協定上所謂的「相關」字面上的意義應該很清楚，「政府部門應該彙整所有的相關檔案，以『條理的方式』（organized manner）交給委員會審視」；只不過，當委員會開始要求國家圖書與檔案館提供比較政治敏感的檔案，主管的頂頭上司文化遺產部（Minister of Canadian Heritage）、以及總理辦公室開始設限，甚至於乾脆刪減預算、禁止館員對外發言：終究，當委員會終於獲得檔案的管道，又碰到另一項挑戰，也就是檔案未經分類整理，不知從何著手、苦不堪言（Arsenault, 2015: 23-25）。

肆、轉型正義形式的爭辯

轉型正義的機制不外司法審判、行政洗滌、真相調查、補償還原、及特赦除罪等，其中，真相調查是一種妥協的作法，也就是在無法將加害者起訴審判之際、又不甘心加以特赦除罪，那麼，至少透過真相委員會的設置，至少可以獲得起碼程度的真相。一般而言，民主化的國家採用真相調查，多半是因為威權體制的舊勢力尾大不掉，特別是軍頭盤據，新政府投鼠忌器，譬如拉丁美洲國家；相對之下，東歐國家的共產黨在民主化過程垮台，樹倒猢猻散，至少也要面對行政洗滌，也就是清算。

大體而言，國家要進行人權侵犯的調查（inquiry），除了司法程序，還可以有三種方式：（一）由行政部門、或是國會組成／聘任的

特別調查委員會[12]，任務完成即解散，譬如前述加拿大政府在 1991
年成立的原住民族調查委員會[13]；（二）常設的人權委員會，譬如成
立於 1971 的「加拿大人權委員會」（Canadian Human Rights
Commission, CHRC），主要是處理就業歧視的控訴，包括女性、原
住民族、身心障礙、以及少數族群；（三）進行轉型正義的真相委員
會，在 1970-2004 年間，世界各國總共成立了 53 個真相委員會（Olsen,
et al., 2010: 806-807）。由於有可能不是透過總統令、或是國會立法
設立，有時候很難區隔真相委員會與特別委員會的差別何在。

　　為了要維持起碼的公正性，大部分國家避免採取行政、或是國
會調查；前者有可能是總統藉之打擊政敵、或是用來沽名釣譽，後
者則往往因為朝野對立而一事無成、或是組成困難。而常設人權委
員會主要是處理當下的人權侵犯，特別是有明確的加害者、以及受
害者的案件，範圍比較狹隘，無法處理歷史比較久遠的歷史正義課
題，尤其是在過去威權時代不可能觸及者。基本上，真相委員會是
一個獨立機關，不管設在行政部門、還是國會，關鍵在於是否經過
立法授與調查權，具體而言，就是傳喚證人的權力。如前所述，加
拿大的原住民族真相和解委員會並沒有調查權，比較像是政府的一

---

[12] 如果是內閣制，行政與立法合一，因此，儘管形式上由國家元首聘任，實際
上是向總理提出報告。如果是總統制，國會與總統都可以組調查委員會、甚
至於合組；如果是未經國會授權，總統的調查委員會形同總統的諮詢顧問，
譬如我國的「總統府人權諮詢委員會」，依據『總統府人權諮詢委員會設置
要點』（法務部，n.d.），沒有調查權，最新的『總統府原住民族歷史正義
與轉型正義委員會設置要點』（附錄 2）亦然。

[13] 不過，不要與加拿大參眾兩院各有常設的原住民族委員會（Committee on
Aboriginal Peoples、以及 Committee on Indigenous and Northern Affairs）混唯
一談。

個諮詢委員會，建言未必會被接納。

照說，加拿大是民主先進國家，國會調查的經驗相當豐富[14]，而且在國際上也自詡人權保障完備，怎麼會設置缺乏調查權的真相委員會？事實上，早先原住民族調查委員會（RCAP, 1996）在報告中就建議政府，一定要進一步成立委員會進行公共調查（public inquiry），而相關人士直到 2004 年為止也有這樣的共識，到最後為何會變卦？誠然，真相調查委員會形形色色，並沒有所謂的標準模式（Dancy, et al, 2010; Freeman, 2006; Hayner, 2001）。在加拿大，一般對公共調查委員會的理解是具有調查權，而真相委員會雖然就廣義上也可以算是公共調查委員會的一種，最大的差別在功能上以公共教育為主，一言以蔽之，就是沒有調查權（Nagy, 2014）。

事實上，儘管在 1980 年代末期已經出現不少有關住宿學校性侵害、以及虐待的官司，一直要到第一民族議會大酋長 Phil Fontaine 在 1990 上電視痛訴親身經歷、要求政府進行公共調查，才引起一般老百姓的注意；只不過，當時的政府斷然拒絕，理由是「沒有必要去了解二、三、四十年前的政府為何沒有做好事情」（Nagy, 2014: 204）。在 1991 年，由於早先魁北克省爆發原住民族因為土地爭議的危機事件[15]，政府成立原住民族調查委員會，授權調查五百年來的原住民族及非原住民族之間的關係，特別在報告中以專章處理住宿學校的黑暗面，要求政府必須公共調查，讓政府無所遁辭（Shelley, 2014; RCAP, 1996）。

---

[14] 見 Wikipedia（2016a）有關加拿大在 1867 年獨立以來，政府針對重大國家問題，聘任專家所組成皇家調查委員會。

[15] 稱為 Oka Crisis（1990/7/11-9/26）（Wikipedia, 2016b）。

政府在 1998 年向受害者道歉、大談和解，卻死不承認住宿學校體系對於原住民族整體的語言文化戕害，認為只有孤立的個人行為，也拒絕進行調查。面對政府高傲的姿態、以及切割責任的戰術，原住民族只好加緊司法手段，只不過，民事訴訟只針對個別的性侵害及虐待案例賠償，而審理過程幾乎是羞辱受害者[16]、甚至發生自殺的事件，加上一些教會瀕臨破產，政府的緩兵之計雖然短期有用，卻是引發更強烈的反彈，因此必須尋求其他解套的途徑（Nagy, 2014: 205）。

在 2005 年，政府一方面應付官司，另一方面展開與第一民族議會的談判，邊打邊談；相對地，第一民族議會則以民事集體求償官司逼政府上談判桌，以戰逼和（Nagy, 2014: 209）。雙方終於在達成協議，不過，政府並未同意以公共調查的方式組真相委員會，主要是因為教會促成「印地安住宿學校倖存者協會」（Indian Residential School Survivor Society, IRSSS）、以及「全國住宿學校倖存者協會」（National Residential Schools Survivor Society, NRSSS）等團體另起爐灶，在 2004 年召開「公共調查圓桌會議」（Public Inquiry Roundtable），沖淡了第一民族議會的代表性，政府得以同步談判，實質達成分化（Nagy, 2014: 209-10）。

基本上，原住民族對於真相委員會有兩種看法。首先是第一民族議會，在徵詢國際上的轉型正義專家意見[17]、以及參考各國的經

---

[16] 事實上，行政部門的另類爭端解決機制也一樣令人詬病，審查過程冗長、交叉詢問形同羞辱，受害者彷彿變成被偵問的犯人，加上補償金又沒有多少錢，原住民族苦不堪言，終於被國會要求廢止（Nagy, 2014: 207-209）。

[17] 特別是位於紐約的「國際轉型正義中心」（International Center for Transitional Justice）（Nagy, 2014: 211-12）。

驗[18] 之後，主張成立強調課責、以及公共記錄的公共調查委員會；相對之下，以教會主導的倖存者團體則認為應該由下而上，把重心放在修復式正義（restorative justice）、撫慰療癒（healing）、及和解，因此比較重視草根、以及社區的參與，也就是受害者及家人的見證[19]（Nagy, 2014: 200, 209-10, 213）。政府及教會不希望委員會有調查權，主要是站在法律的策略考量，不希望為調查結果負責，認為社區模式是比較沒有威脅的稻草人，而第一民族議會則援引愛爾蘭的經驗[20]，指出傳喚證人的重要性；雙方角力的結果，表面上是兼容並包（hybridity），其實是消極的設計，嚴加限制委員會的權力，特別是調查權（Nagy, 2014: 211, 214-16）。

伍、由真相到和解

著手轉型正義的設置真相委員會，最基本的假設是透過對話，可以舒緩受害者的創傷、同時也可以改善壓迫者與被迫害者的關係（Angel, 2012: 202）。然而，就轉型正義的目標來看，如果不講程序上的民主、或是實質上的和平，那麼，即使果真釐清了真相，歷史

---

[18] 尤其是南非的真相和解委員會被視為典範。

[19] 當時被提到的外國例子，有關於原住民族的是智利的「全國真相和解委員會」（National Commission on Truth and Reconciliation），社區式的則有美國北卡民間在 2004 年所組成的 Greensboro Truth and Reconciliation Commission，針對 1979 年五名共黨在示威過程被納粹及三 K 黨徒殺害的事件，缺乏傳喚證人的權力（Nagy, 2014: 212; Wikipedia, 2016c）。

[20] 也就是愛爾蘭在 1999 年成立的「兒童虐待調查委員會」（Commission to Inquire into Child Abuse, CICA）（Wikipedia, 2016d）。

公案終於可以閤起來，未必和解就可以水到渠成。具體而言，真相調查的立即目標是伸張正義，唯有起碼的正義才能進一步談社會和解，未必有了真相就是輕舟已過萬重山；同樣地，由真相到正義的過程，中間還有一些必要的努力，特別是加害者公開道歉、乞求原諒，而受害者或是其後代願意原諒，否則，真相可能淪為吞噬人心的毒藥（圖2）。

真相 ——→ 道歉 ——→ 原諒 ——→ 正義 ——→ 和解

圖2：由真相到和解

一、真相

就規範性而言，真相的起碼作用是揭露壓迫者所否認、或是隱瞞的事實，降低對於過去的欺騙，也就是撥亂反正；如果可以發揮到極限，真相則有和解及整合的功能（Nagy, 2012: 356）。南非真相和解委員會根據真相的功能，分為鐵證真相（factual, forensic truth）、個人真相（personal, narrative truth）、社會真相（social truth）、以及療癒真相（healing, restorative truth）（Truth and Reconciliation Commission of South Africa, 1998: 110-14）。Chapman 與 Ball（2008: 144）則分為微觀真相（micro-truth）、以及宏觀真相（macro-truth），前者是指受害者的親身見證、或是痛苦，包括特定的人權侵犯事件、人物、或是團體，而後者則是指事件發生的脈絡及原因；兩者連結起來，可以告訴我們到底為何及如何發生這件事、誰應該要負責、以及如何避免重蹈覆轍（Nagy, 2012: 356）。

James（2012）指出，由於傳統的真相調查不是由國家推動、就是由專家主導，先下手為強，目標是取得政權的正當性、以及促成國家統一，原住民族所關心的課題往往會被埋沒，因此，加拿大的真相委員會採取以受害者為中心的調查方式，而且可以有療癒的效果；不過，以這樣的方式所產生的真相，表面上看起來相當熱鬧，卻是不完整的，畢竟，當主流社會刻意迴避尷尬的過去之際，委員會的調查權嚴重受限，尤其是傳喚證人的權力，也許倖存者會願意前來分享，加害者、以及受益者可以選擇緘默，那麼，原本的結構性壓迫、及不平等還是難以撼動，那倒是始料未及。

二、道歉

道歉是指加害者承認自己的犯行，祈求受害者、或是其家人原諒，同時保證不會再犯錯。根據 James（2008），有誠意的政治道歉有八個條件：官方文字記載、指出冤屈過失、認錯接受責任、國家出面道歉、誓言不會再犯、不會要求諒解、不可言不由衷或專斷、向道歉的對象做道德互動。人家是否原諒是一回事，然而，如果沒有道歉，就沒有諒解的可能、甚至於造成更大的傷害，更不用說正義（賠償）、或是和解（Corntassel & Holder, 2008: 468; Tager, 2014: 10）。在轉型正義的過程中，道歉的位階（或順序）低於司法審判、真相調查、以及回復補償，略高於（或先於）集體記憶的重塑；就功能上來看，儘管道歉不可能完全撫慰歷史傷痕，卻至少提供加害者舒緩罪惡感的機會（Tager, 2014: 1）。

在這所謂「道歉的年代」（The Age of Apology）（Gibney, et al., 2008），道歉作為墾殖國家所支配的政治儀式，在感人的演講稿、以及華麗的紀念活動背後，原住民族的冤屈或許終於獲得洗雪，然而，往往片面被迫集體接受道歉，只會持續既有的不對稱權力關係、鞏固不平等的結構；換句話說，道歉如果沒有伴隨補償及歸還、不能從事去殖民的體制，那麼，那頂多只能有「確認式正義」（affirmative justice）、而非「轉換式正義」（transformative justice），終究，那是「廉價的和解」（cheap reconciliation）（Corntassel & Holder, 2008: 467-68; Petoukhov, 2012; Gready, et al., 2010; Rigby, 2001: 142）。

三、正義

Flisfeder（2010）認為真相與和解之間的橋樑是正義。正義可以分為「修正式正義」（rectificatory justice）、以及「分配式正義」（distributive justice）兩大類：前者關心的是如何處理過去所犯的錯誤，又可以進一步分為「處罰式正義」（retributive, retroactive justice）、及「修復式正義」（restorative, restitutive, reparative justice）兩種，後者則是追求政治權利、經濟資源、社會地位、及文化認同的公平分配（Estrada-Hollenbeck, 2001; Roberts, 2002; Rawls, 1971; Barkan, 2000）。Flisfeder（2010: 13）把修復式正義擴大解釋，認為只要回到原狀，就可以算是和解了。

Fraser（2005: 305）則認為正義應該有重分配、承認、及代表三個境界，即使支配者願意進行重分配，如果不能轉換彼此之間的關係，轉型正義終究也不過是確認現有的宰制，那只是「確認式正義」（affirmative justice）；「紅花插頭前」，唯有當非原住民願意承認墾殖的本質就是「墾殖者殖民[21]」（settler colonialism）、接受「民族對民族[22]」（nation to nation）的關係、確認「原住民族主權[23]」（indigenous sovereignty），重新定義這個國家、並展開去殖民的工作，才有可能獲致「轉換式正義」（transformative justice）（EMRIP, 2013: 21; Jung, 2009: Librizzi, 2014: 188; Nagy, 2012: 358; Angel, 2012: 204; Corntassel & Holder, 2008: 468, 471-72）。

四、和解

和解的英文 reconciliation 來自宗教，也就是透過「懺悔／告解」（confession）來獲得赦免及解脫（Hurley, 1994）。Bashir 與 Kymlicka（2008: 12-17）主張和解可以從技術、目標、以及規範等層面來看，進而歸納出告解、民族塑造[24]、以及人權等三種途徑；Crocker（n.d.: 14）由淺到深，認為和解的境界由相安無事、和平共存，民主互惠、相互傾聽，到共享願景、相互撫慰；而 Walters（2008: 167）則把和解分為和好的關係、無奈的順從、以及相互調和。

放在墾殖國家的脈絡，Sheppard（2013: 3-5, 10-11）認為狹義的和解是指透過個人的道歉、原諒、以及賠償的過程，來化解人與人之間在過去的衝突；廣義的和解是指如何調整當下結構，特別是非原住民族所控制的國家政策，去除對原住民族的持續傷害、並嘗試

---

[21] 見 Nagy（2012）、Park（2015）、以及 Short（2005）有關於墾殖者殖民／內部殖民（internal colonialism）、及「墾殖者否認」（settler denial）的討論。

[22] 有關於民族對民族的探討，見 Engelstad 與 Bird（1992）。

[23] 見施正鋒（2012）、Macklem（2001）、Engelstad 與 Bird（1992）、以及 Scott（2012）對於原住民族主權的探究。

[24] 不管是記憶、還是遺忘（Angel, 2012: 203）。

重塑未來的集體關係：第三種和解則是主張除非通盤歸還原住民族失去的東西，包括主權、領域、及資源，彼此之間才有可能真正的和解。如果只求速戰速決、切割歷史、迴避責任，侈談和解（Shelley, 2014: 19-21）？

陸、政府向原住民族道完歉又如何？

　　儘管加拿大是先進民主國家，還是有原住民族遭受不公不義的課題，而印地安住宿學校孩童被侵犯虐待致死，只不過是冰山的一角。由於白人政府長期以來刻意忽視，原住民族只好採取司法手段、進行民事求償；面對紛杳而來的官司，政府只好跟原住民族簽訂協定，在法院的見證下，同意成立真相和解委員會來處理。只不過，由於不是國會立法授權，委員會缺乏調查權，既不准傳喚證人、跟政府部門調閱檔案也是四處碰壁。如果說有比較正面的貢獻，是讓族人有宣洩療傷的作用，並未觸及核心的結構性問題，為德不卒。

　　經過六年的運作、聽取超過七千人的見證，加拿大真相和解委員會終於在 2105 年完成報告六卷[25]；委員會提出 94 項建言，特別呼籲政府全力推動『聯合國原住民族權利宣言』作為和解的框架（Truth and Reconciliation Commission of Canada, 2015: 4）。儘管原住民族事務暨北方發展部長 Bernard Valcourt（2015）在結束典禮向原住民族發表了一場文情並茂的演講，大談「和解不是原諒或遺忘、

---

[25] 報告主文共有七冊，加上摘要、見證、以及原則等三冊；見設在 University of Manitoba 的 National Centre for Truth and Reconciliation 網站（n.d.）。

而是緬懷以及改變」，然而，總理 Harper 當天在國會接受在野黨質詢，不願意背書委員會的任何建議，並表示『聯合國原住民族權利宣言』只是宣示性的文件、而加拿大憲法已經明文保障原住民族的人權，所以沒有必要再簽署[26]（APTN, 2015: Walters, 2015）。還好，自由黨政府在年底上台，新總理 Justin Trudeau（2015）誓言推動委員會的所有建議，包括簽署『聯合國原住民族權利宣言』，似乎是遲來的正義。

　　檢視加拿大真相和解委員會的經驗，真相真的能獲致和解？南非聖公會牧師 Reverend Mpambani 分享了一個故事（Rigby, 2001: 142）：甲偷走好朋友乙的腳踏車，幾個月後，甲打算跟乙握手言歡，表示想要談談和解。乙說，我們先談我的腳踏車。甲說，暫且忘了腳踏車，我們先談和解。乙說，除非你先還我腳踏車，否則免談和解。幾百年來，原住民族不只是被墾殖者欺負，連傳統領域、土地、以及資源也被各種理由拿走，如果不歸還，談什麼和解？

　　在 2008-2009 年間，澳洲、加拿大[27]、以及美國政府相繼向國內的原住民族道歉，被認為是用來幫政府卸責的工具，談不上促成和解、更不用說轉型正義（Tager, 2014; Dorrell, 2009; Corntassel &

---

[26] 聯合國在 2007 年通過『聯合國原住民族權利宣言』（*United Nations Declaration on the Rights of Indigenous Peoples, 2007*），這三個國家（加上紐西蘭）不約而同都不願意簽署（Fraser-Kruck, 2009）。

[27] 其實，加拿大政府前後向原住民族道歉四次，包括印地安事務助理次長 Bill van Iterson（1991/6）「代表公僕」、印地安事務暨北方部長 Jane Stewart（1998/1/7）「代表加拿大政府」、眾議院決議道歉（2007）、總理 Stephen Harper（2008/6/11）「代表加拿大政府及所有加拿大人」（Dorrell, 2009: 27-28; Tager, 2014: 2）（總理的道歉文見附錄 3）。

Holder, 2008478）。對於政府來說，真相是最廉價的和解方式，只要花點錢四處辦活動，在加害者、及受益者缺席的情況下，讓原住民可以大談如何被白人欺負，或可收到些許止痛療傷的心裡效果。然而，只要支配的結構沒有改變，第二天，大家眼睛睜開，還是各自過著在兩個平行空間的生活，彷彿什麼是都沒有發生一樣。難怪加拿大維多利亞大學的學者 Matt James（2012: 203）笑說，這種「準道歉」（quasi-apology）是充滿馬其維里式的政治操演，跟沒有道歉差不多。

回顧轉型正義的各種機制，對於統治者來說，真相調查是比較不傷大雅的作法。即使是這樣，如果沒有調查權，根據體制內的遊戲規則去走，要獲得起碼的真相也相當困難；身在獸欄裡面，即使有比較大的開放空間，有吃不完的糧草、看起來比較自由，畢竟還是仰人鼻息、看人臉色，不要說正義，連起碼的和解也只有虛幻的道歉而已。我們不禁要想到 Matsunaga（2016）的反思：轉型正義跟反殖民可以相容嗎？換句話說，千辛萬苦、爭取半天，終究，還是回到原點，只不過成就墾殖國家的正常化，一旦政治表演感人、歷史改寫完畢、民族塑造完成，還是回到支配與被支配的常態關係？

附錄 1：加拿大歷年來的總理名單

姓名	任期	黨籍
John A. Macdonald	18670701-18731105	自由保守黨
Alexander Mackenzie	18731107-18781008	自由黨
John A. Macdonald	18781017-18910606	自由保守黨
John Abbott	18910616-18921124	自由保守黨
John Thompson	18921205-18941212	自由保守黨
Mackenzie Bowell	18941221-18960427	保守黨
Charles Tupper	18960501-18970708	保守黨
Wilfrid Laurier	18960711-19111006	自由黨
Robert Borden	19111010-19171011	保守黨
Robert Borden	19171012-19200710	聯合黨
Arthur Meighen	19200710-19211229	國家自由及保守黨
William Lyon Mackenzie King	19211229-19260628	自由黨
Arthur Meighen	19260629-19260925	保守黨
William Lyon Mackenzie King	19260925-19300807	自由黨
R. B. Bennett	19300807-19351023	保守黨
William Lyon Mackenzie King	19351023-19481115	自由黨
Louis St. Laurent	19481115-19570621	自由黨
John Diefenbaker	19570621-19630422	進步保守黨
Lester B. Pearson	19630422-19680420	自由黨
Pierre Trudeau	19680420-19790603	自由黨
Joe Clark	19790604-19800302	進步保守黨
Pierre Trudeau	19800303-19840629	自由黨
John Turner	19840630-19840916	自由黨
Brian Mulroney	19840917-19930624	進步保守黨
Kim Campbell	19930625-19931103	進步保守黨
Jean Chrétien	19931104-20031211	自由黨
Paul Martin	20031212-20060205	自由黨
Stephen Harper	20060206-20151103	保守黨
Justin Trudeau	20151104	自由黨

資料來源：Wikipedia（2016e）。

附錄2：『總統府原住民族歷史正義與轉型正義委員會設置
　　　　要點』[28]

一、為落實原住民族基本法，推動歷史正義與轉型正義，並且建立
　　原住民族自治之基礎，特設置總統府原住民族歷史正義與轉型
　　正義委員會（以下簡稱本會），協調及推動相關事務，以作為
　　政府與原住民族各族間對等協商之平台。

二、本會任務如下：

　(一) 蒐集、彙整並揭露歷來因外來政權或移民所導致原住民族與
　　　原住民權利受侵害、剝奪之歷史真相。

　(二) 原住民族與原住民受侵害、剝奪之權利，規劃回復、賠償或
　　　補償之行政、立法或其他措施。

　(三) 面檢視對原住民族造成歧視或違反原住民族基本法之法律
　　　與政策，提出修改之建議。

　(四) 極落實聯合國原住民族權利宣言與各項相關之國際人權公
　　　約。

　(五) 他與原住民族歷史正義與轉型正義有關事項之資訊蒐集、意
　　　見彙整與協商討論。

三、本會為任務編組，置委員二十九人至三十一人。由總統擔任召
　　集人，副召集人二人，一人由總統指派，另一人由代表原住民
　　族之委員互相推舉之。其餘委員包括：

---

[28] 2016/8/1 總統核定（總統府，2016）。

(一) 原住民族十六族代表各一人。

(二) 平埔族群代表三人。

(三) 相關機關代表、專家學者及具原住民身分之公民團體代表。

前項第一款委員，指行政院核定之原住民族十六族代表各一人，由各族民族議會依其族群內部現狀推舉之；倘該族群尚未形成民族議會，應由組成該族群之部落共同召開共識協商會議推舉之；如該族群分布所涉範圍過大，則應由組成該族群之分區部落依據各該分區內部現狀以共識協商會議推舉分區代表，再由各分區代表以共識協商會議推舉之。

第一項第二款委員，平埔族群十族應召開共識協商會議，由各族群現存部落及長期推動正名之團體共同推舉代表三人。

第一項第一款、第二款委員應於一百零五年八月一日起算四個月內完成代表推舉工作。未能如期完成代表推舉工作之族群，其代表由總統自各界推薦之人選中擇一聘任。上述委員於任期中不得參與政黨活動。

第一項第三款委員，由召集人徵詢相關意見後，邀請擔任之；其中專家學者之名額中具原住民身分者應有二分之一以上。

本會委員任期二年，惟第一屆委員任期至一百零七年五月十九日止，期滿得續聘（派）；委員出缺時，應依本要點規定遴聘，其任期至原任期屆滿為止。

四、本會下設土地小組、文化小組、語言小組、歷史小組、和解小組等主題小組，負責相關事項研議，提請委員會議討論。本會亦得視實際工作進行之需要,另設其他臨時性之小組。

各小組任務如下:

(一) 土地小組:

1. 四百年以來原住民族與平埔族群各時期之土地內容、範圍、意義、遷徙史及與其他民族互動過程之彙整與公布。

2. 原住民族與平埔族群各時期使用土地之規範、流失之經過、遭奪取手段、社會背景及法律、慣俗之彙整與公布。

3. 原住民族神話發源地、祖靈地、聖地、獵場、祭場、採集範圍等各種傳統領域之名稱、地點、意義、範圍及傳統規範之彙整與公布。

4. 檢視原住民族傳統領域與現行法制之衝突,並提出相關之改進建議。

(二) 文化小組:

1. 原住民族與平埔族群各時期之傳統祭儀及各式生活、飲食、醫藥、宗教習慣之流失情況彙整與公布。

2. 原住民族狩獵(獵人、獵具及獵物)歷史、神話、慣習、禁忌與規範,與歷來政權限制狩獵相關法律之彙整與公布。

3. 原住民族採集歷史、神話、慣習、禁忌與規範,與歷來政權限制採集相關法律之彙整與公布。

4. 檢視原住民族傳統文化與現行法制之衝突,並提出相關之改進建議。

(三) 語言小組:

1. 原住民族與平埔族群語言之流失歷史、遭禁說之手段、語言文字化與去文字化過程、重建族語情況之彙整與保存,製作並出版各族族語相關影像、辭書。

　　2. 原住民族語言保存方法之建議。

(四) 歷史小組：

　　1. 原住民族與平埔族群各時期歷史記載、照片、文書及圖畫之蒐集。

　　2. 原住民族與平埔族群各時期歷史戰役，及與其他民族衝突情況之彙整與公布。

　　3. 原住民族與平埔族群對漢族史觀之修正，並提出建議方向。

(五) 和解小組：

　　1. 各民族間和解方式、賠償或補償方式之規劃與建議。

　　2. 有利於各民族和解之相關政策及立法建議。

五、本會每三個月開會一次，必要時得召開臨時會議。會議由召集人主持，召集人不克出席時，由副召集人主持。

　　本會開會時，得視議題需要，邀請有關機關（構）代表、學者專家或原住民機構、團體代表列席。

　　本會應於每年度結束前，就推動執行提出年度報告書，提供各有關機關辦理。

六、本會置執行秘書與副執行秘書，均由召集人指派。

七、召集人得聘請學者專家擔任本會顧問。

八、本會所做成之行政、立法或其他措施之規劃建議，以行政院原住民族基本法推動會作為後續工作推動之議事與協調單位，該會並應於本會召開會議時派員報告工作進度。

九、本會為執行任務，得洽請政府相關機關提供必要之文書、檔案
　　或指派所屬人員到會說明。

十、本會之幕僚業務由總統府、原住民族委員會及相關機關派兼人
　　員辦理之。

十一、本會召集人、副召集人、委員、顧問、執行秘書、副執行秘
　　　書均為無給職。

十二、本會所需經費，由總統府及行政院相關部會編列預算支應。

十三、本要點奉總統核定後施行。

附錄 3：加拿大總理 Stephen Harper 的道歉文（2008）

The treatment of children in Indian Residential Schools is a sad chapter in our history.

For more than a century, Indian Residential Schools separated over 150,000 Aboriginal children from their families and communities. In the 1870's, the federal government, partly in order to meet its obligation to educate Aboriginal children, began to play a role in the development and administration of these schools. Two primary objectives of the Residential Schools system were to remove and isolate children from the influence of their homes, families, traditions and cultures, and to assimilate them into the dominant culture. These objectives were based on the assumption Aboriginal cultures and spiritual beliefs were inferior and unequal. Indeed, some sought, as it was infamously said, "to kill the Indian in the child". Today, we recognize that this policy of assimilation was wrong, has caused great harm, and has no place in our country.

One hundred and thirty-two federally-supported schools were located in every province and territory, except Newfoundland, New Brunswick and Prince Edward Island. Most schools were operated as "joint ventures" with Anglican, Catholic, Presbyterian or United Churches. The Government of Canada built an educational system in which very young children were often forcibly removed from their homes, often taken far from their communities. Many were inadequately fed, clothed and housed. All were deprived of the care and nurturing of their parents, grandparents and communities. First Nations, Inuit and Métis languages and cultural practices were prohibited in these schools. Tragically, some of these children died while attending residential schools and others never returned home.

The government now recognizes that the consequences of the Indian Residential Schools policy were profoundly negative and that this policy has had a lasting and damaging impact on Aboriginal culture, heritage and language. While some former students have spoken positively about their experiences at residential schools, these stories are far overshadowed by tragic accounts of the emotional, physical and sexual abuse and neglect of helpless children, and their separation from powerless families and communities.

The legacy of Indian Residential Schools has contributed to social problems that continue to exist in many communities today.

It has taken extraordinary courage for the thousands of survivors that have come forward to speak publicly about the abuse they suffered. It is a testament to their resilience as individuals and to the strength of their cultures. Regrettably, many former students are not with us today and died never having received a full apology from the Government of Canada.

The government recognizes that the absence of an apology has been an impediment to healing and reconciliation. Therefore, on behalf of the Government of Canada and all Canadians, I stand before you, in this Chamber so central to our life as a country, to apologize to Aboriginal peoples for Canada's role in the Indian Residential Schools system.

To the approximately 80,000 living former students, and all family members and communities, the Government of Canada now recognizes that it was wrong to forcibly remove children from their homes and we apologize for having done this. We now recognize that it was wrong to separate children from rich and vibrant cultures and traditions that it created a void in many lives and communities, and we apologize for having done this. We now recognize that, in separating children from their families, we undermined the ability of many to adequately parent their own children and sowed the seeds for generations to follow, and we apologize for having done this. We now recognize that, far too often, these institutions gave rise to abuse or neglect and were inadequately controlled, and we apologize for failing to protect you. Not only did you suffer these abuses as children, but as you became parents, you were powerless to protect your own children from suffering the same experience, and for this we are sorry.

The burden of this experience has been on your shoulders for far too long. The burden is properly ours as a Government, and as a country. There is no place in Canada for the attitudes that inspired the Indian Residential Schools system to ever prevail again. You have been working on recovering from this experience for a long time and in a very real sense, we are now joining you on this journey. The Government of Canada sincerely apologizes and asks the forgiveness of the Aboriginal peoples of this country for failing them so profoundly.

Nous le regrettons
We are sorry
Nimitataynan
Niminchinowesamin
Mamiattugut

In moving towards healing, reconciliation and resolution of the sad legacy of Indian Residential Schools, implementation of the Indian Residential Schools Settlement Agreement began on September 19, 2007. Years of work by survivors, communities, and Aboriginal organizations culminated in an agreement that gives us a new beginning and an opportunity to move forward together in partnership.

A cornerstone of the Settlement Agreement is the Indian Residential Schools Truth and Reconciliation Commission. This Commission presents a unique opportunity to educate all Canadians on the Indian Residential Schools system. It will be a positive step in forging a new relationship between Aboriginal peoples and other Canadians, a relationship based on the knowledge of our shared history, a respect for each other and a desire to move forward together with a renewed understanding that strong families, strong communities and vibrant cultures and traditions will contribute to a stronger Canada for all of us.

On behalf of the Government of Canada
The Right Honourable Stephen Harper,

Prime Minister of Canada

參考文獻

朱柔若，2010。〈人權、法律、與社會學的觀照 — 加拿大『印地安寄宿學校和解協定書』與梅帝斯族（Métis）之經驗檢討〉《台灣國際研究季刊》6 卷 1 期，頁 1-18。

法務部，n.d.。〈總統府人權諮詢委員會〉（http://www.humanrights. moj.gov.tw/lp.asp?ctNode=37804&CtUnit=12330&BaseDSD=7&mp=200）（2016/7/23）。

施正鋒（編），2012。《原住民族主權與國家主權》。壽豐：台灣原住民族研究學會。

施正鋒，2016a。《人民的權利與轉型正義》。台北：台灣國際研究學會。

施正鋒，2016b。〈中、東歐的轉型正義〉發表於台灣歷史學會、彭明敏文教基金會、吳三連台灣史料基金會主辦「轉型正義學術研討會」，台北，台灣國際會館，5 月 15 日。

施正鋒、吳珮瑛，2014。《原住民族的主權、自治權與漁獲權》。壽豐：台灣原住民族研究學會。

總統府，2016。『總統府人權諮詢委員會設置要點』（http://www.president. gov.tw/Default.aspx?tabid=131&itemid=37802&rmid=514）（2017/1/14）。

Agreement in Principle, 2005 (http://www.residentialschoolsettlement.ca/ AIP.pdf) (2016/7/21)

Anaya, James. 2014. "The Situation of Indigenous Peoples in Canada." (http://www.ohchr.org/Documents/Issues/IPeoples/SR/A.HRC.27.52.Ad d.2-MissionCanada_AUV.pdf) (2016/7/25)

Angel, Naomi. 2012. "Before Truth: The Labors of Testimony and the Canadian Truth and Reconciliation Commission." *Culture, Theory and Critique*, Vol. Vol. 53, No. 2, pp. 199-214.

APTN. 2015. "PM Harper Won't Implement TRC Recommendation on UN Declaration on Indigenous Peoples." June 2 (http://aptn.ca/news/2015/06/02/pm-harper-wont-implement-trc-recommendation-un-declara tion-indigenous-peoples/) (2016/7/25)

Arsenault, Virginia. 2015. "Resistance to the Canadian Truth and Reconciliation Commission." (http://www.swisspeace.ch/fileadmin/user_upload/Media/Publications/WP_2_2015.pdf) (2016/7/25)

Barkan, Elazar. 2000. *The Guilty of Nations: Restitution and Negotiating Historical Injustice*. Baltimore: John Hopkins University.

Bashir, Bashir., and Will Kymlicka. 2008. "Introduction: Struggles for Inclusion and Reconciliation in Modern Democracies," in Will Kymlicka, and Bashir Bashir, eds. *The Politics of Reconciliation in Multicultural Societies*, pp. 1-24. Oxford: Oxford University Press.

Cardinal, Harold. 1969. *The Unjust Society: The Tragedy of Canada's Indians*. Edmonton, Alta.: M. G. Hurtig.

Cassidy, Julie. 2009. "The Canadian Response to Aboriginal Residential Schools: Lessons for Australian and the United States?" *eLaw: Murdoch University Electronic Journal of Law*, Vol. 16, No. 2, pp. 38-71.

Chapman, Audrey R., and Patrick Ball. 2008. "Levels of Truth: Macro-truth and the TRC," in Audrey R. Chapman, and Higo van der Merew, eds. *Truth and Reconciliation in South Africa, Did the TRC Deliver?* pp. 143-68. Philadelphia: University of Pennsylvania Press.

Corntassel, Jeff, and Cindy Holder. 2008. "Who's Sorry Now? Government Apologies, Truth Commissions, and Indigenous Self-Determination in Australia, Canada, Guatemala, and Peru." *Human Rights Review*, Vol. 9, No. 4, pp. 465-89.

Cree-Naskapi (of Quebec) Act, 1984.

Crocker, David A. n.d. "Truth Commissions, Transitional Justice, and Civil Society." http://desa1.cejamericas.org/bitstream/handle/2015/3669/ TruthCommissionsTransitionalJusticeandCivilSociety.pdf?sequence=1& isAllowed=y) (2016/7/24)

Dancy, Geoff, Hunjoon Kim, and Eric Wiebelhaus-Brahm. 2010. "The Turn to Truth: Trends in Truth Commission Experimentation." *Journal of Human Rights*, Vol. 9, No. 1, pp. 45-64.

Dorrell, Matthew. 2009. "From Reconciliation to Reconciling: Reading What' We Now Recognize' in the Government of Canada's 2008 Residential Schools Apology." *ESC: English Studies in Canada*, Vol. 35, No. 3, pp. 27-45.

Enfelstad, Diane, and John Bird, ed. 1992. *Nation to Nation: Aboriginal Sovereignty and the Future of Canada.* Concord, Ont.: Anansi Press.

Estrada-Hollenbeck, Mica. 2001. "The Attainment of Justice through Restoration, Nor Litigation: The subjective Road to Reconciliation," in Mohammed Abu-Nimer, ed. *Reconciliation, Justice, and Coexistence*, pp. 65-85. Lanham, Md.: Lexington Books.

Flisfeder, Marc A. 2010. "A Bridge to Reconciliation: A Critique of the Indian Residential School Truth Commission." *International Indigenous Policy Journal*, Vol. 1, No. 1 (http://ir.lib.uwo.ca/cgi/viewcontent.cgi? article=1001&context=iipj) (2016/7/25)

Fraser, Nancy. 2005. "Mapping the Feminist Imagination: From Redistribution to Recognition to Representation." *Constellations*, Vol. 12, No. 3, pp. 295-307.

Fraser-Kruck, Heidi. 2009. "Canada's Failure to Support the United Nations Declaration on the Rights of Indigenous Peoples." (http://www.

lrwc.org/ws/wp-content/uploads/2012/03/Canada.Failure.to_.Support. UNDRIP.pdf) (2016/7/15)

Freeman. Mark. 2006. *Truth Commissions and Procedural Fairness.* Cambridge: Cambridge University Press.

Gathering Strength: Canada's Aboriginal Action Plan, 1997 (http://www.ahf. ca/downloads/gathering-strength.pdf) (2016/7/25)

Gibney, Mark Rhoda Howard-Hassman, Jean-Marc Coicaud, and Niklaus Steiner, eds. 2008. *The Age of Apology: The West Faces Its Own Past.* Philadelphia: University of Pennsylvania Press.

Graybill, Lyn S. 2002. *Truth and Reconciliation in South Africa: Miracle or Model?* Boulder, Colo.: Lynne Rienner.

Gready, Paul. 2010. "Transformative Justice: A Concept Note." (http://www. wun.ac.uk/files/transformative_justice_-_concept_note_web_version.pdf) (2016/7/18)

Harper, Stephen. 2008. "Prime Minister Harper Offers Full Apology on Behalf of Canadians for the Indian Residential Schools system." (https://www.aadnc-aandc.gc.ca/eng/1100100015644/1100100015649) (2016/7/25)

Hayner, Priscilla B. 2001. *Unspeakable Truths: Confronting State Terror and Atrocity.* New York: Routledge.

Hedican, Edward J. 2013. *Ipperwash: The Tragic Failure of Canada's Aboriginal Policy.* Toronto: University of Toronto Press.

Hurley, Michael, ed. 1994. *Recognition in Religion and Society.* Belfast: Queen's University of Belfast.

Indian Act, 1894.

Indian Residential Schools Settlement Agreement, 2006 (http://www. Residentialschoolsettlement.ca/IRS%20Settlement%20Agreement-%20 ENGLISH.pdf) (2016/7/21)

James, Matt. 2008. "Wrestling with the Past: Apologies, Quasi-Apologies, and Non-Apologies in Canada," in Mark Gibney, Rhoda Howard-Hassman, Jean-Marc Coicaud, and Niklaus Steiner, eds., *The Age of Apology: The West Faces Its Own Past*, pp. 136-53. Philadelphia: University of Pennsylvania Press.

James, Matt. 2012. "A Carnival of Truth? Knowledge, Ignorance and the Canadian Truth and Reconciliation Commission." *International Journal of Transitional Justice*, Vol. 6, No. 2, pp. 1-23.

James Bay and Northern Quebec Agreement, 1974.

Jung, Courtney. 2009. "Canada and the Legacy of the Indian Residential Schools: Transitional Justice for Indigenous People in a Non-Transitional Society." (file:///C:/Users/Genuine/Downloads/SSRN-id1374950%20(1). pdf) (2016/7/18)

Librizzi, M. Florencia. 2014. "Challenges of the Truth Commissions to Deal with Injustice against Indigenous Peoples," in Wilton Littlechild, and Elsa Stamatopoulou, eds. *Indigenous Peoples' Access to Justice, Including Truth and Reconciliation Processes*, pp. 182-94. New York: Institute for the Study of Human Rights, Columbia University.

Macklem, Patrick. 2001. *Indigenous Difference and the Constitution of Canada*. Toronto: University of Toronto Press.

Matsunaga, Jennifer. 2016. "Two Faces of Transitional Justice: Theorizing the Incommensurability of Transitional Justice and Decolonization in Canada." *Decolonization: Indigeneity, Education and Society*, Vol. 5, No. 1, pp. 24-44.

Montgomery, Marc. 2015. "Canada's Truth and Reconciliation Commission Ends." (http://www.rcinet.ca/en/2015/06/01/canadas-truth-and-reconciliation-commission-ends/) (2016/7/25)

Nagy, Rosemary. 2014. "The Truth and Reconciliation Commission of Canada: Genesis and Design." *Canadian Journal of Law and Society*, Vol. 29, No. 2, pp. 199-217.

Nagy, Rosemary. 2012. "Truth, Reconciliation and Settler Denial: Specifying the Canada-South Africa Analogy." *Human Rights Review*, Vol. 13, No. 3, pp. 349-67.

National Centre for Truth and Reconciliation, University of Manitoba. n.d. "Truth and Reconciliation Commission." (http://nctr.ca/reports.php) (2016/7/25)

Northeastern Quebec Agreement, 1975.

Office of the Auditor General of Canada. 2013. "Creating a Historical Record of Indian Residential Schools," *2013 Spring Report of the Auditor General of Canada* (http://www.oag-bvg.gc.ca/internet/English/parl_oag_201304_06_e_38191.html) (2016/7/21)

Olsen, Tricia D., Leigh A. Payne, and Andrew G. Reiter. 2010. "Transitional Justice in the World, 1970-2007: Insights from a New Dataset." *Journal of Peace Research*, Vol. 47, No. 6, pp. 803-809.

Park, Augustine S. J. 2015. "Settler Colonialism and the Politics of Grief: Theorising a Decolonising Transitional Justice for Indian Residential Schools." *Human Rights Review*, Vol. 16, No. 3, pp. 273-93.

Petoukhov, Konstantin S. 2012. "Locating a Theoretical Framework for the Canadian Truth and Reconciliation Commission: Charles Taylor or Nancy Fraser?" *International Indigenous Policy Journal*, Vol. 3, No. 2 (http://ir.lib.uwo.ca/cgi/viewcontent.cgi?article=1094&context=iipj) (2016/7/17)

Rawls, John. 1971. *A Theory of Justice*. Cambridge, Mass.: Harvard University Press

Rigby, Andrew. 2001. *Justice and Reconciliation after the Violence*. Boulder, Colo.: Lynne Rienner.

Roberts, Rodney C. 2002. "Justice and Rectification: A Taxonomy of Justice," in Rodney C. Roberts, ed. *Injustice and Rectification*, pp. 7-28. New York: Peter Lang Publishing.

Royal Commission on Aboriginal Peoples (RCAP). 1996. "Residential Schools," *Report of the Royal Commission on Aboriginal Peoples*, Vol. 1, *Looking Forward Looking Back: Pt. 2. False Assumptions and a Failed Relationship* (http://www.collectionscanada.gc.ca/webarchives/20071115053257/http://www.ainc-inac.gc.ca/ch/rcap/sg/sgmm_e.html) (2016/7/21)

Schedule "N": Mandate for the Truth and Reconciliation Commission, 2006 (http://www.residentialschoolsettlement.ca/SCHEDULE_N.pdf) (2016/7/21)

Scott, Tracie Lea. 2012. *Postcolonial Sovereignty? The Nisga'a Final Agreement*. Saskatoon, Sask.: Purich.

Shea, Dorothy. 2000. *The South African Truth Commission: The Politics of Reconciliation*. Washington, D.C.: United States Institute of Peace.

Shelley, Elizabeth. 2014. "Canadian Reconciliation in an International Context." (http://www.swisspeace.ch/fileadmin/user_upload/Media/Publications/WP_6_2014.pdf) (2016/7/25)

Sheppard, Colleen. 2013. "Indigenous Peoples in Canada: Understanding Divergent Conceptions of Reconciliation." (https://www.mcgill.ca/isid/files/isid/pb_2013_04_sheppard.pdf) (2016/7/25)

Short, Damien. 2005. "Reconciliation and the Problem of Internal

Colonialism." *Journal of Intercultural Studies*, Vol. 26, No. 3, pp. 267-82.

Stanton, Kim. 2011. "Canada's Truth and Reconciliation Commission: Settling the Past?" *International Indigenous Policy Journal*, Vol. 2, No, 3 (http://ir.lib.uwo.ca/cgi/viewcontent.cgi?article=1034&context=iipj) (2016/7/25)

Tager, Michael. 2014. "Apologies to Indigenous Peoples in Comparative Perspective." *International Indigenous Policy Journal*, Vol. 5, No, 4 (http://ir.lib.uwo.ca/cgi/viewcontent.cgi?article=1161&context=iipj) (2016/7/25)

Trudeau, Justin. 2015. "Statement by Prime Minister on Release of the Final Report of the Truth and Reconciliation Commission." (http://www.pm.gc.ca/eng/news/2015/12/15/statement-prime-minister-release-final-report-truth-and-reconciliation-commission) (2016/7/25)

Truth and Reconciliation Commission of Canada. 2015. "Calls to Action." (http://www.trc.ca/websites/trcinstitution/File/2015/Findings/Calls_to_Action_English2.pdf) (2016/7/25)

Truth and Reconciliation Commission of South Africa. 1998. *Truth and Reconciliation Commission of South Africa Report*, Vol. 1 (http://www.justice.gov.za/trc/report/finalreport/Volume%201.pdf) (2016/7/24)

United Nations, Human Rights Council, Expert Mechanism on the Rights of Indigenous Peoples (EMRIP). 2013. "Access to Justice in the Promotion and Protection of the Rights of Indigenous Peoples" A/HRC/EMRIP/2013/2 (http://www.ohchr.org/Documents/Issues/IPeoples/EMRIP/Session6/A-HRC-EMRIP-2013-2_en.pdf) (2016/7/14)

United Nations Declaration on the Rights of Indigenous Peoples, 2007.

Valcourt, Bernard. 2015. "Speech from the Closing Event of the Truth and Reconciliation Commission." (http://news.gc.ca/web/article-en.do?nid=

984859) (2016/7/25)

Van Vugt, William E., and G. Daan Coete, eds. 2000. *Race and Reconciliation in South Africa: A Multicultural Dialogue in Comparative Perspective.* Lanham, Md.: Lexington Books.

Walters, Haydn. 2015. "Stephen Harper Defends Aboriginal Affairs Record in Wake of Residential Schools Report." CBC News, June 2 (http://www.cbc.ca/news/politics/stephen-harper-defends-aboriginal-affairs -record-in-wake-of-residential-schools-report-1.3097558) (2016/7/25)

Walters, Mark. 2008. "The Jurisprudence of Reconciliation: Aboriginal Rights in Canada," in Will Kymlicka, and Bashir Bashir, eds. *The Politics of Reconciliation in Multicultural Societies*, pp. 165-91. Oxford: Oxford University Press.

Wikipedia. 2016a. "List of Canadian Royal Commissions." (https://en. wikipedia.org/wiki/List_of_Canadian_Royal_Commissions) (2016/7/23)

Wikipedia. 2016b. "Oka Crisis." (https://en.wikipedia.org/wiki/Oka_Crisis) (2016/7/23)

Wikipedia. 2016c. "Greensboro Massacre." (https://en.wikipedia.org/ wiki/Greensboro_massacre) (2016/7/23)

Wikipedia. 2016d. "Commission to Inquire into Child Abuse." (https://en. wikipedia.org/wiki/Commission_to_Inquire_into_Child_Abuse#The_CI CA_legislation.2C_1999-2005) (2016/7/23)

Wikipedia. 2016e. "List of Prime Ministers of Canada." (https://en. wikipedia.org/wiki/List_of_Prime_Ministers_of_Canada) (2016/7/22)

第二部分
族群課題

南斯拉夫的解體[*]

Seen from outside, at this moment the Yugoslav peoples resemble demented gravediggers. They appear stubbornly to confirm the dark stereotypes others have of them. Included in that repertoire of stereotypes is the idea that, throughout their history, the Balkan peoples have done nothing other than bury and dig up human."

Dubravka Ugrešić（Karolina Kawczyńska, 2013: 185）

... the system destroyed the country. For it was the system which taught the elite to believe that politics is conspiracy and political success is the art of the lie. It was the system which taught these men that they had no other purpose than the maintenance of power by any means.

Michael Ignatieff（Anderson, 19951: 5）

壹、前言

顧名思義，南斯拉夫[1]（Yugoslavia）是南斯拉夫人[2] 的國家（land

---

[*] 主題演講於國父紀念館、族群與多元文化學會、中山學術文化基金會、元智大學人文社會學院、慈濟科技大學全人教育中心，中壢，元智大學人文社會學院，5月13日。

[1] 原本稱為「南斯拉夫聯邦人民共和國」（Federal People's Republic of Yugoslavia），在 1963 年改為「社會主義南斯拉夫聯邦」（Socialist Federal Republic of Yugoslavia）。

[2] 不過，並不含保加利亞人這裡的原住民族是 Illyrians，為阿爾巴尼亞人的先

of South Slavs)，戰後由領導共黨游擊隊(Partisan)的狄托(Josip Broz
Tito, 1892-1980) 領導而成，由波士尼亞、克羅埃西亞、馬其頓、蒙
特內哥羅、塞爾維亞、以及斯洛維尼亞等六個共和國所組成(圖 1)。
然而，在狄托於 1980 年過世後，樹倒猢猻散，南斯拉夫不止面對嚴
重的經濟困境，政治上也有分崩離析的威脅，終究，由按捺不住的
斯洛維尼亞、以及克羅埃西亞在 1991 年先率先宣佈獨立，馬其頓追
隨其後，波士尼亞在 1992 年步後塵；終究，連蒙特內哥羅也與塞爾
維亞在 2006 年分手，最後，科索沃也在 2008 年割席而去，裂解為
七個國家，目前除了科索沃，都是聯合國的成員（圖 2、表 1）。

來源：ICTY（n.d.）。

圖 1：前南斯拉夫社會主義共和國地圖（1991）

人（Anderson 1995: 7）。斯拉夫人（Slavs, Slavic peoples）還包含東斯拉夫
人（俄羅斯人、烏克蘭人、白俄羅斯人）、以及西斯拉夫人（波蘭人、捷克
人、斯洛伐克人）。

來源：ICTY（n.d.）。

圖2：南斯拉夫解體後的各國（2008）

表1：南斯拉夫解體後各國基本資料

國名	獨立年	首都	面積 km^2	人口	平均所得	密度
波士尼亞	1992	Sarajevo	51,197	3,871,643	$9,800	75.6
克羅埃西亞	1991	Zagreb	56,594	4,284,889	$21,791	75.8
科索沃	2008	Pristina	10,908	1,859,203	$9,570	159.0
馬其頓	1991	Skopje	25,713	2,069,162	$10,718	80.1
蒙特內哥羅	2006	Podgorica	13,812	676,872	$16,655	45.0
塞爾維亞	2006	Belgrade	88,361	7,041,599	$13,944	92.8
斯洛維尼亞	1991	Ljubljana	20,273	2,063,077	$31,720	101.8

說明：平均所得是指每人「購買力平價」（Purchasing Power Parity, PPP）。

來源：Wikipedia（2016a, 2016b, 2016c, 2016d, 2016e, 2016f, 2016g）各國介紹。

南斯拉夫人在過去幾百年來於哈布斯堡王朝、以及鄂圖曼帝國之間夾縫生存，斯洛維尼亞、及克羅埃西亞後來被奧匈帝國併吞，而塞爾維亞、以及波士尼亞成為鄂圖曼土耳其的一部分。在 18 世紀末，菁英們受到法國大革命的影響，開始著手民族主義思潮的傳播（NIOD, 2002: 8-9）。一直要到一次大戰結束後，才有「南斯拉夫王國[3]」（Kingdom of Yugoslavia, 1918-41）出現，主要是以基督為主（包括天主教徒、以及東正教徒），也有為數不少的回教徒。基本上，這是戰勝的英國、及法國對於同盟國塞爾維亞（加上蒙特內哥羅）的獎賞。對於塞爾維亞人、以及蒙特內哥羅人來說，他們是在扶持其他南斯拉夫兄弟，以免遭到周邊國家的欺侮，包括義大利、奧地利、匈牙利、保加利亞、以及阿爾巴尼亞，特別是奧匈帝國（Stojanovic, 1995: 338）。

儘管大致上有共同的血緣、語言、文化，南斯拉夫的組成份子自始悔婚、貌合神離，特別是克羅埃西亞人、以及塞爾維亞人對於這個國家一直有不同的期待。前者認為聯邦是獲得真正獨立的權宜之計[4]，後者則有不同的盤算，塞爾維亞人加上蒙特內哥羅人的人口佔了全國總人口的將近四成（表 2），其中四分之一散佈其他共和國

---

[3] 原本稱為塞爾維亞-克羅埃西亞-斯洛維尼亞王國（Kingdom of Serbs, Croats and Slovene），在 1929 年改名，以降低各族群的民族主義對抗。蒙特內哥羅稍早已經跟塞爾維亞王國合併，而科索沃、馬其頓（Vardar Macedonia）、以及 Vojvodina 原來就是塞爾維亞的領土。

[4] 如果不加入戰勝的一方，領土可能被義大利、以及奧地利瓜分（Stojanovic, 1995: 337）。特別是義大利在 1917 年與英國簽訂密約，同意加入協約國對抗奧匈帝國、以及土耳其，條件是戰後取得斯洛維尼亞、以及克羅埃西亞的大部分領土（NIOD, 2002: 15）。

（表 3），因此視南斯拉夫為走向「大塞爾維亞」（Greater Serbia）
的階段工具，處心積慮統一散佈在其他共和國的族人，特別是波士
尼亞、克羅埃西亞，因此希望強化聯邦政府、調整為單一體制。在
1980 年代，南斯拉夫經濟開始出現衰退，原本的族群齟齬終於浮
現，現有的聯邦體制又無法有效解決問題，大家相持不下，終於兵
戎相見。

表 2：南斯拉夫的族群結構（1991）

	人口	百分比
阿爾巴尼亞人	2,210,000	9.4
克羅埃西亞人	4,520,000	19.2
匈牙利人	400,000	1.7
馬其頓人	1,430,000	6.1
蒙特內哥羅人	620,000	2.6
回教徒	2,400,000	6.1
塞爾維亞人	8,320,000	35.3
斯洛維尼亞人	1,780,000	7.5
南斯拉夫人	1,330,000	5.6
其他	600,000	2.5
總數	23,600,000	100.0

說明：阿爾巴尼亞族群杯葛 1991 年的人口普查，因此，人數可能低估；南斯拉夫
　　　人是指自認爲不屬於其他族群者，通常爲通婚的後裔。
來源：改繪自 Anderson（1995: 7, table 2）。

表 3：南斯拉夫共和國、及自治省族群組成（1991）

	阿	克	匈	馬	蒙	回	塞	斯	南	他
波士尼亞	0.1	18.1				0.3	41.0	30.7		8.1	1.7
克羅埃西亞	0.2	74.6	0.6	0.1	0.2	0.6	11.3	0.5	8.9	1.7
馬其頓	21.5	0.2		64.8	0.2	2.2	2.2		0.7	7.8
蒙特內哥羅	6.2	1.1			61.9	13.9	3.5		5.6	0.6
塞爾維亞										
內塞爾維亞	1.5	0.5	0.1	0.5	1.3	3.1	84.8	0.1	4.2	2.7
科索沃	79.9	0.5		0.1	1.4	3.5	11.4		0.2	2.4
伏伊伏丁那	0.2	5.1	17.8	1.0	2.2	0.3	54.8	0.2	9.1	8.6
斯洛維尼亞		3.2	0.5			1.0	2.6	89.1	1.4	1.3

說明：阿＝阿爾巴尼亞人、克＝克羅埃西亞人、匈＝匈牙利人、馬＝馬其頓人、蒙
＝蒙特內哥羅人、回＝回教徒、塞＝塞爾維亞人、斯＝斯洛維尼亞人、南＝
南斯拉夫人、他＝其他；塞爾維亞包含內塞爾維亞、科索沃、伏伊伏丁那。
阿爾巴尼亞族群杯葛 1991 年的人口普查，因此，人數可能低估；南斯拉夫
人是指自認為不屬於其他族群者，通常為通婚的後裔。請比較 Hashi（1992: 51,
table 1）的 1953、1981 資料
來源：繪自 Anderson（1995: 7, table 3）。

其實，在兩強爭霸當中，其他共和國原本還希望還有轉圜的空
間，亦即是否繼續留在由塞爾維亞人支配的南斯拉夫，只不過，由
於塞爾維亞人掌控的中央政府鎮壓科索沃自治省的阿爾巴尼亞抗議
份子，讓其他族群感到心寒，斯洛維尼亞、克羅埃西亞、馬其頓、
以及波士尼亞相繼宣佈獨立。塞爾維亞不甘動武，特別是揮兵克羅
埃西亞（1991-95）、以及波士尼亞（1992-95），也就是所謂的「南
斯拉夫戰爭[5]」。國際社會先是未能洞察先機、後又坐失機宜，眼高
手低、邯鄲學步、治標不治本，而人道維和部隊又投鼠忌器、甚至
於被挾持為人球，淪為笑柄。

---

[5] 還包括斯洛維尼亞（1991）、科索沃（1998-99）、以及馬其頓（2001）。

我們先將從族群結構、政治制度、以及經濟體質三個層面，來考察南斯拉夫為何會解體。再來，我們將分析國際社會的反應，尤其是各有盤算的美國與其歐洲盟邦。接下來，我們會以各共和國為主體，分別回顧其獨立的過程、以及現況。有關於文獻的引用，由於南斯拉夫歷年來有不少知識份子流亡海外，相關著作汗牛充棟，然而，也因為作者的族群／民族身分，各護其主，偏見難免（Radeljić, 2010: 115），因此，我們在此以澳洲、以及荷蘭的報告為主（Anderson, 1995a, 1995b; NIOD, 2002），輔以維基百科（Wikipedia, 2016a, 2016b, 2016c, 2016d, 2016e, 2016f, 2016g, 2016h, 2016i），如果有獨特見解，再特別加注。

貳、前因

就血緣而言，南斯拉夫各族群絕大多數屬於南斯拉夫人，就語言來說，也多半屬於南斯拉夫語支，包含西支的斯洛維尼亞語及塞爾維亞-克羅埃西亞語、以及東支馬其頓語；事實上，塞爾維亞與、克羅埃西亞語、蒙特內哥羅雨、以及波士尼亞語根本相通（Wikipedia, 2016j, 2016k）。狄托創建第二南斯拉夫後，一方面壓制各族群的民族主義運動[6]，另一方面費盡心思透過制度擘劃來降低族群之間的競爭；他在世的時候，族群關係大致和諧，而且也有相當程度的通婚[7]，特別是在都會區。

---

[6] 特別是克羅埃西亞、以及科索沃的阿爾巴尼亞人（Stojanovic, 1995: 338）。
[7] 到 1980 年代末期，族群通婚的人數超過百萬（Stojanovic, 1995: 338）。

最大的分歧是兩大族群對於這個國家的想像南轅北轍：克羅埃西亞人希望南斯拉夫是鬆散的聯邦，終極目標是成立自己的民族國家；相對之下，塞爾維亞人則希望強化聯邦政府，最後能走向單一體制。當經濟發展出現困境之際，政治制度又無法解決問題，原來不愉快的族群記憶很難不被動員。在東歐共產黨政權於 1980 年代末期民主化之際，南斯拉夫也進行自由選舉，各族群的民族主義者一一在各共和國出頭，特別是塞爾維亞的 Slobodan Milošević（1989）、及克羅埃西亞的 Franjo Tudjman（1990）中央政府群龍無首，只有各自為政、走向分手一途。

有關於南斯拉夫的解體，一般採取歷史描述途徑，如果嘗試解釋，多半是列舉內、外因素，只有少數提供比較通盤的理解。我們先前提出一個少數族群認同政治化的概念架構（圖 3）（施正鋒，2015：183），認為族群之間原生的（primordial）共同血緣文化或歷史經驗並非認同凝聚的必要條件，關鍵在於不平等結構、加上民族自決思潮的啟蒙，讓自認為被支配的族群產生集體不滿或相對剝奪感，亦即結構上的（structural）不平等認知。這時候，國家的少數族群政策、以及少數族群菁英的訴求扮演中介的角色，可以減輕、或是強化這樣的主觀認同，進而左右是否會進一步將族群認同政治化為民族認同也就是希望有自己的國家，來保障族人的集體福祉，也就是建構性（constructive）的想像。

我們以為，原生、結構、以及建構因素之間是相互糾結、強化，表面上起來是起源於客觀上可以觀察得到的原生性共同點、或是差異，真正觸發不滿的是政治、經濟、社會、或是文化上的不平等結構，讓他們體會到個人的境遇源自集體的身分、共同的命運；不過，更重要的是這群人必須覺悟到，唯有在共同的國家下才能捍衛彼此的集體福祉，民族意識才算成熟（圖4）。

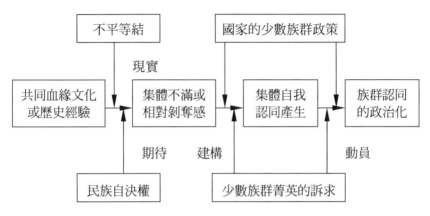

圖3：少數族群認同之政治化之架構

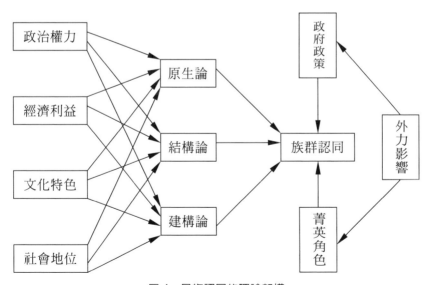

圖4：民族認同的理論架構

一、族群差異

南斯拉夫是典型的多元族群國家（表 2），先天上就有族群整合的課題。南斯拉夫人的祖先是在 6-8 世紀由巴爾幹半島的東北移入，位於西邊的斯洛維尼亞人、以及克羅埃西亞人受到羅法帝國及天主教的影響，位於東邊的塞爾維亞人、以及馬其頓人則接受拜占庭及東正教，前者的語言拉丁化，後者則採用西里爾（Cyrillic）字母；接下來，兩邊又分別被哈布斯堡王朝／奧匈帝國、以及鄂圖曼帝國統治，直到一次大戰為止（Anderson, 1995: 2）。然而，自從一次大戰後建國以來，南斯拉夫的政治、行政、以及軍事，大抵掌控在塞爾維亞人手裡；由於二次大戰加入共黨游擊隊對抗納粹者以塞爾維亞人居多，也讓他們充斥黨政軍要職，甚至於聯邦政府的中低公務人員，一時難以達成「民族均衡」（national parity）的目標（Hashi, 1992: 72）。

就社會地位而言，儘管官方定位說這個國家是所有南斯拉夫人共同建立的，然而，族群之間還是有不同的地位（圖 5）。位階最高的是塞爾維亞人、克羅埃西亞人、斯洛維尼亞人、以及蒙特內哥羅人，也就是在歷史上曾經建國、而享有「民族」地位者，他們在一次大戰後共組塞爾維亞-克羅埃西亞-斯洛維尼亞王國，可以說是「開國民族」（founding nations）。其次是馬其頓人，過去有時候被當作保加利亞人、有時候又歸為塞爾維亞人，一直到二次大戰後才被承認為獨特的「民族」。儘管回教徒在血緣上屬於南斯拉夫人，因為不是基督徒，要到 1968 年才被接受為「民族」；由於過去幫忙鄂圖曼帝國統治，被視為悖教的叛徒，塞爾維亞人甚至於鄙視為土耳其人。

至於阿爾巴尼亞人、以及匈牙利人，由於根本不是南斯拉夫人，而鄰國又有族人（co-ethnic）所組成的母國（mother state），忠誠度被打折扣（Szayna & Zanini, 1997: 95-96, 99）。

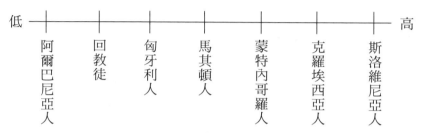

來源：繪自（Szayna & Zanini, 1997: 100, table 3.13）。

圖 5：南斯拉夫族群的社會地位

關鍵在於族群的分布（表 3），也就是說，混居影響地域解決方案的設計[8]。如果克羅埃西亞選擇獨立，究竟要如何處理境內人口佔11.3% 的塞爾維亞人？如果說克羅埃西亞人有民族自決權，難道克羅埃西亞共和國的塞爾維亞人就沒有？如果波士尼亞要獨立，境內的塞爾維亞人（30.7%）、以及克羅埃西亞人（18.1%）怎麼辦？同樣地，根據 1991 年的人口普查，科索沃的阿爾巴尼亞人有 79.9%（事實上，由於族人杯葛，數字可能高達 90%），為何就不能有自己的共和國、只能屈居塞爾維亞境內的自治省？

---

[8]　族群居住犬牙交錯是歷史因素。在 16 世紀，奧匈帝國為了防止鄂圖曼土耳其進攻，建立「軍事邊區」（military border zone）作為緩衝地帶，收容塞爾維亞人（當時稱為「東正教斯拉夫人」Orthodox Slavs）當作屯兵，在一些客居地人數漸漸變多、反客為主，特別是在克羅埃西亞，雙方相持不下；這條防線在 1881 年被廢，匈牙利統治者或許出於分化，希望塞爾維亞人能融入克羅埃西亞人社會，衝突難免（Kawczyńska, 2013: 175; NIOD, 2002: 16）。

　　根據 1974 年憲法，重要職位是根據共和國作配額、而非看族群人數的百分比，也就是所謂的「均衡代表」(parity of representation)（Szayna & Zanini, 1997: 86; Hashi, 1992: 69）。然而，由於塞爾維亞人不只來自「內塞爾維亞」(Serbia proper)、或蒙特內哥羅，也可能來自其他共和國（克羅埃西亞、波士尼亞）、或是自治省（伏伊伏丁那、科索沃），因此在黨政任職的比例相對上比較高；特別是憲法設置了集體領導的「聯邦主席團」(Federal Presidency)，由八個組成單位派出代表組成，大家每年輪流擔任總統，以 1990 年為例，內塞爾維亞、波士尼亞、及伏伊伏丁那的代表都是塞爾維亞人（Szayna & Zanini, 1997: 78-79）。

　　由於南斯拉夫是共黨國家，政府決策來自黨的決策，也就是所謂的「集中式民主」(democratic centrism)，塞爾維亞人的支配性更是明顯。南斯拉夫共產黨(League of Communists of Yugoslavia, SKJ)由八個共黨結合而成，在二戰期間高喊「兄弟團結」(Brotherhood and Unity) 的口號，建國後沿用到政治層面，因此對於族群問題採取中立態度，在狄托時代是國家整合的穩定力量，只不過，不管是領導階層、還是黨員，塞爾維亞人具有優勢。譬如南共的最高權力機關是政治局（Presidium），主席也是由大家輪流擔任，安排類似聯邦主席團，以 1990 年為例，除了塞爾維亞，連克羅埃西亞的代表也是塞爾維亞人，而塞裔黨員人數在 1980 年初期早就已經達到全國的 47%（Szayna & Zanini, 1997: 81-82）（表 4）。

　　只不過，隨著東歐共黨在柏林圍牆於 1989 年被推倒後——失勢，南共的意識形態領導也被質疑，連共黨也民族化，也就是站在各個族群的立場；這些共黨一開始披著民族主義色彩，逐漸加入自由主義，到最後甚至於打著反共的旗幟（Stojanovic, 1995: 343）。在1990年，塞爾維亞堅持以黨員投票黨的決策，由於塞爾維亞裔黨員有超乎人口的比重足以否決其他共黨的改革提案，克羅埃西亞、以及斯洛維尼亞的代表因此憤而出走，休會的南共終於沿著共和國的疆界解體。在1990年的自由選舉，除了塞爾維亞、以及蒙特內哥羅，共黨紛紛失勢，絕大多被揭櫫獨立的民族主義政黨所取代。

表4：南斯拉夫各族群共產黨員及軍人總人口百分比

年份	1957		1971		1988		1991	
族群／民族	共黨	人口	共黨	人口	共黨	人口	軍人	人口
阿爾巴尼亞人	2.4	4.5	3.4	4.7	4.7	5.6	1	8
克羅埃西亞人	19.0	23.5	17.4	22.9	12.6	20.5	13	20
匈牙利人	1.1	3.0	1.1	2.7	1.2	2.2	1	2
馬其頓人	6.4	5.2	6.2	5.6	7.5	5.9	6	6
蒙特內哥羅人	6.7	2.1	6.4	2.4	5.5	2.5	7	3
回教徒	無	無	4.6	6.9	7.6	7.8	2	9
塞爾維亞人	54.5	41.7	49.4	41.7	44.2	38.4	60	36
斯洛維尼亞人	7.7	8.7	6.4	8.6	4.8	8.0	3	8
南斯拉夫人	無	5.9	3.8	1.4	10.0	5.6	7	5
其他	2.2	5.4	4.3	3.1	1.3	3.5	2	3

來源：Hashi（1992: 73, tables 9-10）。請比較 Stojanovic（1995: 350）的不同數字。

南斯拉夫人民軍（Yugoslav People's Army, JNA）軍官以塞爾維亞人（60%）、以及蒙特內哥羅人（7%）為主，兩者加起來就佔了三分之二，遠遠超過人口比例（39%）（表 4）。跟共和國、或是共黨的組織不同，人民軍有自己的共黨指揮體系、直接聽命聯邦共黨；

將領視自己為國家團結的捍衛者，無條件接受狄托的指令，當然把克羅埃西亞、以及斯洛維尼亞的民族主義者當作頭號敵人。在狄托去世後，各共和國盤算如何加以邦聯化，特別是斯洛維尼亞，譬如要求充員兵在地服役[9]、軍官比例必須維持族群平衡、及訓練組織等聽命各地，而斯洛維尼亞、及馬其頓甚至於要求族語接受命令（Stojanovic, 1995: 350）。在克羅埃西亞於 1991 年宣佈獨立後，人民軍不聽聯邦總理 Markovic 的節制，直接聽命塞爾維亞總統 Milošević 出兵，把原本是多族群的國家軍隊矮化為塞爾維亞、蒙特內哥羅軍官指揮的塞爾維亞軍隊[10]，其他族群官兵紛紛走人，聯邦政府無奈垮台。

二、政治制度

南斯拉夫是由六個共和國（克羅埃西亞、馬其頓、蒙特內哥羅、塞爾維亞、斯洛維尼亞、以及波士尼亞）、加上兩個自治省（科索沃、及伏伊伏丁那）所組成的聯邦國家，不管人口面積，大家一樣地位；由於共和國、或是自治省大致上是根據族群來劃分的，因此，也可以說這是「族群所組成的聯邦」（federation of ethnic groups）（Szayna & Zanini, 1997: 97）。根據憲法，克羅埃西亞人、馬其頓人、蒙特內哥羅人、塞爾維亞人、及斯洛維尼亞人是「加盟民族」

---

[9] 在克羅埃西亞、以及斯洛維尼亞於 1991 年宣佈獨立之際，兩地的充員兵已經在地服役，前者 77%是羅埃西亞人，後者 93%是斯洛維尼亞人（Stojanovic, 1995: 350）。

[10] 此時，軍方高級將領有 3 名是塞爾維亞人，而克羅埃西亞人、斯洛維尼亞人、以及斯洛維尼亞人各 2 名（Stojanovic, 1995: 351-52）。

（constitutive nationality），其他族群則被稱為「少數民族」（national minority），譬如科索沃省的阿爾巴尼亞人，差別在於民族（*narod*）有自決權、不管人口多寡都可以有自己的共和國（national republic）、使用族語[11]、而且可以獨立出去，而後者（*narodnost*）則沒有共和國，頂多只享有自治省的地位（Szayna & Zanini, 1997: 96）。[12]

儘管「南斯拉夫主義」（Yugoslavism）在 19 世紀末興起（Wikipedia, 2016l），不過，一次大戰成立的南斯拉夫王國自始就同床異夢。克羅埃西亞人與斯洛維尼亞人希望採取聯邦模式，以維持奧匈帝國下的自主性，而塞爾維亞人認為南斯拉夫本來就是戰後盟邦所給的戰利品，視之為塞爾維亞王國的擴張，互不相讓[13]。由塞爾維亞人掌控安全部隊，動輒以武力來解決族群之間的爭端，特別是在選舉過程不惜進行暗殺，因此出現以暴止暴的克羅埃西亞人右派組織 Ustase[14]。在二次大戰期間，納粹德國扶植克羅埃西亞傀儡

---

[11] 根據 1974 年憲法，雖然所有族群都可以自由使用自己的族語、以及字母，然而，只有斯洛維尼亞語、塞爾維亞-克羅埃西亞語、以及馬其頓語被列為官方語言；至於軍方，不管是軍政、軍令、還是通訊，只限使用拉丁字母的塞爾維亞-克羅埃西亞語（Szayna & Zanini, 1997: 96）。

[12] 被列為少數民族的還包括匈牙利人、義大利人、保加利亞人、羅馬尼亞人、斯洛伐克人、以及土耳其人等等，可以看出在境外有族人組成的國家；另外還有「族群」（ethnic group），譬如 Vlachs、以及 Roma；最後是不傷大雅的「其他住民」（other resident），譬如希臘人、俄羅斯人、捷克人、或是波蘭人（Kawczyńska, 2013: 169-70）。換句話說，一旦被列為少數族群、而非少數民族，就失去自治的權利。

[13] 在一次大戰結束後，塞爾維亞以戰勝的協約國一員要求戰利品，而克羅埃西亞、及斯洛維尼亞因為臣屬戰敗奧匈帝國而面對義大利的割地要求，只好硬著頭皮加入塞爾維亞新倡議的王國（Hashi, 1992: 45）。

[14] 南斯拉夫國王亞歷山大一世（Alexander I）在 1934 年抵達法國馬賽，死於馬

政權，視塞爾維亞人為第五縱隊，展開報復性的迫害。

戰後，狄托主導建國，重新劃定共和國的界線，不讓塞爾維亞、或克羅埃西亞獨大，譬如在馬其頓刻意稀釋塞爾維亞人的優勢，又將蒙特內哥羅由塞爾維亞分出去。另外，波士尼亞-赫塞哥維納境內除了有回教徒，還有克羅埃西亞人、以及塞爾維亞人，而儘管回教徒一直要到 1974 年才取得民族的地位，波士尼亞卻自始就享有共和國的地位，可以看出狄托不願意讓克羅埃西亞、及塞爾維亞瓜分波士尼亞，刻意讓兩族在波士尼亞成為少數族群（Kawczyńska, 2013: 169-71）。

就形式上而言，南斯拉夫是一個聯邦式國家，然而，在狄托的強勢領導、以及共產黨支配的黨國體制下，實質上是一個中央集權的國家，一直到 1970 年代，中央政府面對各族群高長的民族不滿，加上南共支持民族自決原則，才開始進行政治及經濟鬆綁、展開地方分權、讓共和國及自治省有否決聯邦決策的權力。特別是 1974 年的憲法不僅賦予科索沃、及伏伊伏丁那自治省的地位，還將決策的方式改弦更張為共識決，形同少數否決，尤其是面對經濟政策爭議（Kawczyńska, 2013: 172）。

狄托在 1960 年代就開始思考接班問題[15]，為了平衡族群的勢力，刻意在 1974 年憲法設置了聯邦主席團，由八個組成單位的代表

其頓與克羅埃西亞的獨立運動所策劃的暗殺。其實，從 19 世紀開始，就不斷地有君王、王儲、或是政治人物就被暗殺，包括 Mihailo Obrenović（1823-68）、Alexander I of Serbia(1876-1903)、Franz Ferdinand(1863-1914)、以及 Stjepan Radić（1871-1928）。

[15] 不過，也有人認為狄托根本不是真正的有心想要安排接班，因為他在 1970 年代整肅了一群有能力的人，整個世代幾乎被排除掉了（NIOD, 2002: 27）。

每年輪流擔任總統，聯邦政府的權力大為削弱，可以說是「具有邦聯性質的邦聯」。在狄托的強人統治之下獲得「強制共識」，南斯拉夫還可以維持相當的政治穩定，然而，隨著他在 1980 年逝去，由於缺乏一言九鼎的政治領袖調和鼎鼐，聯邦體制的弱點一一浮現，特別是缺乏效率的集體領導方式，彼此相互否決，甚至於被稱為「好鬥的聯邦主義」（combative federalism），國家漸漸分崩離析（NIOD, 2002: 32）。在 1981 年，經濟窘困的科索沃首先抗議，又在 1989 年發動罷工，要求成第七個自治共和國，塞爾維亞則逕自修憲限縮兩個自治省的自主性，政治失能窘境浮現。

面對紛沓而至的政治、經濟紛爭，聯邦主席團在 1991 年初展開一系列談判，只不過，往往是 4 比 4，一直無法達成共識。在光譜的一端，塞爾維亞堅持維持聯邦體制，而在另外一端，克羅埃西亞、以及斯洛維尼亞則要求調整為邦聯，而馬其頓、及波士尼亞的立場則介於中間，希望來能有轉圜的空間，獨立並非迫切的選項。在 3 月，軍方要求總統宣佈戒嚴被否決，塞爾維亞乾脆在 5 月蠻橫換掉蒙特內哥羅、科索沃、以及伏伊伏丁那的代表，塞爾維亞總共掌握四票，雙方相持不下，又缺乏足以信賴的外部仲裁者，訴諸武力似乎不可避免，戰爭一觸即發。當斯洛維尼亞、以及克羅埃西亞在 1991 年宣佈獨立，南斯拉夫總理視為違法、違憲，宣告支持南斯拉夫人民軍以武力維護領土完整，無人搭理。

三、經濟差距

就經濟上來看，市場規模、以及互補是共同建國的優勢，然而，由於共和國的天然條件不同，彼此之間的經濟差異始終無法解決，經濟困境終究是南斯拉夫政治衝突的癥結。就經濟發展的程度,南斯拉夫大致上可以分為比較工業化的北方(斯洛維尼亞、及克羅埃西亞)、比較封建落後的南部(波士尼亞、馬其頓、蒙特內哥羅、及科索沃)、以及介於中間的塞爾維亞。南共自始知道,如果不能處理區域發展的落差,族群問題就不能化解,因此決議採取政府補貼、以及高度投資的方式,來快速達到共和國之間的實質平等;只不過,由「計畫經濟」(1947-52)、「勞工自我管理」(1952-74)、到「聯合勞動(associated labour)及社會契約」(1974-82),經過四十年的實驗,圖法不足以自行,區域差距依然未能縮減[16]、甚至於製造更多的問題(Hashi, 1992: 53-68; NOID, 2002: 29-31)。

在冷戰時代,狄托領導不結盟運動,周旋於美國與蘇聯兩大陣營中,經濟採取自由市場、以及計畫經濟之間的中道,因此獲得西方國家巨幅挹注,維持相當程度的成長率,在 1960-80 年之間,每年 GDP 成長率為 6.1%,卻也必須付出經濟倚賴的代價(World Bank, 1991: 207; Radeljić, 2010: 117)。在 1973 年石油危機後,西方國家豎立貿易壁壘,南斯拉夫的經濟開始走疲,又被外債壓得喘不過氣來,而國際貨幣基金會又以市場開放作為紓困的條件,政治結構無法解決問題。

由 1960 年代末期、到 1970 年代初期,斯洛維尼亞、及克羅埃西亞對於政府所進行的經濟改革漸漸不耐煩,要求政府釋放更多的權力給共和國,中央政府一開頭強硬壓制,終究不得不以 1974 年憲法下放權力。隨著狄托在 1980 年過世,南斯拉夫的經濟在 1980 年

---

[16] 見 Szayna 與 Zanini(1997: 91, table 3.8)對照 1981、1989 年的幾項指標。

代巨幅衰退，面對嚴重的通貨膨脹、高失業率、積欠鉅額外債、以及糧食短缺。在 1980 年代中期，只有 16% 居家可以仰賴薪水過日子，到了 1987 年更降到 5%（NOID, 2002: 30）。

在 1980 年代末期，戈巴契夫展開改革與開放，南斯拉夫的戰略價值陡降，外部環境丕變，內部矛盾與困境就開始浮現，貧賤夫妻百事哀，經濟困境凸顯原有的族群張力、以及區域發展失衡。對於較落後的地方來說，政府的經濟政策不過就是剝削，因此，最貧困的科索沃就率先在 1981 年進行抗爭，政府武力鎮壓，一直到 1988-89 年還是衝突不斷；相對地，經濟條件比較好的斯洛維尼亞、及克羅埃西亞也不再緘默，反對補貼經濟比較弱勢的地方，希望能調整政治、及經濟結構（Hashi, 1992: 70-71, 76）。面對「獨立比較有好處」的呼聲，菁英經過十年的折衝，經濟困境無解，終究還是政治解體。

參、國際社會的反應

南斯拉夫這個國家的出現，原本就是列強妥協下的產物：首先，在一次大戰後，塞爾維亞獲得盟邦英國、法國、以及美國的支持建國；在二次大戰期間，德國入侵，義大利、匈牙利、以及保加利亞藉機分食；戰後也是經過英國、法國、美國、以及蘇聯的首肯，南斯拉夫得以復國[17]（Stojanovic, 1995: 340）。換句話說，儘管強權未

---

[17] 當時，英國在美國的撐腰下，主張迎回流亡的南斯拉夫國王，蘇聯則立意扶植一個巴爾幹共黨聯邦（包括南斯拉夫、阿爾巴尼亞、以及保加利亞），後來，雙方在雅爾達達會議上成妥協，各自維持勢力範圍，狄托同意讓南斯拉夫成為共黨聯邦、阻止復辟（NIOD, 2002: 19）。

必是南斯拉夫族群衝突始作俑者，卻可以強化、或弱化原本內部分離、或是整合的走向。在冷戰結束後，西方國家認為南斯拉夫已經沒有利用價值，事不關己，顯得意興闌珊。

美國、以及歐盟原則上支持六個加盟共和國的獨立，然而，基本上立場是認為這是自衛、而非內戰，希望使用聯合國的名義出面進行人道維和，七嘴八舌、互踢皮球，點到為止、避免捲入。在美國方面，前後任總統老布希、以及柯林頓都不願意被捲入另一個越戰，因此鼓勵歐洲共同體（European Community，歐盟的前身）主導。歐體雖然一開始因為認為是大顯身手的良機而興致沖沖，而且也因為南斯拉夫企盼加入而有相當的籌碼，然而，卻因為進場太慢而徒勞無功，最後還是由聯合國組成保護軍（United Nations Protection Force, UNPROFOR）來收拾殘局。聯軍以英國、及法國為主組成，在 1992 年初進駐克羅埃西亞、以及波士尼亞，卻因為唯恐惹惱塞爾維亞軍隊被俘而畏首畏尾。最後還是由克羅埃西亞出兵援助波士尼亞，塞爾維亞軍才被迫撤退，加上柯林頓面對連任改選，才毅然決然出手解決，一方面以外交手段斡旋、另一方面透過北約轟炸逼和。

歐體除了誤判南斯拉夫的局勢，內部的立場也南轅北轍，曠日廢時的爭辯讓交戰的各方有時間加強軍備。英國與法國大體上希望能維持南斯拉夫的完整、支持塞爾維亞的主張，認為只要重整聯邦體制的安排就好[18]；而德國、奧地利、及義大利則因為跟斯洛維尼

18　事實上，英、法兩國判斷塞爾維亞遲早席捲克羅埃西亞、以及波士尼亞，因此袖手旁觀，決定讓時間來解決，十足機會主義（Radeljić, 2010: 120）。

亞、及克羅埃西亞有歷史、宗教、及文化上的淵源，比較同情他們的自決訴求，也支持鬆散邦聯的看法。在 1991 年 5 月，歐體派團前往斡旋，答應以經濟援助來交換各方達成政治解決，不過，火燒屁股。

在 1991 年 6 月，斯洛維尼亞、及克羅埃西亞宣佈獨立，歐體先是決議不予承認，然而，由於戰事惡化，歐體終於在德國的壓力下加以承認[19]，波士尼亞被迫跟進。其實，這時候如果西方國家願意出兵，應該還有機會嚇阻塞爾維亞的擴張，只不過，當時美國總統老布希面對改選的壓力，不願意節外生枝；等到國際社會終於在 1992 年底定調儘量保護回教徒，卻排除出兵替他們出手，聯軍在國際興論下姍姍來遲八個月，塞爾維亞部隊已經蠶食鯨吞 70% 的波士尼亞領土。

西方國家之所以猶豫不決，主要是本身缺乏危機管理的機制[20]、加上內部對於維和的方式有不同的看法，歐洲共同體的代表 Lord Carrington（前英國外相、前北約秘書長）希望聯合國扮演更多的角色，而新上任的聯合國秘書長 Boutros-Ghali（1992-96）則有所保留，認為還有其他更迫切的地方必須關注，最後的解決方案是在日內瓦成立協調機制「前南斯拉夫國際會議」（International Conference on Former Yugoslavia, ICFY），分別由 David Owen（前英國外相）、以及 Cyrus Vance（前美國國務卿）擔任歐洲共同體、以及聯合國的代表，步調才開始比較一致。

---

[19] 一種說法是德國企圖恢復兩者在二次大戰的同盟關係（NIOD, 2002: 37）。

[20] 法國原先指望既有的軍事機制「西歐聯盟」（Western European Union）可以派上用場，後來才發現缺乏部隊（具估必須發動 40 萬大軍）、及指揮系統。另一個可行方案是北約，問題是南斯拉夫的衝突超出範圍。

另外，對於如何安排波士尼亞境內的聯合國保護軍，強權也有不同看法。美國希望聯合國能夠更強硬一點，而貢獻人員最多英國、以及法國則投鼠忌器，擔心公親變事主。同樣地，柯林頓總統上任後主張「解除武器禁運與軍事打擊同步」（lift and strike）政策，也就是一方面開放對波士尼亞的武器供給，另一方面派遣北約飛機轟炸境內的塞爾維亞人據點，然而，提供維和部隊的聯合國成員則老大不願意，擔心不小心成為夾心餅乾。

Radeljić（2010: 118-19）認為，西方國家所採取的途徑是「小孩子要聽大人的話、不要吵」，自以為是，因此要對南斯拉夫的解體付出相當責任。首先，他們把狄托當作制衡蘇聯陣營棋子，提供大量援助，在富裕的經濟情況下，虛幻地相信狄托可以掌權全局，未能即時進行各方面的改革。等到南斯拉夫經濟開始面對困境，由於東歐國家開始民主化，南斯拉夫已經沒有地緣政治的戰略意義，狄托神話幻滅國際貨幣基金會的紓困方案條件嚴苛，原有的族群齟齬終於又浮現。美國與西歐國家又死要面子，一方面想要爭取調停的主導權，另一方面卻又不願意出錢出力，等到李伯大夢驚醒，已經來不及了。

肆、過程及現況

一、波士尼亞 [與赫塞哥維納]

由於波士尼亞-赫塞哥維納的族群組成是南斯拉夫的縮影，回教徒只佔四成，還有三成的人口是塞爾維亞人、以及佔了將近二成的克羅埃西亞，因此又稱為「小南斯拉夫」，處境最特別。波士尼亞王國在 14 世紀出現，卻在 15 世紀中被鄂圖曼帝國併吞、直到 19 世紀末被奧匈帝國合併為止。在兩次大戰中間，波士尼亞被納為南斯拉夫王國的一部分。戰後，南斯拉夫社會主義共和國成立，波士尼亞出乎意料被賦予共和國地位，主要的理由是希望能維持境內塞爾維亞人、克羅埃西亞人、以及回教徒的平衡，不希望被塞爾維亞、以及克羅埃西亞兩個共和國瓜分（Stojanovic, 1995: 346-47）。

　　儘管土耳其人幾世紀以來並未移入該地，不過，根據回教律法，只有回教徒才可以擁有土地，因此，不少地主改信回教，而一般農民則維持帝力與我何有哉的生活方式。然而，隨著土耳其在 18-19 世紀逐漸衰敗，不管是信奉天主教的克羅埃西亞人、還是東正教的塞爾維亞人飽受壓榨，正好民族主義興起，宗教信仰、民族認同、以及支配關係相互強化，種下日後衝突的種子（Anderson, 1995: 2）。一般而言，克羅埃西亞人住在西邊靠海區，塞爾維亞人住在東邊靠塞爾維亞共和國邊區，而回教徒則四散各地。

　　其實，對於南斯拉夫的一般克羅埃西亞人、或是塞爾維亞人來說，波士尼亞人只不過是被鄂圖曼帝國強迫信奉回教的族人，並不是獨特的民族。早先，回教徒只有「族群」的身分，接著變成「不特定回教徒」（unspecified Muslims），一直要到 1968 年才正式取得「回教民族」（Muslim nation）地位（Kawczyńska, 2013: 171）。不過，對於波士尼亞的塞爾維亞人而言，波士尼亞政府軍簡直就是土耳其軍隊，因此，他們的反抗儼然就是十字軍東征，造反有理。由於回教地主多半住在都會區，而塞爾維亞人則在鄉下務農，因此在 1991 年，儘管後者的人口比較少，卻佔有 70% 的領土。

一開頭，波士尼亞面對斯洛維尼亞、以及克羅埃西亞的獨立訴求，並未立即要求獨立，當時面對的難題是：如果決定留在南斯拉夫，就是繼續接受塞爾維亞人的支配；如果選擇出走，或可獲得克羅埃西亞、回教世界、甚至於國際社會的幫忙，就顧不得境內 130 萬塞爾維亞人留在南斯拉夫的意願[21]。所以，當時的總統 Izetbegovic 便直言，只要南斯拉夫存在、波士尼亞就可以倖存，預見獨立後的族群整合課題。只不過，在斯洛維尼亞、以及克羅埃西亞於 1991 年 6 月 25 日同時宣佈獨立後，敵對的克羅埃西亞與塞爾維亞竟然協議瓜分，波士尼亞便在 1992 年 2 月 29 日至 3 月 1 日舉辦獨立公投，投票率 63.4%，997.7% 贊成獨立，於 3 月 3 日宣佈獨立。

Izetbegovic 之所以毅然決然舉辦公投、不顧一切宣布獨立，主要是相信西方國家會出兵幫忙捍衛他們的主權，特別是由柯林頓的競選言論判斷新任的美國總統會有積極的作為，因此不再寄望政治解決。至於境內的塞爾維亞人、以及克羅埃西亞人早就摩拳擦掌，在斯洛維尼亞、以及克羅埃西亞宣佈獨立之前就加緊成立自治區，甚至於敵對雙方的領導者竟然在 1991 年 3 月商量如何瓜分波士尼亞[22]，波士尼亞已經沒有其他選擇了（Kawczyńska, 2013: 177）。在波

---

[21] 波士尼亞的塞爾維亞人於 1991 年 11 月舉辦公投，絕大多數想要留在南斯拉夫，跟塞爾維亞、以及蒙特內哥羅結合在一起。在 1992 年 1 月 9 日，他們四處成立自治區（Serbian Autonomous Regions, SARs），伺機結合為共和國、再與塞爾維亞統一。

[22] 對於克羅埃西亞人來說，根本沒有所謂的「回教民族」，他們是手足兄弟、只不過是居住在波士尼亞的克羅埃西亞人，同樣的，斯洛維尼亞人也不過是「山上的克羅埃西亞人」（mountain Croat）；原先，塞爾維亞也嘗試說服波士尼亞留在聯邦，後來發現已經無法挽回，盤算如何瓜分，以擴大自己的版圖（Kawczyńska, 2013: 177; NIOD, 2002: 11）。

士尼亞宣布獨立同一天，塞爾維亞人也宣布 Republika Srpska 獨立打對台，並且對首府 Sarajevo 展開圍城；為了建立走廊來連結塞爾維亞人聚居的區塊（自治州），極右派強迫驅離擋在路上的回教徒，甚至於不惜進行「淨化」；戰爭在 1992 年 6 月爆發沒多久，塞爾維亞人就佔領 70%的波士尼亞領土。

一開頭，回教徒與克羅埃西亞人聯手對抗塞爾維亞人，希望能加速南斯拉夫的解體，然而，隨著克羅埃西亞裔在 1992 年 4 月 27 日宣布成立共和國（Croatian Republic of Herzeg-Bosnia）、表示打算與克羅埃西亞合併，變成三方互戰。驚覺的歐洲共同體、及聯合國不希望戰火延燒，先後提出各種方案（Wikipedia, 2016m），包括 *Carrington-Cutileiro Plan*[23]（1992）、*Vance-Owen Plan*（1993）、*Owen-Stoltenberg Plan*（1993）、及 *Contact Group Plan*（1994），三方最後在美國的壓力下接受 *Dayton Agreement*[24]（1995），結束三年半的戰爭（Wikipedia, 2016n）。

首先出爐的 *Carrington-Cutileiro Plan* 強調各級政府權利分享、以及將中央政府權利下放給地方的族群社區（圖 6），不過遭到回教徒反對，認為實質上就是將波士尼亞切為（partition）三個族群分割的地區。*Vance-Owen Plan* 則將版圖劃為十個邦（圖 7），合組聯邦國家，逼迫塞爾維亞人吐出武力佔領的土地，只不過，這個方案在公投中被 96%的人反對，主要是因為塞爾維亞人擔心回教徒與克羅埃西亞人聯手，回教徒則相信美國的新總統會信守選前的承諾幫助

---

[23] 又稱為『里斯本協定』（*Lisbon Agreement*）。
[24] 全名為 *General Framework Agreement for Peace in Bosnia and Herzegovina*。

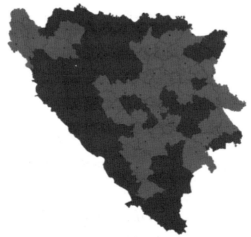

來源：Wikipedia（2016n）。

說明：綠色爲回教徒省，藍色爲克羅埃西亞省，紅色爲塞爾維亞省。

圖 6：*Carrington-Cutileiro Plan*

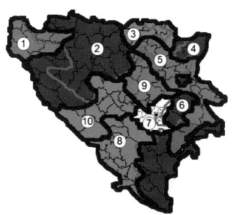

來源：Wikipedia（2016n）。

說明：1、5、9爲回教徒省，3、8、10爲克羅埃西亞省，2、4、6爲塞爾維亞省，7
爲首都。

圖 7：*Vance-Owen Plan*

自己而不太熱衷，而克羅埃西亞人更先下手為強跟回教徒翻臉。
在 1992 年底，回教徒與克羅埃西亞人的結盟破裂，在次年初開打。
一直要到 1994 年，經過美國斡旋，雙方簽訂『華盛頓協議』
（*Washington Agreement*），再由克羅埃西亞派兵入境，三方聯手擊
退塞爾維亞軍。

　　Owen-Stoltenberg Plan 事實上是由 Milošević 以及 Tudjman 所提
議，乾脆把波士尼亞劃為三個地區的鬆散結盟；波士尼亞儘管還是
不願意見到領土割裂，最後還是勉強同意，條件是塞爾維亞人必須
吐出一些用武力併吞的土地。根據這個方案，三族的土地分別是塞
爾維亞人 52%、回教徒 30%、以及克羅埃西亞人 18%。這時候，美
國力主由北約發動空襲，快刀斬亂麻逼塞爾維亞人就範，問題是，
空中打擊可能會危及地面部隊，未能獲得歐洲盟邦的支持；相對地，
法、德則認為這是內戰、主張談判解決，因此提議解除安理會對塞
爾維亞的禁運，透過他們來跟塞爾維亞人曉以大義，雙方相持不下。

　　在 1994 年初，北約發出最後通牒，要求塞爾維亞人撤出首都
Sarajevo 周邊的重裝武器，否則將面對空襲，俄羅斯自告奮勇派兵
維和取信於塞爾維亞人，終於促成新的調解機制 Contact Group，由
美國、俄國、以及代表歐盟的法國、英國、德國組成。根據 *Contact
Group Plan*，美、德遊說波士尼亞人與克羅埃西亞人所組成「波士
尼亞-克羅埃西亞聯邦」（Bosniak-Croat Federation）將可獲得 51%
領土，而塞爾維亞人分到 49%。由於美國動口不動手，英、法又不
願意增援，肆無忌憚的塞爾維亞人不僅攻陷聯合國所提供的「安全

區」（safe area）[25]，還劫持 400 名聯軍當人肉盾牌。在這種氛圍下，這個方案還是在公投中被否決。

在 1994 年 8 月，塞爾維亞人砲擊 Sarajevo，炸死 38 名百姓，引起世界公憤，英、法不再反對，北約出動 60 飛機，顯示不會坐視波士尼亞被消滅。另一個轉機是柯林頓面對連任，積極想要解決戰事，派 Richard Holbrooke 進行穿梭外交，終於逼迫三方在 1995 年 12 月 14 日達成 *Dayton Agreement*。根據這項協定，波士尼亞-赫塞哥維納這個國家是由「波士尼亞-赫塞哥維納聯邦」（Federation of Bosnia and Herzegovina）、以及「塞爾維亞共和國」（Republika Srpska，即 Serb Republic）結合而成（圖 8）；前者是聯邦，由十個自治州（canton）組成，後者則是單一體制。雖說這一個國家、也加入聯合國，卻又有點像是邦聯。

二、克羅埃西亞

在中世紀，克羅埃西亞人有過自己的大公國、以及王國，在 12 世紀與匈牙利結合、經歷鄂圖曼帝國統治、並在 19 世紀成為奧匈帝國的一部分。儘管克羅埃西亞人在一次大戰後加入南斯拉夫王國，然而，最終的目標還是成立自己的國家。在 1939 年，克羅埃西亞人與塞爾維亞人協議瓜分波士尼亞-赫塞哥維納，前者獲得赫塞哥維納大半部、及波士尼亞東南部，後者分配到剩下的地方。在二次大戰期間，南斯拉夫分別被德國、匈牙利、羅馬尼亞、保加利亞、以及

---

[25] 聯合國安理會在 1993 年通過『第 824 號決議』，指定六個城市為「安全區」，由聯合國保護；不過，由於各國不願派更多的兵，這些地方反而淪為最危險的地方。

來源：Wikipedia（2016a）。

圖 8：波士尼亞地圖

義大利佔領，納粹扶植極右組織 Ustasha 成立傀儡的獨立克羅埃西
亞邦（Independent State of Croatia），囊括波士尼亞-赫塞哥維納。當
時的 Ante Pavelic 獨裁政權惡名昭彰，對於境內的塞爾維亞人進行
族群淨化，估計 50-100 萬人殞命，歷史遺緒所造成兩個族群之間的
裂痕一直無法縫合，而宗教對立、以及領土競爭又強化原有的齟齬
（Hashi, 1992: 49）。戰後，共黨政權不願意面對歷史，相信傷痕終

究會逝去，沒有想到不光彩的記憶會陰魂不散（Stojanovic, 1995: 341）。

在 1970-71 年間的「克羅埃西亞之春」（Croatian Spring），克羅西亞爆發民族主義熱潮，狄托以武力壓制[26]，克羅西亞民族意識伏蟄伺機而起，直到二十年後。Franjo Tudjman 在 1991 年的首度民主選舉當選總統，立即展開共和國的憲法修訂，在把克羅西亞改為單一體制，將克羅西亞定位為「克羅西亞民族的民族國家」（the nation-state of the Croatian nation），同時將境內塞爾維亞人降為「少數民族」（national minority）的地位，被認為是歧視，甚至於連在塞爾維亞人聚居區的官方文件也禁止西里爾字母（Kawczyńska, 2013: 181; Hashi, 1992: 71）。此外，新政權不止恢復二戰期間法西斯政權的象徵，還傳出打算驅趕塞爾維亞人的消息[27]，引起強烈反彈，後者乾脆在 1990 年 10 月 1 日成立「塞爾維亞自治州」（Serbian Autonomous Oblasts, SAOs）[28]、伺機於年底串連結合公投為獨立的共和國（Republic of Serbian Krajina, RSK）、再尋求與塞爾維亞合併。

其實，Tudjman 一開頭並未訴求百分之百分離，而是希望南斯拉夫能由聯邦制調整為由主權獨立國家組成的鬆散邦聯，然而，塞

---

[26] 狄托仿效蘇聯的整肅方式，除了將領導者開除黨籍、入獄、甚至於流放到位於亞得里亞海類似綠島的荒島 Goli Otok（Kawczyńska, 2013: 172）。

[27] 克羅埃西亞境內有 11%的塞爾維亞人（表 3），站在克羅埃西亞人的角度，儘管境內塞爾維亞人現在的居住地佔多數（11 個市鎮），畢竟這些是自己的傳統領域，因此只同意文化自治（NIOD, 2002: 34; Kawczyńska, 2013: 176）。

[28] 在 1990 年 8 月，克羅埃西亞的塞爾維亞人公投，90%的人要求在獨立的克羅埃西亞下自治；當克羅埃西亞宣佈獨立，他們在 JNA 的撐腰下成立了三個自治州，包括 Krajina、Western Slavonia 以及 Eastern Slavonia, Baranja and Western Srijem（Kawczyńska, 2013: 182）。

爾維亞則堅持必須先處理程序問題，也就是各共和國境內少數族群的意願應該如何尊重，特別是佔克羅埃西亞人口一成的塞爾維亞人；在克羅埃西亞眼中，這不啻是緩兵之計[29]。獨立公投在 1991 年 5 月 2 日舉行，93.23% 支持獨立，緊接又在 19 日公投南斯拉夫的聯邦結構，投票率 83.56%，94.17% 支持克羅埃西亞「與其他共和國結盟來解決南斯拉夫問題，佔公民的 78.69%。有這樣高的支持度，克羅埃西亞就義無反顧於 6 月 25 日宣佈獨立。南斯拉夫人民軍在當地塞爾維亞民兵的慫恿下出兵 7 萬，聯手在族人聚居的地方「清洗」克羅埃西亞人，試圖造成「飛地」（enclave）的既定事實，作為未來談判的籌碼。

　　戰事長達半年，由一開頭的邊界短兵相接逐漸高昇為大規模的衝突，總共超過萬人喪生，到次年初才協定停火，聯合國將所謂的塞爾維亞自治州列為保護地區（United Nations Protected Areas, UNPAs），接受聯軍保護。最令人髮指的是塞爾維亞軍隊對於百姓的殘害、及砲火破壞古城；相對地，克羅埃西亞也展開族群清洗行動，據估計有 20-30 萬塞爾維亞人被迫流離失所，戰事在 1995 年才結束。

三、科索沃

　　科索沃的人口以阿爾巴尼亞人為主，長期以來對於省內塞爾維亞人、以及蒙特內哥羅人的優勢不滿，同時也嫌惡塞爾維亞共和國

---

[29] 根據塞爾維亞的說法，他們並不反對克羅埃西亞獨立，只不過，既然塞爾維亞人是民族、而克羅埃西亞境內的塞爾維亞人想要共同生存在同一個國家，那麼，根據民族自決權，就必須先「調整」（correct）鄰接塞爾維亞邊界族人的領域，也就是「統一」這些領土（Kawczyńska, 2013: 181-82）。

的支配，自始騷動。在 1944-45 年期間，狄托以武力壓制自治運動
（Stojanovic, 1995: 339）。根據 1974 年的憲法，科索沃獲得自治的
地位。在經濟困窘的 1980 年代，這個自治省是最早發難的地方，在
1981 年率先展開抗議，要求提升地位為自治共和國，在 1989 年達
到最高，塞爾維亞的回應是透過修憲加以剝奪，並且鐵腕以待，超
過 60 名抗議群眾被共和國派來的軍隊擊斃，幾百名異議份子被下
獄，儼然是警察國家[30]。不過，由於阿爾巴尼亞裔領導者倡議非暴
力抗爭，比較能博得西方國家的同情。

　　由美國以及北歐國家所組成的維和部隊於 1993 年駐進馬其頓、
以及科索沃邊境，嚴防塞爾維亞入侵，緊張情勢稍降。不過，戰爭
還是在 1998 年初爆發，經過北約調停無效，聯合國安理會在 1999
年決議成立「科索沃臨時行政當局特派團」（United Nations Interim
Administration Mission in Kosovo, UNMIK）加以保護。在 2008 年 2
月 17 日，科索沃宣佈獨立，美國、以及歐盟國家都以民族自決權的
實踐而加以承認，而俄羅斯、及中國則拒絕承認。截至 2015 年 6
月，科索沃已經獲得 112 國家承認，其中 108 國事聯合國會員國（佔
193 國的 56%），歐盟國家有 23 國承認（佔 28 國的 82%，北約國家
有 24 國（佔 28 國中的 86%）。塞爾維亞政府雖然不願意承認，卻
已經展開外交關係正常化（Wikipedia, 2016o）。

---

[30] 自從 1990 年代初期，阿爾巴尼亞語收音機、以及電視節目飽受限制，報紙
更被查禁。另外，公家機構、或是國營事業的阿爾巴尼亞人也被大量解聘，
包括銀行、醫院、郵局、以及學校。

四、馬其頓

傳統的馬其頓夾在塞爾維亞、保加利亞、以及希臘之間，在 1912-13 年的巴爾幹戰爭被瓜分，因此，他們在面對塞爾維亞、以及希臘之際自認為是保加利亞人，然而，面對保加利亞，又慢慢認為自己是馬其頓人；一次大戰後，被塞爾維亞佔領的部分被納入南斯拉夫王國，二次大戰後，被共產南斯拉夫承認是獨特的「民族」，因此享有自己的共和國（NIOD, 2002: 49）。

馬其頓在 1991 年 9 月 8 日舉辦獨立公投，95.26%支持獨立，因此於 25 日宣佈獨立。美國派遣 500 名陸戰隊以聯合國名義進駐北境與塞爾維亞交界處，南斯拉夫並未抗議、也未派軍隊入境干預，這是唯一的特例。不過，由於馬其頓有兩成人口是阿爾巴尼亞人，特別是在西北邊區的小城 Tetov 過半，為了爭取更多的自主性，在 2001 年初與軍方衝突，終究達成協議解決。比較奇特的是，由於希臘的反對，馬其頓加入聯合國的正式國名是「前南斯拉夫馬其頓共和國」（Former Yugoslav Republic of Macedonia, FYROM），見怪不怪。

五、蒙特內哥羅

蒙特內哥羅一向與塞爾維亞關係密切，因此，在歷史上也往往相提並論。一直要到一次大戰後，才有獨特的蒙特內哥羅認同出現。蒙特內哥羅在 15 世紀中被鄂圖曼帝國併吞，於 1878 年的柏林會議獲得確認獨立，一次戰後與塞爾維亞合併。蒙特內哥羅的人口有 62% 是蒙特內哥羅人，塞爾維亞人有 3.5%，兩者加起來將近三分之二；

事實上，有超過一半的蒙特內哥羅人自認為是塞爾維亞人。相對地，
當地的回教徒人口有 14%，另外再加上 6.2% 的阿爾巴尼亞人，總
共也有二成。也因此，蒙特內哥羅軍警加入攻打克羅埃西亞、以及
波士尼亞的行列，特別是將波士尼亞難民俘虜到塞爾維亞的集中
營，加以刑求、甚至於處死。

　　在南斯拉夫分崩離析之際，蒙特內哥羅選擇與塞爾維亞結合為
「南斯拉夫聯邦共和國」(Federal Republic of Yugoslavia, FRY)，算
是仁至義盡，然而，面對塞爾維亞的一意孤行，只好選擇切割。在
1992 年的前途公投，96% 支持跟塞爾維亞維持聯邦關係（投票率
66%，因為回教徒杯葛）。雙方在 2003 年調整為鬆散的「塞爾維亞-
蒙特內哥羅」(Serbia and Montenegro)，不過，2006 年 5 月 21 日的
獨立公投，86.5% 投票率（419,240 票），有 55.5%（230,661）支持
獨立，剛好比門檻多 2,300 票，因此在 6 月 3 日宣佈獨立。

六、塞爾維亞

　　塞爾維亞人在 13 世紀有自己的王國，並在 14 世紀擴張為帝國，
版圖還包含現在的波士尼亞、蒙特內哥羅、馬其頓，只不過，卻在
16 世紀中被鄂圖曼帝國併吞。從 19 世紀初開始，塞爾維亞農民不
斷起義要求獨立，終於有自己的君主立憲王朝，並在 1878 年於柏林
會議獲得確認。塞爾維亞在 1912-13 年戰爭打敗土耳其、及保加利
亞，領土大為擴張，一次大戰後與其他友族共同組成南斯拉夫王國。
由於塞爾維亞是戰勝國，進一步取得匈牙利的伏伊伏丁那、以及阿
爾巴尼亞的科索沃；這是一個中央集權的國家，由塞爾維亞人所支
配，因此可以說就是「大塞爾維亞」。

　　長期以來，塞爾維亞人也滿腹委屈，畢竟，自己是全國最大的族群，然而，集體的利益未能充分獲得保障，連塞爾維亞也被硬生生地分為為三塊，甚至於在各地遭到排擠、威脅、滅族；特別是 1974 年的憲法給各共和國充分的自治，連科索沃、以及伏伊伏丁那在聯邦投票未必支持自己，形同削弱塞爾維亞的實質權力。在 1984 年，Sloboda Milošević 接任塞爾維亞共黨頭子，緊接又在 1989 年當上共和國總統，進而囊括科索沃、伏伊伏丁那、以及蒙特內哥羅的主導權，不僅修憲削減自治省的權力，更毫不客氣對要求自治的科索沃人展開鎮壓。對於 Milošević 來說，殺雞儆猴可以鼓舞散佈於其他共和國的塞爾維亞人，藉機進行蠶食鯨吞。然而，看在其他共和國的眼裡，塞爾維亞人的強勢作風、以及在聯邦政府頤指氣使，讓他們更加相信必須有自己的國家。

　　癥結在於南斯拉夫的塞爾維亞人有四分之一住在境外，也就是其他共和國眼中所謂的「塞爾維亞問題」，Milošević 希望能重新劃定國界[31]，把所有的族人納入塞爾維亞共和國，如此一來，作為南斯拉夫最大的族群，塞爾維亞人才能發揮應有的政治影響力。在 1991 年，克羅埃西亞、以及波士尼亞境內的塞爾維亞人分別成立自治州（SAOs），進而公投獨立將自治州合併為共和國（Republic of Serbian Krajina、以及 Republika Srpska）。在聯邦政府於年底垮台後，剩下的兩個共和國塞爾維亞與蒙特內哥羅結合為「南斯拉夫聯邦共和國」（Federal Republic of Yugoslavia, FRY），希望能自動繼承

---

[31] 其實，Milošević 所獲得的支持，主要是來自塞爾維亞境外的塞爾維亞人，特別是科索沃、以及克羅埃西亞（NIOD, 2002: 29）。

社會主義南斯拉夫聯邦在聯合國的席次，但是遭到國際社會反對，因此在 2000 年以「塞爾維亞暨蒙特內哥羅國家聯盟」（State Union of Serbia and Montenegro）名義重新申請加入聯合國。蒙特內哥羅在 2006 年獨立，塞爾維亞只好也宣佈獨立。

七、斯洛維尼亞

在歷史上，斯洛維尼亞未曾獨立過，不是臣服於奧地利、就是奧匈帝國。由於斯洛維尼亞的人口有九成是斯洛維尼亞，當然迫切期待有自己的國家，不顧一切。在 1990 年 12 月，斯洛維尼亞議會發出最後通牒，揚言要是半年內南斯拉夫不能改弦更張為邦聯，就會逕自宣佈獨立，並且獲得克羅埃西亞的附議。獨立公投在 12 月 23 日舉行，前往投票者的 94.8% 支持獨立，佔公民的 88.5%。斯洛維尼亞在 1991 年 6 月 25 日宣佈獨立，在地的防衛軍[32]（Territorial Defence Force）早就嚴陣以待，越界的 3,000 南斯拉夫人民軍根本不是對手。當然，關鍵在於當地的塞爾維亞人只有 3% 左右，Milošević 知道木已成舟，說服人民軍退回、以防克羅埃西亞夾擊，因此，很快就在歐洲共同體的斡旋下談和撤軍。

伍、結語

南斯拉夫是人為建構的國家，主要的目的是團結自保，由於組

---

[32] 這是依據『國防法』（*Act on National Defence, 1969*）所成立的，聽命於共和國。

成份子多半有原生的共同點,而且試圖採取聯邦體制來降低單一族群的支配性,應該是很好的政治實驗。只不過,眾人在一開頭對於這個國家就有不同的想像,特別是主導建國的塞爾維亞人認為這是「大塞爾維亞」、並且希望能降低聯邦制的色彩;相對之下,克羅埃西亞、以及斯洛維尼亞則期待能調整為鬆散的聯邦,甚至於走向邦聯,因此是同床異夢。

儘管南斯拉夫的共和國大致上是根據族群分布來劃定界線的,然而,由於歷史的發展,有不少塞爾維亞人居住在其他共和國,尤其是在克羅埃西亞、以及波士尼亞,族群之間的歷史齟齬難免被撩起;換句話說,共同點與差異之間巧妙的平衡一旦被破壞,想像中的民族認同很難抵擋族群動員。再來,儘管狄托以政治安排來降低單一族群的支配性,然而,塞爾維亞在黨、政、軍的優勢還是很難抑制。結構性的因素則是經濟稟賦不同,區域之間的發展相當不均衡,加上西方經濟援助因為冷戰結束卻步,比較進步的北方長期補貼落後的南方,割席而去乃人之常情。導火線應該是塞爾維亞強行採取鐵腕,各共和國紛紛求去。

西方國家原本採取觀望,特別是美國認為事不關己,推給歐盟,然而,歐體國家又缺乏危機管理的機制,加上投鼠忌器,喪失妥協的機宜,讓塞爾維亞人蠶食鯨吞、累積談判資本,等到美國政府猛然回首,族群殺戮已經無法挽回。終究,德國堅持承認克羅埃西亞、以及斯洛維尼亞,由北約出動空軍轟炸塞軍,以戰逼和,才有談判;特別是美國出面斡旋,邀請波士尼亞交戰各方到美國談判,終於達成政治和解。

南斯拉夫各繼承國之所以能擺脫塞爾維亞，除了捍衛領土的武力、以及決心，更重要的是追求獨立建國的意願，因此，公投成為展現自決的基本工具。當然，各國是否承認，端賴各自的國家利益考量，特別是強權。原本，歐體大國不願意割裂南斯拉夫，擔心會帶來區域的不穩定；然而，當塞爾維亞輕啟兵戎，不止刻意造成流離失所、還進行駭人的族群清洗，終於引起公憤，聯合國不得已派兵前往維持和平，讓塞爾維亞不敢越雷池一步。

大國對於南斯拉夫原本有領土完整至上的共識，然而，當人權的戕害令人髮指之際，國際社會不能視若無睹，人權保障凌越主權，儼然是新的規範。因此，儘管這些繼承國並非都擁有作為主權獨立國家的基本條件，特別是起碼的治理能力，然而，既然法理獨立已經成為安全及穩定的保障，國家承認不可避免，相繼加入聯合國。比較特別的是科索沃，由於俄羅斯、以及中國的杯葛，一直無法成為聯合國的成員，美國乾脆結合德國、法國、以及英國承認，這也是國際政治對於國家承認比較特別的發展。

參考文獻

Anderson, David. 1995a. "The Collapse of Yugoslavia: Background and Summary." (https://www.aph.gov.au/binaries/library/pubs/rp/1995-96/96rp14.pdf) (2016/3/31)

Anderson, David. 1995b. "The UN's Role in the Former Yugoslavia: The Failure of the Middle Way." (https://www.aph.gov.au/binaries/library/pubs/rp/1995-96/96rp15.pdf) (2016/3/31)

Hashi, Iraj. 1992. "The Disintegration of Yugoslavia: Regional Disparities and the Nationalities Question." *Capital and Class*, No. 48, pp. 41-88.

International Criminal Tribunal for the Former Yugoslavia (ICTY). n.d. "What Is the Former Yugoslavia?" (http://www.icty.org/en/about/what-former-yugoslavia) (2016/3/31)

Kawczyńska, Karolina. 2013. "Disintegration of the Socialist Federal Republic of Yugoslavia." *Przegląd Zachodni*, No. 2, pp. 169-89.

Nederlands Insttuut voor Oorlogsdocumentatie (Netherlands Institute for War Documentation, NIOD). 2002. "The Background of the Yugoslav Crisis: A Review of the Literature." (http://niod.nl/sites/niod.nl/files/VI%20-%20The%20Background%20of%20the%20Yugoslav%20crisis%20-%20A%20review%20of%20the%20literature.pdf) (2016/4/1)

Radeljić, Branislav. 2010. "Europe 1989-2009: Rethinking the Break-up of Yugoslavia." *European Studies*, Vol. 9, No. 1. pp. 115-27.

Stojanovic, Avetozar. 1995. "The Destruction of Yugoslavia." *Fordham International Law Journal*, Vol. 19, No. 2, pp. 337-62.

Szayna, Thomas S., and Michaele Zanini. 1997. "The Yugoslav Retrospective Case." (https://www.rand.org/content/dam/rand/pubs/ monograph_reports/MR1188/MR1188.ch3.pdf) (2016/4/1)

Ugrešić, Dubravka. 1996. "The Confiscation of Memory." *New Left Review*, No. 218, pp. 26-39 (cited by Kawczyńska, 2013).

Wikipedia. 2016a. "Bosnia and Herzegovina." (https://en.wikipedia.org/ wiki/Bosnia_and_Herzegovina) (2016/3/25)

Wikipedia. 2016b. "Croatia." (https://en.wikipedia.org/wiki/Croatia) (2016/3/25)

Wikipedia. 2016c. "Kosovo." (https://en.wikipedia.org/wiki/Kosovo) (2016/3/25)

Wikipedia. 2016d. "Republic_of_Macedonia." (https://en.wikipedia.org/ wiki/Republic_of_Macedonia) (2016/3/25)

Wikipedia. 2016e. "Montenegro." (https://en.wikipedia.org/wiki/ Montenegro) (2016/3/25)

Wikipedia. 2016f. "Serbia." (https://en.wikipedia.org/wiki/Serbia) (2016/3/25)

Wikipedia. 2016g. "Slovenia." (https://en.wikipedia.org/wiki/Slovenia) (2016/ 3/25)

Wikipedia. 2016h. "Breakup of Yugoslavia." (https://en.wikipedia.org/ wiki/Breakup_of_Yugoslavia) (2016/3/25)

Wikipedia. 2016i. "Yugoslav Wars." (https://en.wikipedia.org/wiki/ Yugoslav_Wars) (2016/3/25)

Wikipedia. 2016j. "South Slavic Languages." (https://en.wikipedia.org/ wiki/South_Slavic_languages) (2016/3/28)

Wikipedia. 2016k. "Serbo-Croatian." (https://en.wikipedia.org/wiki/Serbo-

Croatian) (2016/3/28)

Wikipedia. 2016l. "Yugoslavism." (https://en.wikipedia.org/wiki/
Yugoslavism) (2016/3/28)

Wikipedia. 2016m. "United Nations Protection Force." (https://en.
wikipedia.org/wiki/United_Nations_Protection_Force) (2016/3/28)

Wikipedia. 2016n. "Peace Plans Proposed before and during the Bosnian War."
(https://en.wikipedia.org/wiki/Peace_plans_proposed_before_and_during
_the_Bosnian_War) (2016/3/28)

Wikipedia. 2016o. "International Recognition of Kosovo." (https://en.
wikipedia.org/wiki/International_recognition_of_Kosovo) (2016/3/28)

World Bank. 1991. *World Development Report 1991* (http://www-wds.
worldbank.org/external/default/WDSContentServer/WDSP/IB/2013/02/
26/000425962_20130226154834/Rendered/PDF/96960REPLACEMEN
T0WDR01991.pdf) (2016/4/3)

烏克蘭的克里米亞課題[*]

壹、前言

　　就法理上，克里米亞（Crimea）是烏克蘭（Ukraine）的自治共和國，現在被俄羅斯（Russia）實質併吞，烏克蘭莫可奈何。烏克蘭在 2013 年底發生動亂[1]，不滿的民眾在首都基輔發動「歐洲獨立廣場」（EuroMaidan）和平示威，經過三個月的對峙，沒想到政府向手無寸鐵的百姓展開血腥鎮壓，官方統計有 106 名人死亡、18,119人受傷；西方國家斡旋朝野妥協權力分享成功，總統 Viktor

---

[*] 發表於台灣國際研究學會主辦「動亂中的烏克蘭」學術研討會，台北，台灣師範大學書館校區綜合大樓 202 演藝廳，2014/9/13。

[1] 此波烏克蘭的政治騷動，是 2004 年「橙色革命」的延續。當年，原先擔任總理的 Viktor Yanukovych 接班，被控指控買票、作票，人民以和平的方式展開抗爭，最高法院裁決重新舉辦二輪投票，由反對派 Viktor Yushchenk 出線（Wikipedia, 2014a）。可惜，接任總統的 Yushchenk 與總理 Yulia Tymoshenko 同床異夢，政治盟友分分合合，再加上只會以國庫討好選民，對於經濟停滯、及通貨膨脹一籌莫展，終於讓 Yanukovych 在 2010 年班師回朝當上總統（Wikipedia, 2014b）。烏克蘭原本在 1998 年就跟歐盟簽有『伙伴暨合作協定』（*Partnership and Cooperation Agreement*, PCA），並在 2008 年展開『深化及通盤自由貿易協定』（*Deep and Comprehensive Free Trade Area Agreement*, ECFTA），希望最終以『結合協定』（*Association Agreement*, AA）取代 PCA；沒想到總統 Viktor Yanukovych 違反民意，在 2013 年底宣布不簽署與歐盟談好的 ECFTA、以及 AA，又被質疑跟俄羅斯有暗盤，引發群眾嚴重抗議；經過三個月的對峙，沒想到政府向手無寸鐵的百姓展開血腥鎮壓。

225

Yanukovych 竟在 2 月 21 日倉皇逃跑[2]（Wikipedia, 2014c, 2014d）。
俄羅斯趁機併吞烏克蘭南端的克里米亞半島，首先，由未戴佩章的
特種部隊在 2 月 26 日攻下當地所有機場、以及軍事基地，次日再由
民兵接管首府 Simpferopol 的區域議會、以及政府機構。克里米亞
議會 28 日展開閉門會議，決議脫離烏克蘭、加入（accede to）俄羅
斯、並在 3 月底舉行統一公投；由於擔心公投效力的質疑，議會將
公投提早到 16 日進行，緊接著，又搶先在 3 月 11 日與港都塞凡堡
（Sevastopol）市議會共同宣布獨立（Wikipedia, 2014e）。

聯合國安理會在 3 月 15 日決議將不會承認公投結果，俄羅斯則
嗤之以鼻；公投如期進行，克里米亞官員於次日以 83% 的投票率下
有 97% 住民支持與俄羅斯「重新結合」（reunited），因此宣佈獨立，
並在 18 日與俄羅斯簽訂條約加入聯邦[3]；迄今，公投的結果不被世
人接受，美國、歐盟、以及大多數北約國家認定公投不合法，聯合
國大會也以 100 比 11 票（58 國棄權）反對併吞（Wikipedia, 2014e）。

---

[2]　根據 1996 年所制訂的『烏克蘭憲法』，烏克蘭的憲政體制屬於半總統制（又
　　稱雙總長制）。不過，國會在 2004 年修憲，朝向總理權力較大的內閣制。
　　憲政法庭在 2010 年宣布先前的修憲無效，重新調回總統權力較大的憲政運
　　作。Yanukovych 與反對黨在 2014 年達成共識，同意恢復 2004 年的修憲體制、
　　限制總統的權力，卻在次日離奇失蹤。

[3]　原文為 Treaty Between the Russian Federation and the Republic of Crimea on
　　the Admission to the Russian Federation of the Republic of Crimea and the
　　Formation of New Components Within the Russian Federation (2014)。

貳、歷史背景

克里米亞面積 26,000 平方公里，位於黑海北岸，是歐亞大陸交界要津，自古兵家必爭，外來統治者包括羅馬帝國、拜占廷帝國、基輔羅斯[4]（Kievan Rus）、以及蒙古金帳汗國等等。該地目前人口將近 237.6 萬，根據 2001 年的人口普查，族群組成如下：俄羅斯裔 58.5%（1,450,000）、烏克蘭裔 24.0%（577,200）[5]、克里米亞韃靼人（Crimean Tatar）10.2%（245,000）（Wikipedia, 2014f）。克里米亞韃靼人在十五世紀中建立克里米亞汗國（Crimean Khante），維持三百多年的獨立（1441-1783）；不過，終於還是在凱薩琳女皇（Catherine II）主政的時候，被處心積慮在南疆尋求溫水港的帝俄於十八世紀吞噬，塞凡堡（Sevastopol）海軍基地就是在 1783 年開始建立的。

在十八世紀下半葉，半島上的克里米亞韃靼人還佔了 80%，然而，帝俄在十九世紀開始鼓勵俄羅斯人前往移民，克里米亞人面臨土地被徵收、以及政治迫害，再加上經歷俄土戰爭的蹂躪[6]，只好集體流亡；據估計，在兩百年內有 40 萬族人遷徙到血緣文化同屬回教突厥（Turkic）的鄂圖曼帝國，因此，原住民人口到了十九世紀末只剩下 34%，已經淪為少數（Dawson, 1996: 4-5; Sasse, 2007: 75）。

---

[4] 這是俄羅斯帝國的前身，也就是三個東斯拉夫人現代國家（俄羅斯、烏克蘭、以及白俄羅斯）的前身；該大公國在 1240 年亡於蒙古拔都西征，併入金帳汗國（又稱欽察汗國、或朮赤汗國）。

[5] 烏克蘭裔主要居住在半島的北部，他們的移入主要是在戰後，特別是克里米亞在 1954 年併入烏克蘭後，一方面補足克里米亞韃靼人被遞解後的勞動力不足，另一分面是抒解烏克蘭西部的烏克蘭民族主義（Baudier, 2009: 10-11）。

[6] 俄羅斯與土耳其在十九世紀，總共打了 1806-12、1828-29、1853-56（克里米亞戰爭）、1877-7 等四場戰爭（Wikipedia, 2014g）。

一次大戰後，經過兩次大飢荒，剩下的只佔四分之一；二次大戰後，史達林以協助納粹為由放逐所有族人到中亞[7]；族人雖然在 1967 年獲得平反，蘇聯還是禁止他們返鄉；他們從 1987 年開始透過陳情及示威要求回鄉，蘇聯最高蘇維埃在 1989 年正式決議讓他們回去，不過，一直要到烏克蘭在 1991 年獨立後才得以大量返鄉（Baudier, 2009: 10; Bilych, et al.: 2014: 30; Sasse, 2007: 134, 150）（見表 1）。

表 1：克里米亞人口組成

	俄羅斯人	烏克蘭人	韃靼人
1879	404,463（27.9%）	611,121（42.2%）	196,854（13.1%）
1897	120,536（27.1%）	50,121（11.3%）	189,821（42.6%）
1921	370,888（66.8%）		184,568（33.2%）
1939	588,418（49.6%）	154,123（13.7%）	218,879（19.4%）
1959	（71.4%）	（22.3%）	（0%）
1979	1,460,980（68.4%）	547,336（25.6%）	5,422（0.7%）
1989	1,629,542（65.6%）	625,919（26.7%）	38,365（1.9%）
2001	1,180,441（58.5%）	492,227（24.4%）	243,433（12.1%）

資料來源：Baudier（2009: 10）、及 Wikipedia（2014f）。

烏克蘭在蘇聯解體後繼續保有克里米亞，俄羅斯一直耿耿於懷[8]；一開頭，兩國為了去核武化（denuclearization）無法達成協議，

---

[7] 德國在 1941 年進軍克里米亞，由於蘇聯統治嚴峻，一些克里米亞韃靼人認為或許有機會而歡欣鼓舞；希特勒的盤算是將南提洛（South Tyrol）的日耳曼人移民至此，也就是 Gotland Project，而軍方則有軍事戰略的考量，因此允許地方自主、也徵調兩萬族人擔任自衛隊（Sasse, 2007: 5-6）。

[8] 就心態上來說，俄羅斯支配烏克蘭 300 年，雖說是兄弟之邦，俄羅斯一向以老大哥自居、自認語言文化水準比較高級、視烏克蘭人為俄羅斯人的一支，

接著又為了黑海艦隊的分配、以及克里米亞的歸屬相持不下。如前
所述，目前克里米亞住民以俄羅斯裔移民為主，包括黑海艦隊的退
除役官兵[9]，所以對於克里米亞歸為烏克蘭所有，這些人很難接受；
另外，俄羅斯也相當不甘心，尤其是擔心萬一在塞凡堡的軍港不保，
一來要另尋替代基地所費不貲，另一方面也無法滿足俄羅斯的區域
性軍事戰略目標（Zaborsky, 1995: 12, 6）。

對於企盼有自己的獨立國家的烏克蘭人而言，具有帝國主意心
態的俄羅斯是他們歷史上的天敵，因此，如何面對潛在來自俄羅斯
的威脅，一直是確保獨立的最重要課題。在蘇聯尚未解體之前，俄
羅斯頭子葉爾欽（Boris Yeltsin）與烏克蘭最高蘇維埃主席 Leonid
Kravchuk 在 1991 年 11 月簽了一個協定，同意尊重對方的主權及領
土完整；當時，雙方聯手的目的是將蘇聯頭子戈巴契夫架空，因此，
當超過 90% 的烏克蘭人在 1991 年 12 月 1 日的公投支持獨立，葉爾
欽立即無條件加以承認（Zaborsky, 1995: 2, 4; Felgenhauer, 1999:
Sasse, 2007: 133-34）。

蘇聯解體後，俄羅斯、烏克蘭、以及白俄羅斯等在 1991 年底簽

是族群（ethnic group）、而非民族（nation），不配擁有主權；因此，烏克
蘭是俄羅斯完整的一部份，只有「大俄羅斯」，自然沒有所謂的「烏克蘭問
題」。就地緣政治及戰略而言，雙方有綿延互長的國界，特別是比鄰俄羅斯
人口眾多的地區，一夜之間，讓俄羅斯回到十七世紀的安全環境，赤裸裸地
面對西方，自是一大隱憂；由於俄羅斯的外銷有 20% 由黑海、及亞速海的港
口輸出，擔心烏克蘭搶去貿易網絡。就經濟上而言，烏克蘭是過去蘇聯的軍
事工業重鎮，生產 25% 的軍火，譬如 SS-24 飛彈，烏克蘭出走讓俄羅斯元氣
大傷（Zaborsky, 1995: 1-6）。

[9] 從十九世紀下半葉以來，該地已成俄羅斯人的避寒聖地，尤其是所謂的醫療
旅遊，戰後，又是黨政軍特退休的地方（Belitser, 2000: 2）。

訂 *Belavezha Accords*，同意成立獨立國協（Commonwealth of Independent Sates），誓言保障境內來自其他成員國公民的權利[10]、同時承認現有的國界及領土完整。在 1994 年初，烏克蘭首任總統 Leonid Kravchuk 與美國總統克林頓（Bill Clinton）及俄羅斯總統葉爾欽在莫斯科簽訂『三邊聲明』（*Trilateral Statement*），烏克蘭以去核武化交換對方「尊重獨立、主權、及領土完整」的保證[11]。葉爾欽接著又在 1994 年底與親俄的烏克蘭第二任總統[12] Leonid Kuchma 交換備忘錄（*Budapest Memorandum*），誓言尊重領土完整，並經美國、及英國見證：

> 2. The Russian Federation, the United Kingdom of Great Britain and Northern Ireland and the United States of America reaffirm their obligation to refrain from the threat or use of force against the territorial integrity or political independence of Ukraine, and that none of their weapons will ever be used against Ukraine except in self-defence or otherwise in accordance with the Charter of the United Nations;

---

[10] 這些新獨立的前蘇聯的成員國被稱為「近外」（near abroad），有不少俄羅斯裔少數族群，又稱為「俄羅斯離散者」（Russian diaspora），是潛在衝突所在（Buba, 2010: 3-4）。

[11] 當然，包括當時的總統 Kravchuk 在內，不少烏克蘭人認為光是口頭保證尊重主權還不夠，比較充分的防備還是加入西方陣營；北約在 1994 年初啟動「和平伙伴關係」（Partnership for Peace），烏克蘭在 2 月立即簽署加入（Zaborsky, 1995: 8; Wikipedia, 2014h）。

[12] 烏克蘭自從獨立後，政治人物大致可以分為民族主義者（親西方）、以及親俄派，首任總統 Leonid Kravchuk（1991-94）、第三任總統 Viktor Yushchenko（2005-10）、以及現任總統 Petro Poroshenko（2014-）屬於前者，第二任總統 Leonid Kuchma（1994-2005）、以及第四任總統 Viktor Yanukovych（2010-14）則親俄。

終究，葉爾欽與 Leonid Kuchma 在 1997 年簽訂『俄烏友誼及合作條約』（*Treaty of Friendship, Cooperation, and Partnership between the Russia Federation and Ukraine*），爭議稍解[13]；不過，這只是框架協議，黑海艦隊還是有待協商（Zaborsky, 1995: 1）。稍後，雙方終於完成三份『黑海艦隊協定』（*Black Sea Fleet Agreements*），並在 1999 年獲得烏克蘭國會確認。儘管如此，在第三任總統 Viktor Yushchenko 總統上台後，烏克蘭宣布在塞凡堡的租約在 2017 年到期後，將不再續約，雙方的衝突達到最高點。

親俄的第四任總統 Viktor Yanukovych 在 2010 年上台，同意將租約延至 2042 年[14]，俄羅斯如釋重擔；然而，在 Yanukovych 被國會罷黜後，俄羅斯總統普丁（Vladimir Putin）顯然覺悟還是必須先下手為強，在俄羅斯國會於 3 月 1 日同意用兵後，藉口應邀維持和平，派遣駐紮的黑海艦隊官兵接管克里米亞[15]（Wikipedia, 2014e）。

參、克里米亞的族群關係

族群、或是統獨議題並非克里米亞政治動員的議題，然而，隨

---

[13] 彼此的爭議，在於俄羅斯自始反對以具體的文字來保證烏克蘭的領土完整（Zaborsky, 1995: 1）。

[14] 見 *Agreement between Ukraine and the Russian Federation Concerning stay of the Black Sea Fleet of the Russian Federation in the Territory of Ukraine*（2010）。

[15] 烏克蘭在獨立之際宣布中立，同意將境內的核子武器交由俄羅斯銷毀，同時持續採取裁軍，並計畫將徵兵制改為志願役。面對俄羅斯的侵門踏戶，烏克蘭似無招架的能力，在克里米亞的烏克蘭軍隊原本就只是象徵性質，而俄羅斯光是駐紮在塞凡堡的黑海艦隊就有一萬多人部隊。

著蘇聯解體的腳步逼近，烏克蘭獨立的運動呼聲越高，而克里米亞即將變成烏克蘭的一部份，俄羅斯裔擔心「烏克蘭化」而支持共和運動，政黨立場開始涇渭分明（Dawson, 1995: 16-18）。當下，克里米亞的族群差異往往會表現在政治立場，特別是克里米亞的定位：克里米亞韃靼人會期待終究有一個自己的克里米亞韃靼國，短期內則是如何恢復自己的語言文化；俄羅斯裔關心如何鞏固、甚至於強化現有的優勢，他們不排除獨立、甚至於與俄羅斯合併；烏克蘭裔則希望能進行烏克蘭化，特別是強化烏克蘭語在半島的使用（Dawson, 1995）。

　　在蘇聯時期，烏克蘭與及俄羅斯與都是烏克蘭加盟共和國的官方語言，大多數的人可以同時使用兩個語言。有鑑於語言的政治敏感性，烏克蘭政府不敢強行推動烏克蘭化，能作的也是象徵性的，譬如政府機關的招牌、或是一些紀念性的路牌，頂多是威脅限制俄語教學及電視播出的時數，希望能增加烏克蘭語在官方活動的能見度，跟莫斯科推動的俄羅斯化教育政策比起來是小巫見大巫；在1989年通過的『烏克蘭加盟共和國語言法』（*Law on the Languages in the Ukrainian SSR, 1989*），目標在十年內將烏克蘭與成為單一國家語言，被俄羅斯裔視為文化的威脅在獨立後；整體看來，烏克蘭語在克里米亞的使用還是進展有限（Dawson, 1996: 24; Sasse, 2007: 121, 137, 218）。

　　獨立後，『烏克蘭憲法』（第10條）規定烏克蘭語是「國家語言」（state language），雖然引起相當抨擊，不過，至少也確保俄羅斯語、以及其他少數民族語言的「自由發展、使用、及保護」。為了安撫少數民族（特別是俄羅斯裔），2012年通過的『國家語言政策原則法』

（*Law on the Principles of the State Language Policy, 2012*）規定，只要少數民族的語言在某區域有超過 10%的人口使用，就可以成為「區域性官方語言」（official regional language）[16]（Wikipedia, 2014i）。『克里米亞自治共和國憲法』（1998)除了重申憲法規定烏克蘭語是國家語言，也誓言保障俄羅斯語、克里米亞韃靼語、以及其他少數族群語言的「使用、發展、使用、及保護」，並規定俄羅斯語用於「公共生活」（public life），又保障學齡前孩童母語受教、以及日後在學校學習母語的權利（第 10 條）；另外，公文跟證件必須同時採用烏克蘭語、及俄羅斯語，另外，如果百姓認為有需要，也可以使用克里米亞韃靼語（第 11 條）。

最明顯的族群動員反映在選舉。一般而言，親俄的總統候選人可以獲得克里米亞的俄裔選民支持，特別是在塞凡堡[17]。以 2004 年的總統大選為例，經過三輪投票上台的 Yushchenko 在克里米亞的選票只有 15%上下，在塞凡堡更不到 10%，相對之下，落敗的 Yanukovych 始終有七到八成支持，在塞凡堡甚至於將近九成；同樣地，由 2006 年的國會選舉，也大致可以看出類似投票行為模式（Baudier, 2009: 24）（見表 2）。

---

[16] 目前已經包括有 Odesa 及 Khakiv 等 14 個市、或是地區，宣布俄羅斯語是方區域性官語言，特別是在烏克蘭語人聚居的東南區（Pifer & Thoburn, 2012; ROMEA, 2014)。烏克蘭國會在 2014 年廢除此法，不過，被代理總統 Oleksandr Turchynov 否決（Wikipedia, 2014i）。

[17] 請參考歷屆總統大選的得票分佈圖（Wikipedia, 2014j），由於俄羅斯片面併吞，克里米亞的住民並未參加 2014 年的總統大選。然而，親俄的總統未必支持克里米亞的分離。

表 2：克里米亞選民的投票

2004 年的總統大選	Yushchenko	Yanukovych
第一輪	12.79%（5.97%）	69.17%（73.54%）
第二輪	14.59%（7.61%）	81.99%（88.97%）
第三輪	15.41%（7.96%）	81.26%（88.83%）
2006 年國會選舉	Our Ukraine	Party of the Regions
	7.62%（2.4%）	58.01%（64.26%）

資料來源：Baudier（2009: 24）、Sasse（2007: 262）。
說明：括號內為塞凡堡的比例。如果沒有人獲得過半選票，就必須舉行二輪投票。

　　其實，俄羅斯裔並非一開頭就公開主張與俄羅斯統一，而是隱晦地主張克里米亞獨立、或是成立泛斯拉夫聯邦，然後再慢慢地過渡到與前蘇聯成員作某種平等的結合；在烏克蘭獨立後，他們關注如何抗拒中央政府的烏克蘭化工作，尤其是保障俄羅斯語的優越地位；另外，當克里米亞韃靼人開始要求還我土地、以及促進政治權，他們當然要想辦法保障自己人的權益，特別是反對保障少數族群的任何選舉制度[18]，以免挑戰到自己的支配性（Dawson, 1995; 10-12）。

---

[18] 在克里米亞韃靼人的遊說下，1994 年改採混合制，66 席單一選區相對多數決，14 席比例代表制，14 席複數選區保留給克里米亞韃靼人，另外 4 席以單一選區相對多數決保留給亞美尼亞人、保加利亞人、日耳曼人、以及希臘人；不過，這只是特例，在 1998 年的選舉，改制改為全數單一選區相對多數決，克里米亞韃靼人未能獲得任何席次；在 2002 年的選舉，克里米亞韃靼人與 Yushchenko 的黨、以及烏克蘭共黨結盟，竟然贏得 8 席；在 2006 年的選舉，改採比例代表制，門檻為 3%；到了 2010 年的選舉，重回混和制，單一選區與比例代表各半，門檻為 3%（Sasse, 2007: 157, 209-14; Wikipedia, 2014k, 2014l, 2014m, 2014n, 2014o, 2014p）。克里米亞韃靼人當然偏好比例代表制，然而，在取消保留席次後，在克里米亞議會選取鎩羽而歸，然而，國會選舉在 1998 年由單一選區改為混合制，以結盟方式首度有人進入國會（Sasse, 2007: 196-99）。

　　比較尷尬的是烏克蘭裔，不是動員不足、就是過於俄羅斯化
（Sasse, 2007: 158）。他們跟俄羅斯裔一樣，是在帝俄時期移入克里
米亞的，在蘇聯時期已經佔了四分之一人口[19]；基本上，他們不敢
自稱為是這裡的原住民族，只強調烏克蘭與克里米亞在帝俄以來的
親密關係、以及烏克蘭對於半島的援助，當然，他們還是堅持烏克
蘭裔比俄羅斯裔對於這塊土地的認同較強；他們支持克里米亞的自
治，但追求克里米亞的烏克蘭化；事實上，全國性政黨領袖到克里
米亞從事政治活動，往往遭到親俄勢力反制，因此地方黨部形同虛
設（Dawson, 1996: 6, 12-13）。

　　克里米亞韃靼人的集體認同始於十三世紀初，幾個世紀以來就
居住在這塊領域，特別是在 Khan Haci Giray 領導下於 1443 年建立
克里米亞汗國，從此確立政治共同體，克里米亞無庸置疑是「民族
家園」（national homeland）；跟歐洲其他民族一樣，克里米亞韃靼人
經過十九世紀末的民族主義薰陶，現代的民族認同開始發展；更重
要的是被集體放逐的記憶、以及在中亞流亡的共同經驗，刻骨銘心，
終於鎔鑄了他們的政治共同體；克里米亞韃靼人在 1917 年召開第一
屆民族議會（*Kuraltay*、*Kurultai*），先後成立兩個政府，都被蘇聯紅
軍所擊敗；對於族人來說，這段斑斑血淚的挫敗史是他們追求獨立
建國的珍貴記憶，特別是領袖 Çelebi Cihan 被俘虜槍斃就義成仁
（Baudier, 2009: 15; Dawson, 1995: 4, 7; Sasse, 2007: 84-89）。

---

[19] 在克里米亞，只有不到 4% 的人會講烏克蘭語，絕大多數的烏克蘭裔還是以
　　講俄羅斯語為主（Dawson, 1996: 23）。

蘇聯在 1921 年設克里米亞自治共和國[20]（Crimean Autonomous
Socialist Soviet Republic），納入俄羅斯加盟共和國（Wilipedia,
2014q）。在 1920 年代，蘇聯統治尚稱寬容，克里米亞韃靼人享有起
碼的自治，得以從事語言文化的復甦；不過，曇花一現，當史達林
實施鐵腕統治，開始囚禁殺害他們的政治領袖及知識份子，尤其是
在 1928-29 年強迫推動集體農場之際，數以千計的族人被流放、或
處死；史達林於 1930 年代權力鞏固後，又展開俄羅斯化的工作，克
里米亞不例外；最後一擊在 1944 年，史達林以通敵為由，將所有克
里米亞韃靼人放逐烏茲別克，在短短的幾天之內，半島上的二十萬
克里米亞韃靼人銷聲匿跡（Baudier, 2009: 10; Bilych, et al., 2014: 30:
Sasse, 2007: 93-94）。由於放逐是不公義的作為[21]，族人以此要求重
新建構一個克里米亞人的國家（Dawson, 1996: 5）。

克里米亞韃靼人在 1967 年才取回被剝奪憲法所賦予的公民

---

[20] 在 1936 年改名為 Crimean Autonomous Soviet Socialist Republic（Wikipedia,
2014q）。蘇聯在憲法上是聯邦國家，在形式上是由 15 個加盟共和國（Soviet
Socialist Republic 或 union republic）組成，每個加盟共和國除了有一般的行
政區／省（*oblast*），還會依據境內的「主體」（titular）族群、或是少數民
族設置三級的自治單位，包括自治共和國（autonomous republic）、自治地
區（autonomous region）、以及自治區（autonomous district），並且以族語
為行政用語，不過就實質而言，為了統治上考慮或是方便，界線的劃定相當
權宜而恣意；克里米亞自治共和國並未定義主體族群或民族，而且同時規定
俄羅斯語、以及克里米亞韃靼語為官方語言，由此可見克里米亞被當作自治
安排是特例，也就是根據獨特的地域（半島）取得自治共和國地位（Baudier,
2009: 18; Sasse, 2007: 27-28, 90-93）。

[21] 蘇聯最高蘇維埃在 1987 年宣布，當年放逐克里米亞韃靼人是違法的壓迫行
為（Sasse, 2007: 150）。

權，卻不被允許返回克里米亞[22]；一直要到 1980 年代後期，戈巴契夫的改革加速，他們得以自由遷徙回到克里米亞的故鄉；特別是在蘇聯解體之後，族人唯恐遭到新的國界阻絕，加速返回克里米亞的腳步，希望在獨立的烏克蘭有一席之地；絕大多數的克里米亞韃靼人終於在 1990 年代中回到故鄉，不過，由於戶籍許可制度（*propiska*）、以及烏茲別克的國籍問題[23]，『國籍法』修訂、以及跟烏茲別克的國籍協定在 1998 年完成，他們才順利取得烏克蘭的公民權、及投票權[24]（Sasse, 2007: 100, 143, 150-51; Baudier, 2009: 10, 23; Shevel, 2000: 4）。

克里米亞韃靼人的主要政治組織有「克里米亞韃靼民族運動」（National Movement of Crimean Tata, NDKT）、及割席而去的「克里米亞韃靼民族運動組織」（Organization of the Crimean Tatar National Movement, OKND），前者比較願意妥協、與舊共黨勢力關係交好，後者不願意跟蘇聯、或克里米亞的親蘇當局來往；族人在 1991 年召開第二屆 *Kuraltay*，通過『克里米亞韃靼民族主權宣言』，

---

[22] 事實上，諸如車臣等戰後被放逐的民族，終究都獲准回到故土，為何蘇聯堅決不讓克里米亞人歸鄉？應該是該地的人口當然是以俄羅斯人為多，不少權貴在此擁有房地產，如果讓克里米亞人回來，將無法處理產權的問題。

[23] 根據 1991 年的『烏克蘭公民法』（*Law of Ukraine on Citizenship of Ukraine*），所有在烏克蘭獨立之際的住民，都可以自動取得國籍。問題是，大部分的克里米亞韃靼人是在 1990 年代才返回半島，由於烏克蘭禁止雙重國籍，而放棄烏茲別克國籍的過程繁瑣、往返所費不貲，族人很難取得烏克蘭國籍（Sasse, 2007: 143; Shevel, 2000: 4）。

[24] 以 1998 年的選舉為例，具估有 8-10 萬克里米亞韃靼人沒有投票權，只要是因為很難放棄烏茲別克國籍來取得烏克蘭國籍；到了 2002 年的選舉，克里米亞韃靼選民成長了 3 萬人（Sasse, 2007: 199）。

並由 200 名代表推出 30 人具有立法、及行政功能的自治機構 *Mejlis*，推選 OKND 的主席 Mustafad Dzemilov 擔任領導者；由於拒絕登記為民間團體、或是政黨[25]，克里米亞議會宣佈為非法組織[26]，而 NDKT 也以走體制內路線為由拒絕參加（Dwason, 1996: 13-14; Sasse, 2007: 152; Shevel, 2000: 5; Allworth, 1998）。

OKND 與 *Mejlis* 的長期目標是建立克里米亞韃靼國，短中期的目標是改善族人的生活、以及提高政治影響力，另外，他們也強調認同上的差異，致力語言、宗教、及文化上機構的復振。從烏克蘭獨立起，克里米亞韃靼人便要求政府承認他們是克里米亞的原住民族、應該享有民族自決權；不過，俄羅斯裔視他們為野蠻而零碎的部落社會，至於所謂帝俄君臨之前的獨立自主國度，俄羅斯學者認為那也只不過是土耳其蘇丹支配下的傳統游牧社會[27]，主張隨著鐵路建好後前來開墾的俄羅斯人才是真正的原住民族（Dawson, 1995: 5-6: Sasse, 2007: 68）。

面對克里米亞分離的課題，NDKT 的立場比較曖昧，被指控親俄；相對之下，由於親俄政黨有反克里米亞韃靼人的傾向，加上俄羅斯從來不關心族人的安危，OKND 認為克里米亞的獨立只是假象、只會帶來更多的俄羅斯支配，因此公開支持與烏克蘭保持親密關係，相信會對於返鄉後的安置（resettlement）有比較合理的挹注

---

[25] 他們不願意登記的理由，是擔心被視為跟其他人民團體一樣，民族議會的代表性會被矮化（Shevel, 2000: 5）。

[26] 儘管如此，OKND 在 1994 年的議會選舉獲得全部所有保留給克里米亞韃靼人的 14 席（Sasse, 2007: 162）。

[27] 不過，與土耳其統一並非克里米亞韃靼人的前途選項（Dawson, 1995: 7）。

（Dawson, 1995: 14; Baudier, 2009: 23）。因此，*Mejlis* 要求族人加以杯葛克里米亞的獨立公投，其實，族人居住的地區並未設置投票箱（Bilych, et al., 2014: 20, 24）。

其實，『烏克蘭憲法』（1996）雖然有提到原住民族[28]，卻沒有提到克里米亞韃靼人，也沒有他們的 *Kuraltay*、還是 *Mejlis*。不過，烏克蘭總統在 199 年設置了一個克里米亞韃靼人諮詢委員會，納入所有 *Mejlis* 的成員，象徵國家實質承認他們的代表性（Shevel, 2000: 5; Belitser, 2000: 10）。在 3 月 16 日克里米亞公投的次日，*Mejlis* 再度要求烏克蘭政府承認他們是克里米亞的「原住民族」（indigenous people）、而非「少數民族」（national minority）[29]；國會在 3 月 20 日通過決議，誓言保障他們的族群、文化、語言、以及宗教等等權利，並訓令內閣著手接受聯合國的『原住民族權利宣言』（*UN Declaration on the Rights of Indigenous Peoples, 2007*）、及草擬如何落實的法案[30]（Bilych, et al., 2014: 20, 30-31）。

整體來看，潛在的衝突在於資源、以及文化層面的競爭，族群之間沒有多少對話。首先，克里米亞的經濟原本倚賴重工業、以及

---

[28] 『烏克蘭憲法』有提到原住民族、以及少數民族，卻未加定義（第 11 條），另外，國會的權限包含原住民族、以及少數民族的權利，卻付諸闕如。相對之下，『克里米亞自治共和國憲法』（1998）有提到克里米亞韃靼人，卻沒有提到原住民族，只有「前被遷徙民族」（formerly displace people）（第 18.11 條），不過，並不是指克里米亞韃靼人而已。

[29] 克里米亞韃靼人認為，烏克蘭或是克里米亞的少數民族在境外都有祖國（homeland）、或是近親國（kin state），唯有他們在此領域發展為獨特的民族（Shevel, 2000: 6）。

[30] 其實當聯合國大會在 2007 年通過該宣言之際，除了美澳紐加四國反對，烏克蘭跟俄羅斯等共有 11 國棄權（OHCHR, n.d.）。

造船，然而，這些在蘇聯解體後逐漸乏人問津，旅遊業也沒有特別起色，俄羅斯裔憂心就業機會被搶走；此外，克里米亞韃靼人在 1991 年回鄉後，搭著篷車四處尋找空曠的土地，違章建築四起、無水無電，中央及地區政府並未正視[31]；最後，由於土耳其及沙地阿拉伯的資助，清真寺漸漸出現，俄羅斯人擔心克里米亞終究會被伊斯蘭化（Baudier, 2009: 28-29; Bilych, et al., 2014: 31: Sasse, 2007: 151）。

肆、克里米亞的地位、及公投的合法性

克里米亞汗國原本臣服鄂圖曼帝國，維持鬆散的藩屬關係，不過，從十六到二十世紀，帝俄為了往南擴充版圖與土耳其展開一連串的戰爭，隨著鄂圖曼的衰敗，克里米亞被俄羅斯蠶食鯨吞：在 1735-39 的戰爭，帝俄首度兵臨克里米亞；接著在 1768-74 的戰爭，戰敗的鄂圖曼被迫放棄克里米亞的宗主權，俄羅斯的影響越來越大；凱薩琳女皇在 1783 年正式將該地併入俄羅斯帝國，終於突破土耳其對於海峽的箝制、達成取得溫水港的戰略目標。帝俄在克里米亞戰爭落敗，撤軍。在俄國大革命後的內戰期間（1917-22），俄共的紅軍與親沙皇的白軍在克里米亞鏖戰，克里米亞韃靼人趁機建立「克里米亞人民共和國」（Crimean People's Republic, 1917-18）（Wikipedia, 2014r）。

蘇聯在 1921 年設置克里米亞自治共和國，並納入俄羅斯加盟共

---

[31] 根據 2000 年的資料，在克里米亞韃靼人的 291 個墾地當中，25%沒有電、70%沒有水、96%沒有瓦斯、96%沒有柏油路，另外，族人的失業率為 60%，是克里米亞的兩倍（Shevel, 2000: 2）。

和國。史達林在戰後放逐克里米亞韃靼人，並在 1945 年克里米亞的
自治共和國地位降為一般的行政區以示處罰（Baudier, 2009: 18, 7;
Bilych, et al.: 2014: 20, 30; Dawson, 1996: 9: Sasse, 2007: 6-7）。蘇聯
頭子赫魯雪夫（Nikita Khrushchev）在 1954 年慶祝俄羅斯與烏克蘭
簽訂 *Treaty of Pereyaslav*（1654）三百週年之際，為了象徵兩者的
友誼，將克里米亞由俄羅斯「送給」烏克蘭加盟共和國[32]。這段歷
史公案，成為日後烏克蘭與俄羅斯爭取克里米亞歸屬的焦點。

　　在蘇聯解體之前，克里米亞議會搶先在 1990 年要求「恢復」
（reestablish）1921 年的「克里米亞自治共和國」，在 1991 年初的
主權公投，投票率有 81.4%，獲得 94.3% 贊成（Wikipedia, 2014t）;
烏克蘭國會接受公投結果，只不過曉以大義，將自治共和國的地位
「蘇聯之下的主體」（subject within the USSR）改為「烏克蘭之內」
（within Ukraine）；克里米亞住民在 1991 年底的烏克蘭獨立公投，
儘管俄羅斯裔杯葛，在投票率 60% 下也有 54.2% 贊成，42% 反對，
可見內部對於克里米亞獨立的共識不高（Wikipedia, 2014u; Dawson,
1995; 18; Baudier, 2009: 19-20: Sasse, 2007: 137-38, 141）。可惜烏克
蘭獨立後就陷於政爭，無暇處理經濟問題[33]，更未積極關注克里米

---

[32] 赫魯雪夫出生成長於東烏克蘭與西俄羅斯交界地方，娶烏克蘭人（Wikipedia,
　　2014s; Sasse, 2007: 114）。由於史達林剛過世（1878-1953），赫魯雪夫接班
　　尚未穩固，因此，很可能是把烏克蘭當作人情，來贏得烏克蘭領導階層的支
　　持，特別是鬥爭馬林可夫（Georgy Malenkov）（Baudier, 2009: 19; Sasse, 111,
　　119-20）。

[33] 烏克蘭原先是蘇聯的第二大經濟體，在獨立後的前十年，由社會主義走向市
　　場經濟的過程並不順遂，國民所得降低 60%，進入二十一世紀才漸漸穩定，
　　每年有 7% 的成長率。然而，由於俄羅斯以廉價的天然氣讓烏克蘭吞下餌，虛胖
　　的經濟成長指標讓政客沖昏了頭，彼此忙著相互傾軋而疏於經濟體質調整。

亞,特別是烏克蘭在 1993 年遭逢惡性通貨膨脹,相對之下,俄羅斯的經濟改革有起色,到底克里米亞應該歸屬烏克蘭還是俄羅斯的討論終於浮上台面,親蘇的示威遊行司空見慣(Dawson, 1996: 19; Sasse, 2007: 143)。

烏克蘭獨立後,當局與克里米亞領導著協商彼此的分權,國會在 1992 年立法賦予克里米亞有限的自治權,不過,Mykola Bahrov 所領導的克里米亞議會互別苗頭,除了先在 2 月 26 日逕自將國號改為「克里米亞共和國」(Republic of Crimea),隨後又在 5 月 5 日宣布獨立、通過第一部『克里米亞憲法[34]』、決議在 8 月 2 日舉辦獨立公投;烏克蘭國會先在 5 月 13 日宣佈獨立與公投違憲、以及憲法無效,雙方展開一番法律的拉鋸戰[35];最後,克里米亞議會在 5 月 23 日同意撤銷獨立、取消公投,並且著手修憲以符合『烏克蘭憲法』的規定(Baudier, 2009: 20-21; Zaborsky, 1995: 12-13; Wikipedia, 2014v; Dawson, 1996: 18-19: Sasse, 2007: 142-49)。

為了要象徵政治上的自主性,克里米亞議會在 1993 年 10 月 14 日設置總統,親俄的首任民選[36] 克里米亞總統 Yuri Meshkov 在 1994

---

[34] 透過 *Act on the State Independence of the Crimean Republic*(1992),一般稱為『1992 年克里米亞憲法』,除了採取總統制、及設置區域議會,其他主要的內容包括獨立自主的外交、成立區域武裝部隊、以及分離的權利(Sasse, 2007: 145; Baudier, 2009: 22)。

[35] 雙方協商 *Law on the Delimitation of Power between Ukraine and the Republic of Crimea*(1992),烏克蘭國會要求克里米亞修改『1992 年克里米亞憲法』內容(Sasse, 2007: 145-48)。

[36] 這是克里米亞唯一的總統選舉,Meshkov 在第二輪以 72.92% 獲勝(Wikipedia, 2014w; Sasse, 2007: 159)。

年表示，獨立可以解決克里米亞的經濟問題，而選票確認克里米亞
與俄羅斯的經濟與文化聯繫、及彼此的再結合；沒多久，Meshkov
向烏克蘭海軍提出要求，讓克里米亞的子弟就地當兵，而真正的用
意則是建立當地的武裝部隊；Meshkov 旋又打算舉辦「諮詢性民調」
（consultative opinion poll），其實就是如假包換的獨立公投[37]；最大
的衝突在 Meshkov 打算恢復先前有爭議的憲法文字，包括獨立、雙
重國籍、以及自己的軍隊，而克里米亞議會果真如其所願（Zaborsky,
1995: 14-19; Sasse, 2007: 156-66）。由於克里米亞議會陽奉陰違，忍
無可忍的烏克蘭國會在 1995 年 3 月 17 日下重手，趁克里米亞總統
與議會內鬥廢除『1992 年克里米亞憲法』、撤銷總統職、罷黜
Meshkov[38]；經過一番角力[39]，烏克蘭國會終於根據『烏克蘭憲法』
（1996），在 1998 年通過『克里米亞自治共和國憲法』（*Constitution
of the Autonomous Republic of Crimea*），大幅稀釋克里米亞的權力[40]

---

[37] 這次公投與 2004 年議會選舉同步舉行，Meshkov 原先宣佈這是公投，面對
中央政府的壓力，又改口說是民調，卻讓克里米亞親俄的強硬起來：78.4%
支持與烏克蘭建立條約關係、82.8%贊成雙重國籍、以及 77.9%同意克里米
亞總統的命令具有法律效用（Sasse, 2007: 163; Wikipedia, 2014w）。

[38] Meshkov 流亡俄羅斯尋求庇護（Sasse, 2007: 179）。

[39] 克里米亞議會原本還想舉辦恢復『1992 年克里米亞憲法』公投來對抗，並到
莫斯科討救兵；不過，由於俄羅斯身陷車臣戰事自顧不暇，加上烏克蘭同意
幫忙草擬新憲，才放棄纏鬥（Sasse, 2007: 179）。另外，如果克里米亞跟俄
羅斯合併，這裡的俄羅斯裔可能必須去打仗也讓他們有所卻步（Belitser,
2000: 4）。

[40] 總統辦公室交由烏克蘭總統所指派的總督，沒有實權；議會稱為「最高克里
米亞議會」（Supreme Council of Crimea），有 100 席；行政機構稱為「部長
會議」（Council of Ministers），主席由烏克蘭國會任命、並必須獲得烏克蘭
總統同意（Wikipedia, 2014x）。

（Baudier, 2009: 22; Zaborsky, 1995: 19-22: Dawson, 1996: 20-21; Sasse, 2007: 145-49, 177-85, 188-90）。

烏克蘭是一個單一體制（unitary）的國家[41]，根據『烏克蘭憲法』（1996）。克里米亞議會違憲、或是違法之際，烏克蘭國會有權終止（第 85 條）[42]：

> (28) terminating prior to the expiration of the term of authority of the Verkhovna Rada of the Autonomous Republic of Crimea, based on the opinion of the Constitutional Court of Ukraine that the Constitution of Ukraine or the laws of Ukraine have been violated by the Verkhovna Rada of the Autonomous Republic of Crimea; designating special elections to the Verkhovna Rada of the Autonomous Republic of Crimea;

憲法的第十章特別規範克里米亞自治共和國的權限（附錄 1）首先，克里米亞議會可以制訂自治共和國憲法，但是必須經過烏克蘭國會半數核准；此外，克里米亞議會[43] 可以通過「決策與決議」（decisions and resolutions），不可以跟『烏克蘭憲法』及法律抵觸（第 136 條）；再者，如果相關地方事務行政管理的法規與憲法或是中央政府法規抵觸，總統可以加以中止（第 137 條）；最後，除了語言文化等政策，自治共和國可以舉辦地方性公投（第 138 條）。其實，

---

[41] 分為 25 個單位包括克里米亞自治共和國、塞凡堡市、首都基輔市、以及其他 22 個省。

[42] 2004、及 2010 年的版本都有類似的條文。

[43] 憲法的用詞是「代議體」（representative body）（第 136 條）。另外，憲法也明文規定「單一國籍」（第 4 條）。

憲法規定得相當清楚，烏克蘭領土的變動必須經過全國性的公投來決定（第 73 條），而且只有國會有權啟動全國性公投（第 85 條）。因此，地方性的公投不能解決克里米亞的領土問題。整體看來，領土的變更必須由全境進行公投來定奪，因此，克里米亞並沒有片面舉辦獨立公投的權利。

克里米亞議會在 3 月 6 日決議，將依據烏克蘭的『克里米亞自治共和國憲法』舉辦克里米亞全境公投（第 18.1.7、26.2.3 條）。不過，這兩條的公投用字是「共和國（地方）」（republican (local)），明顯指出這並非全國性公投。此外，該憲法開宗明義說得很清楚，而且在第 1.1 條明文規定「克里米亞自治共和國是烏克蘭『不可分離的組成部份』（inseparable constituent part）；再者，如果克里米亞議會通過的法律、以及部長會議所作的決定與『烏克蘭憲法』及法律抵觸，後者的效力優於前則（第 2.2 條）。因此，代理總統 Oleksandr Turchynov 在 7 日宣告克里米亞議會的決議違法、違憲，並於次日終止克里米亞的公投；再來，國會也在 11 日發佈聲明，要求克里米亞議會懸崖勒馬；憲政法庭接著在 14 日裁決克里米亞的公投違憲，下令立即停止準備工作（Bilych, et al.: 2014: 21, 23）。

公投在短短地 10 天內舉行，根據克里米亞議會的決議，當地的住民只能在下列選項二選一：

（一）你贊成克里米亞與俄羅斯亞重新結合、並成為俄羅斯聯邦的一部份？（Are you in favour of Crimea being reunited with Russia with the status of an entity of the Russian Federation?）

還是（二）你贊成恢復『1992 年克里米亞憲法』、並成為烏克蘭的一部份？（Are you in favour of the 1992 Constitution of the

Republic of Crimea being restored, and of Crimea having the status of part of Ukraine?）

結果是 96.8%支持加入俄羅斯、2.5%贊成恢復『1992 年克里米亞憲法』（Wikipedia, 2014y）。然而，這部『1992 年克里米亞憲法』早已在 1995 年被烏克蘭國會廢止；此外，最大的爭議是沒有維持現狀的選項，也就是說，表面上看來，當地人可以選擇終究在實質上還是迂迴為克里米亞的獨立、以及與俄羅斯統一鋪路，殊途同歸（Bilych, et al.: 2014: 22）。

伍、俄羅斯的立場、及分離的正當性

克里米亞議會在烏克蘭獨立之初與國會你來我往，俄羅斯國會外交委員會主席 Vladimir Lukin 搧風點火表示，為了要逼烏克蘭放棄塞凡堡市，俄羅斯應該挑戰烏克蘭控制克里米亞的正當性；俄羅斯國會在 1992 年決議，蘇聯在 1954 年將克里米亞的管轄全轉移烏克蘭是非法的，要求烏克蘭與俄羅斯進行談判；在 1993 年初，前俄羅斯副總統 Alexander Rutskoi 表示，國際法庭應該出面裁決，到底克里米亞應該屬於俄羅斯、還是烏克蘭（Zaborsky, 1995: 13; Sasse, 2007: 224, 226）。其實，這些都還停留在口舌之爭，葉爾欽並未貿然躁進[44]，除了期待北約有所讓步，也擔心內部的車臣（Chechnya）、

---

[44] 在 1992-94 年期間，葉爾欽與國會翻臉，當然不願意一鼻孔出氣；克里米亞民選總統 Yuri Meshkov 在 1994 年訪問莫斯科，葉爾欽拒絕接見，俄羅斯總理 Viktor Chernomyrdin 公開否定俄羅斯對克里米亞的所有權（Sasse, 2007: 222, 227; Dawson, 1996: 8）。

或是韃靼斯坦（Tatarstan）會有樣學樣；當然，更重要的是，俄羅斯沒有把握與烏克蘭開戰的結果（Zaborsky, 1995: 16-17）。

一旦沒有後顧之憂，俄羅斯的態度丕變。在 1999 年接任總統的普丁的作法就相當強悍。根據俄羅斯的說法，是在烏克蘭總統 Yanukovych、以及克里米亞新總理的邀請下出兵，以保護在克里米亞俄羅斯人的生命、及宗教，也就是藉口有「保護的責任」（responsibility to protect, R2P）才採取人道介入；問題是，Yanukovych 已經落跑、而自治區的領袖無權引兵入境，更重要的是，在未經聯合國安理會授權下，俄羅斯的軍事行動已經超越自衛的底線，普丁並沒有指出到底烏克蘭、或克里米亞遭到何種威脅，而必須大動干戈（Smith, 2014: 21, 30-31）。

其實，俄羅斯對於克里米亞念茲在茲，主要就是從十八世紀末就駐紮黑海艦隊[45] 的塞凡堡，可以由此進入地中海。在烏克蘭獨立後，兩國為了黑海艦隊的分配、以及這個港市的管轄權展開長期的談判。原本，根據 *Minsk Agreement on Strategic Force*（1991），黑海艦隊歸屬獨立國協的共同武裝部隊管轄，然而，葉爾欽在 1992 年下令設置俄羅斯國防部、接管黑海艦隊，Kravchuk 以牙還牙下令成立烏克蘭海軍、納入黑海艦隊，這是兩國爭議的開始；經過高峰會議，

---

[45] 俄羅斯的海軍還有西北、太平洋、以及波羅的海艦隊，而黑海艦隊是最小的，包含 1 艘戰術潛水艇、4 艘護衛艦、1 艘驅逐艦、2 艘巡洋艦、以及 19 艘巡邏及海岸作戰艦艇，一般的看法是相當老舊；事實上，俄羅斯未雨綢繆，已經在黑海東岸找到替代港口，6 艘新加入黑海艦隊的潛水艇便是以 Novorossiysk 為基地（Smith, 2014: 20）；比較 Zaborsky（1995: 25）有關於各種艦艇數目。不過也有軍備專家認為黑海艦隊老舊，比較像是「海軍博物館」，因此，面子問題比較到（Sasse, 2007: 225）。

雙方在1993年同意均分黑海艦隊[46]（Zaborsky, 1995: 25; Sasse, 2007: 222-23）。

俄羅斯國會在1993年片面通過決議，宣稱作為黑海艦隊總部的塞凡堡是俄羅斯聯邦的領土；儘管葉爾欽公開反對這項決議，塞凡堡市議會還是在1994年承認俄羅斯的管轄。兩國在1997年的協議終於在1999年獲得烏克蘭國會同意，將塞凡堡租借給俄羅斯到2017年[47]；不過，由於Viktor Yushchenko總統在任內（2005-10）表示不願意續約，俄羅斯只好等待親俄派接任再說；終於，Viktor Yanukovych在2010年上台後同意將租約延至2042年，交換省下購買俄羅斯天然氣的30%關稅[48]（Smith, 2014: 20, 29; Bilych, et al., 2014: 39）。

在克里米亞於3月11日表示獨立意願之後，俄羅斯在第二天便發表聲明，援引『聯合國憲章』（1945）、以及國際法庭（International Court of Justice）在2010年針對科索沃所作的意見書（*International Court of Justice Advisory Opinion on Kosovo's Declaration of*

---

[46] 黑海艦隊的70-80%軍官、以及40-70%士兵是俄羅斯人，可想而知指揮官強烈反彈（Zaborsky, 1995: 27; Sasse, 2007: 235）。

[47] 一開頭，兩國簽訂為期3年的Yalta Agreement（1992），暫時共同指揮艦隊；接著在1995年簽訂『分割條約』（*Partition Treaty*），分配艦艇、各自擁有獨立的艦隊；經過幾年的討價還價，雙方終於在1997年簽訂三份『黑海艦隊協定』（*Black Sea Fleet Agreements*），平分艦艇，再由俄羅斯向烏克蘭購買，終究擁有黑海艦隊的五分之四（Sasse, 2007: 227-28; Bilych, et al.: 2014: 39; Buba, 2010: 4-5）。

[48] 這是第四份『黑海艦隊協定』，合稱*Kharkiv Agreements*（Bilych, et al.: 2014: 39; Copsey & Shapovalova, 2010）；普丁在2014年4月憤而撕毀這四項協定。有關於烏克蘭與俄羅斯的能源關係，見Bilych等人（2014: 10-19）。

Independence, 2010），認為片面宣佈獨立並未違反國際法。只不過，俄羅斯、以及塞爾維亞當年加以譴責，現在卻是昨非今是[49]（Smith, 2014: 22; Wikipedia, 2014z）。

德國總理梅克爾（Angela Merkel）認為俄羅斯的比喻是「丟臉的」，因為國際社會在俄羅斯的杯葛下，多年來無法獲得聯合國的授權來制裁塞爾維亞在科索沃的「族群淨化」，最後只好由北大西洋公約組織（NATO）出手，跟克里米亞的情況完全不能相比；如果有誰違反國際法，絕對不是科索沃、而是俄羅斯（Pop, 2014）。美國前外交官 Louis Sell 接受訪問時表示，兩者最大的不同在於被迫害的程度，等到國際社會終於在 1999 年人道介入時，科索沃已經遭受十年以上的暴力，其實是有點太晚；另外，北約並未佔領、或是併吞科索沃，而是協助聯合國管理；相對之下，克里米亞自從由蘇聯分手以來，內部的族群關係大致和好，並未出現迫害的情況，因此，所謂俄羅斯人身家被威脅的消息，完全是烏有子虛（RFE/EL, 2014）。

歐洲理事會（Council of Europe）的法治民主委員會（Venice Commission, 2014）在 3 月 21 日作出意見書，認定克里米亞的公投與『烏克蘭憲法』第 1、2、73、及 157 條抵觸，因為地方性的公投並不允許分離；同時，烏克蘭的『克里米亞自治共和國憲法』頂多只允許議會決議舉辦有關改變地位、或是權限的諮詢性性（advisory）地方公投（第 48.2 條）。此外，根據歐洲的民主標準，在進行有關領土地位公投之前，所有厲害關係者必須先進行協商，然而，克里米亞的情況並不符合條件。再者，意見書認為公投的文字不只是含

---

[49] 有關於該意見書的適用性，見 McCorquodale（2014）。

混不清、而且是不中立，尤其是沒有保持現有憲法的選項。

當前，俄羅斯要求克里米亞「歸還」原主，主要的理由是認為赫魯雪夫私相授受，違背當地住民的意願。其實，此項行政「轉移」經過俄羅斯最高蘇維埃核准，而且烏克蘭最高蘇維埃也欣然接受，依照當時的法治，過程是合法的；此外，烏克蘭先前在 1924 年也將 Taganrog 市、以及 Shakhty Okrug 區移交俄羅斯，並非沒有前例可循（Bilych, et al., 2014: 19-20）。此外，即使俄羅斯裔目前是克里米亞的多數族群，卻多為戰後的新移民，並非原來的住民。人為扭曲人口結構，乞丐趕廟公，侈談民族自決權。

早在 1993 年，俄羅斯駐烏克蘭大使 Leonid Smolyakov 也在記者會上表示，已經有兩萬克里米亞人申請俄羅斯護照，因此，如果克里米亞決定獨立，俄羅斯會加以支持；烏克蘭外長 Vladimir Ogryzko 在 2008 年就指控，俄羅斯在 Simferopol 的領事館大肆發放護照；另外，莫斯科市政府決定連續三年也撥款「支持海外的同胞」，對象就是在烏克蘭（含克里米亞）的俄羅斯人（Zaborsky, 1995: 13; Buba, 2010: 5-6）。原本，烏克蘭境內的俄裔公民就可以擁有俄羅斯護照，另外，經過幾百年來「俄羅斯化[50]」（Russification）教育，有 77% 的克里米亞住民把俄語當作母語，也就是「俄語人」（Russophone），他們當然不會拒絕俄國護照；另外，儘管有七成的住民視克里米亞為母國，不過，也有三成自認為是俄羅斯人。此番，俄羅斯又大肆發放護照，就是要擴大保護僑民的依據，也為公投製造人口的優勢。

---

[50] 包括引入斯拉夫語的西里爾（Cyrillic）字母（Smith, 2014: 8）。

　　總之，俄國之所以能遂行併吞的野心，主要是透過移民政策，一方面放逐在地的克里米亞韃靼人，另一方面大量移入俄羅斯人，刻意造成人口組成豬羊變色的事實，再以民族自決為由，伺機脫離烏克蘭。俄國炮製先前入侵喬治亞的戲碼，扶植俄裔的阿布哈茲（Abkhazia）自治共和國、及南奧塞提亞（South Ossetia）自治州獨立，手段一樣拙劣。

附錄 1：烏克蘭憲法的克里米亞自治專章[51]

Article 134

The Autonomous Republic of Crimea is an inseparable constituent part of Ukraine and decides on the issues ascribed to its competence within the limits of authority determined by the Constitution of Ukraine.

Article 135

The Autonomous Republic of Crimea has the Constitution of the Autonomous Republic of Crimea that is adopted by the Verkhovna Rada of the Autonomous Republic of Crimea and approved by the Verkhovna Rada of Ukraine by no less than one-half of the constitutional composition of the Verkhovna Rada of Ukraine.

Normative legal acts of the Verkhovna Rada of the Autonomous Republic of Crimea and decisions of the Council of Ministers of the Autonomous Republic of Crimea shall not contradict the Constitution and the laws of Ukraine and are adopted in accordance with the Constitution of Ukraine, the laws of Ukraine, acts of the President of Ukraine and the Cabinet of Ministers of Ukraine, and for their execution.

Article 136

The Verkhovna Rada of the Autonomous Republic of Crimea, within the limits of its authority, is the representative body of the Autonomous Republic of Crimea.

---

[51] *Constitution of Ukraine, 2006*。後來的修憲版本並未更動本章文字。

The Verkhovna Rada of the Autonomous Republic of Crimea adopts decisions and resolutions that are mandatory for execution in the Autonomous Republic of Crimea.

The Council of Ministers of the Autonomous Republic of Crimea is the government of the Autonomous Republic of Crimea. The Head of the Council of Ministers of the Autonomous Republic of Crimea is appointed to office and dismissed from office by the Verkhovna Rada of the Autonomous Republic of Crimea with the consent of the President of Ukraine.

The authority, the procedure for the formation and operation of the Verkhovna Rada of the Autonomous Republic of Crimea and of the Council of Ministers of the Autonomous Republic of Crimea, are determined by the Constitution of Ukraine and the laws of Ukraine, and by normative legal acts of the Verkhovna Rada of the Autonomous Republic of Crimea on issues ascribed to its competence.

In the Autonomous Republic of Crimea, justice is administered by courts that belong to the unified system of courts of Ukraine.

Article 137

The Autonomous Republic of Crimea exercises normative regulation on the following issues:

1. agriculture and forestry;

2. land reclamation and mining;

3. public works, crafts and trades; charity;

4. city construction and housing management;

5. tourism, hotel business, fairs;

6. museums, libraries, theatres, other cultural establishments, historical and cultural preserves;

7. public transportation, roadways, water supply;

8. hunting and fishing;

9. sanitary and hospital services.

For reasons of nonconformity of normative legal acts of the Verkhovna Rada of the Autonomous Republic of Crimea with the Constitution of Ukraine and the laws of Ukraine, the President of Ukraine may suspend these normative legal acts of the Verkhovna Rada of the Autonomous Republic of Crimea with a simultaneous appeal to the Constitutional Court of Ukraine in regard to their constitutionality.

Article 138

The competence of the Autonomous Republic of Crimea comprises:

1. designating elections of deputies to the Verkhovna Rada of the Autonomous Republic of Crimea, approving the composition of the electoral commission of the Autonomous Republic of Crimea;

2. organizing and conducting local referendums;

3. managing property that belongs to the Autonomous Republic of Crimea;

4. elaborating, approving and implementing the budget of the Autonomous Republic of Crimea on the basis of the uniform tax and budget policy of Ukraine;

5. elaborating, approving and realizing programs of the Autonomous Republic of Crimea for socio-economic and cultural development, the rational utilization of nature, and environmental protection in accordance with national programs;

6. recognizing the status of localities as resorts; establishing zones for the sanitary protection of resorts;

7. participating in ensuring the rights and freedoms of citizens, national harmony, the promotion of the protection of legal order and public security;

8. ensuring the operation and development of the state language and national languages and cultures in the Autonomous Republic of Crimea; protection and use of historical monuments;

9. participating in the development and realization of state programs for the return of deported peoples;

10. initiating the introduction of a state of emergency and the establishment of zones of an ecological emergency situation in the Autonomous Republic of Crimea or in its particular areas.

Other powers may also be delegated to the Autonomous Republic of Crimea by the laws of Ukraine.

Article 139

The Representative Office of the President of Ukraine, whose status is determined by the law of Ukraine, operates in the Autonomous Republic of Crimea.

引用憲法、條約、協定

Treaty of Pereyaslav, 1654

Charter of the United Nations, 1945

Law on the Languages in the Ukrainian SSR, 1989

Minsk Agreement on Strategic Force, 1991

Belavezha Accords 1991

Declaration of National Sovereignty of the Crimean Tatar People, 1991

Law of Ukraine on Citizenship of Ukraine, 1991

Law on the Delimitation of Power between Ukraine and the Republic of Crimea, 1992

Act on the State Independence of the Crimean Republic, 1992

Crimean Constitution, 1992

Budapest Memorandum, 1994

Trilateral Statement by the Presidents of the United States, Russia, Ukraine, 1994

Constitution of Ukraine, 1996

Russian-Ukrainian Treaty on Parameters of Division of the Black Sea Fleet, 1997

Russian-Ukrainian Treaty on Status and Terms of Deployment of the Russian Black Sea Fleet in Ukraine, 1997

Russian-Ukrainian Treaty on Mutual Settlements Related with Division and Stay of the Russian Black Sea Fleet in Ukraine, 1997

Treaty of Friendship, Cooperation, and Partnership between the Russia Federation and Ukraine, 1997

Constitution of the Autonomous Republic of Crimea, 1998

Constitution of Ukraine, 2004

UN Declaration on the Rights of Indigenous Peoples, 2007

Agreement between Ukraine and the Russian Federation Concerning stay of the Black Sea Fleet of the Russian Federation in the Territory of Ukraine, 2010

Constitution of Ukraine, 2010

International Court of Justice Advisory Opinion on Kosovo's Declaration of Independence, 2010

Kharkiv Agreement on Stay of the Russian Black Sea Fleet on the Territory of Ukraine, 2010

Law on the Principles of the State Language Policy, 2012

Treaty Between the Russian Federation and the Republic of Crimea on the Admission to the Russian Federation of the Republic of Crimea and the Formation of New Components Within the Russian Federation, 2014

Declaration of independence of the Republic of Crimea, 2014

參考文獻

Allworth, Edward, ed. 1998. *The Tatars of Crimea: Return to the Homeland: Studies and Documents*, 2nd ed. Durham. N.C.: Duke University Press.

Belitser, Natalya. 2000. "The Constitutional Process in the Autonomous Republic of Crimea in the Context of Interethnic Relations and Conflict Settlement." (http://www.iccrimea.org/scholarly/nbelitser.html) (2014/8/6)

Copsey, Nathaniel, and Natalia Shapovalova. 2010. "The Kharkiv Accords between Ukraine and Russia: Implications for EU-Ukraine Relations." (http://www.wider-europe.org/sites/default/files/publications/Wider%20Europe%20Working%20Paper%206,%202010.pdf) (2014/7/31)

European Commission for Democracy through Law (Venice Commission). 2014. "Opinion on 'Whether the Decision Taken by the Supreme Council of the Autonomous Republic of Crimea in Ukraine to Organise a Referendum on Becoming a Constituent Territory of the Russian Federation or Restoring Crimea's 1992 Constitution Is Compatible with Constitutional Principles." (http://www.venice.coe.int/webforms/documents/default.aspx?pdffile=CDL-AD(2014)002-e) (2014/7/31)

Felgenhauer, Tyler. 1999. "Ukraine, Russia, and the Black Sea Fleet Accords." (http://www.dtic.mil/dtic/tr/fulltext/u2/a360381.pdf) (2014/8/2)

McCorquodale, Robert. 2014. "Ukraine Insta-Symposium: Crimea, Ukraine and Russia: Self-Determination, Intervention and International Law." (http://opiniojuris.org/2014/03/10/ukraine-insta-symposium-crimea-ukraine-russia-self-determination-intervention-international-law/) (2014/7/31)

Office of the United Nations High Commissioner for Human Rights

(OHCHR). n.d. "Declaration on the Rights of Indigenous Peoples." (http://www2.ohchr.org/english/issues/indigenous/declaration.htm) (2014/7/31)

Pifer, Steven, and Hannah Thoburn. 2012. "What Ukraine's New Language Law Means for National Unity." (http://www.brookings.edu/blogs/up-front/posts/2012/08/21-ukraine-language-pifer-thoburn) (2014/8/5)

Podrobnosti.ua. 2014. "Crimean Parliament Shifts Referendum Date to March 16." (http://iwpr.net/report-news/crimean-parliament-shifts-referendum-date-march-16) (2014/7/31)

Pop, Valentina. 2014. "Merkel: Comparing Crimea to Kosovo Is 'shameful'." *Euboserver*, March 13 (http://euobserver.com/foreign/123454) (2014/7/31)

RadioFreeEurope/RadioLiberty (RFE/EL). 2014. "Interview: Kosovo-Crimea Parallel Is 'Completely False,' Says Ex-Diplomat." March 14 (http://www.rferl.org/articleprintview/25297444.html) (2014/7/31)

ROMEA. 2014. "Ukrainian Parliament Abolishes Language Law, Neighboring States Protest." February 26 (http://www.romea.cz/en/news/world/ukrainian-parliament-abolishes-language-law-neighboring-states-protest) (2014)

Sasse, Gwendolyn. 2007. *The Crimea Question: Identity, Transition, and Conflict.* Cambridge, Mass.: Harvard Ukrainian Research Institute.

Shevel, Oxana. 2000. "Crimean Tatars and the Ukrainian State: The Challenge of Politics, the Use of Law, and the Meaning of Rhetoric." (http://www.iccrimea.org/scholarly/oshevel.html) (2014/8/5)

Wikipedia. 2014a. "Orange Revolution." (http://en.wikipedia.org/wiki/Orange_Revolution) (2014/8/7)

Wikipedia. 2014b. "Ukraine." (http://en.wikipedia.org/wiki/Ukraine# Orange_Revolution) (2014/8/7)

Wikipedia. 2014c. "Euromaidan." (http://en.wikipedia.org/wiki/Euromaidan) (2014/8/7)

Wikipedia. 2014d. 2014 Ukrainian Revolution." (http://en.wikipedia.org/ wiki/2014_Ukrainian_revolution) (2014/8/7)

Wikipedia. 2014e. "2014 Crimean Crisis." (http://en.wikipedia.org/ wiki/2014_Crimean_crisis) (2014/8/7)

Wikipedia. 2014f. "Demographics of Crimea." (http://en.wikipedia.org/ wiki/Demographics_of_Crimea) (2014/8/7)

Wikipedia. 2014g. "History of the Russo-Turkish Wars." (http://en. wikipedia.org/wiki/History_of_the_Russo-Turkish_wars) (2014/8/1)

Wikipedia. 2014h. "Partnership for Peace." (http://en.wikipedia.org/wiki/ Partnership_for_Peace) (2014/8/1)

Wikipedia. 2014i. "Legislation on Languages in Ukraine." (http://en. wikipedia.org/wiki/Legislation_on_languages_in_Ukraine) (2014/8/1)

Wikipedia. 2014j. "Presidential Elections in Ukraine." (2014/8/1) (http://en. wikipedia.org/wiki/Category:Presidential_elections_in_Ukraine)

Wikipedia. 2014k. "Crimean Parliamentary Election, 1994." (http://en. wikipedia.org/wiki/Crimean_parliamentary_election,_1994) (2014/8/1)

Wikipedia. 2014l. "Crimean Parliamentary Election, 1998." (http://en. wikipedia.org/wiki/Crimean_parliamentary_election,_1998) (2014/8/1)

Wikipedia. 2014m. "Crimean Parliamentary Election, 2002." (http://en. wikipedia.org/wiki/Crimean_parliamentary_election,_2002) (2014/8/1)

Wikipedia. 2014n. "Crimean Parliamentary Election, 2006." (http://en.

wikipedia.org/wiki/Crimean_parliamentary_election,_2006) (2014/8/1)

Wikipedia. 2014o. "Crimean Parliamentary Election, 2010." (http://en. wikipedia.org/wiki/Crimean_parliamentary_election,_2010) (2014/8/1)

Wikipedia. 2014p. "Crimean Parliamentary Election, 2014." (http://en. wikipedia.org/wiki/Crimean_parliamentary_election,_2014) (2014/8/1)

Wikipedia. 2014q. "Crimean Autonomous Soviet Socialist Republic." (http://en.wikipedia.org/wiki/Crimean_Autonomous_Soviet_Socialist_ Republic) (2014/8/1)

Wikipedia. 2014r. "Crimean People's Republic." (http://en.wikipedia. org/wiki/Crimean_People's_Republic) (2014/8/1)

Wikipedia. 2014s. "Nikita Khrushchev." (http://en.wikipedia.org/wiki/ Nikita_Khrushchev) (2014/8/1)

Wikipedia. 2014t. "Crimean Sovereignty Referendum, 1991." (http://en. wikipedia.org/wiki/Crimean_sovereignty_referendum,_1991) (2014/8/1)

Wikipedia. 2014u. "Ukrainian Independence Referendum, 1991." (http:// en.wikipedia.org/wiki/Ukrainian_independence_referendum,_1991) (2014/8/1)

Wikipedia. 2014v. "Autonomous Republic of Crimea." (http://en. wikipedia.org/wiki/Autonomous_Republic_of_Crimea) (2014/8/1)

Wikipedia. 2014v. "Crimean Presidential Election, 1994." (http://en. wikipedia.org/wiki/Crimean_presidential_election,_1994) (2014/8/1)

Wikipedia. 2014w. "Crimean Referendum, 1994." (http://en.wikipedia. org/wiki/Crimean_referendum,_1994) (2014/8/1)

Wikipedia. 2014x. "Supreme Council of Crimea." (http://en.wikipedia. org/wiki/Supreme_Council_of_Crimea) (2014/8/1)

Wikipedia. 2014y. "Crimean Status Referendum, 2014." (http://en. wikipedia.org/wiki/Crimean_status_referendum,_2014) (2014/8/1)

Wikipedia. 2014z. "International Court of Justice Advisory Opinion on Kosovo's Declaration of Independence." (2014/8/1) (http://en.wikipedia. org/wiki/International_Court_of_Justice_advisory_opinion_on_Kosovo %27s_declaration_of_independence) (2014/8/1)

亞美尼亞人的悲歌[*]

Who, after all, speaks today of the annihilation of the Armenians?
畢竟，今天還有誰再談亞美尼亞人的滅絕嗎？

希特勒（Wikipedia, 2015）

壹、前言

在 1915 年的 4-5 月之間，鄂圖曼土耳其趁著一次大戰爆發，對於境內的亞美尼亞人展開屠殺。表面上，這是是將忠誠有問題的份子「遞解」到南疆沙漠地區，實際上是不聽任自生自滅、甚至於進行無情的殺戮，更不用說家產被霸佔。據估計有 80-150 萬亞美尼亞人喪生，佔了境內該族人口的三分之二，只有少數人逃到右鄰蘇聯高加索山區；倖存者在大戰結束後又被追殺，在這裡住了超過三千年以上的族人消失殆盡。波蘭法學家 Raphael Lemkin 目睹如此有系統的大規模謀殺，在 1943 年發明「滅種」（genocide）一詞。只不過，土耳其迄今並不願意承認犯行，理由是當時並沒有白紙黑字說政府要殺害亞美尼亞人；此外，他們也不喜歡他人稱為滅種，比較中性的用字是「1915 事件」。

---

[*] 發表於台灣國際研究學會主辦「躍升中的土耳其學術研討會」，台北，台灣師範大學圖書館校區科技與工程學院 3 樓會議室 2015/10/17。

我們先前以「是否接受多元族群」、以及「是否願意妥協」兩個軸線，將國家對少數族群的對策分為四大類（typology）（施正鋒，1998：17-26）。Mann（2005: 12）則以「族群清除」（ethnic cleansing）的種類、以及使用暴力的程度，也做了相當細緻的樹枝分類圖（taxonomy），由原點的多元文化主義或是包容，到極端的滅種（genocide）、或是滅族（ethnocide），中間有不同程度的作法[1]。土耳其對於亞美尼亞人所施加的暴力，介於強制遷徙跟滅種之間。

另外，Mann（2005: 2-10）也初步做了八項假說：

1. 族群清除是現代民主的黑暗面，也就是多數族群可能對少數族群施暴。
2. 當族群與階級結合為社會階層化的基礎，族群敵對容易產生。
3. 當兩個族群宣稱同一塊領域屬於自己、而起付諸行動，衝突進入危險區。
4. 當相對弱勢的族群決心反抗（特別是相信外力會介入）、或是支配族群認為本身軍事優勢、或是意識形態上的正當性，會爆發族群清除。
5. 當族群的領域之爭捲入國際政治、國家主權面對挑戰而支離破碎之際，族群清除會高昇為殺害行為。
6. 殺害性的族群清除往往不是加害者的本意，也就是說，很少是預謀的。
7. 加害者可以分為三級，由黨國菁英、好戰的團體、到核心支

---

[1] 包括語言限制、隔離、歧視、壓迫、強制遷徙、懲罰、報復、內戰、人口交換、強制移民、遞解出境、計畫性政治屠殺等等。請比較 Staub（1989）、Chalk 與 Jonassohn（1990）、以及 Bell-Fialkoff（1996）。

持者，他們相信暴力是解決問題之道。

8. 老百姓會捲入族群清除，必須使用社會權力關係來解釋。

基本上，這是由族群敵對高昇過程的線性呈現，同時在階段提供強化的偶殊條件（contingency）。Mann（2005: 30-33）也嘗試提供族群清除產生的「因果模型」（causal model），細看之下，就是條列意識形態、經濟、軍事、以及政治權力，並未釐清彼此的關係、或是相對正要性[2]。就政治學的角度來看，決定行為的因素不外政治權力（含軍事力量）、經濟利益、社會地位、以文化認同等四種主因，再加上中介的制度規範（強化、或是弱化）。我們認為，族群之間原生的差異未必會導致彼此的芥蒂，只不過，當不同的文化認同想像與不公平的政治權力、經濟利益、及社會地位分配相互強化，由於國際人權規約、或是條約提供人權保障的規範，少數族群對於地位平等有相當的期待，相對之下，多數族群所掌控的國家則視之為外力介入的威脅，族群競爭、或是衝突無法避免。

接下來，我們先將介紹亞美尼亞人的歷史，接著嘗試理解土耳其的動機，再來剖析滅族政策的進行，然後說明土耳其的否認、以及承認與和解。在進入正文之前，我們必須說明引注的方式。由於相關學術論文對於歷史的描述比較零碎，相較之下，Wikipedia 的交叉介紹十分詳細，我們將以此為主，輔以 Libaridian（1987）、Mann（2005）、以及 Dadrian（2011）；只不過，Wikipedia 無法呈現頁碼，因此，除非另外夾注，其餘都是整理歸納自該處，不一一縷述。

---

[2] 比較 Dadrian（2011）的歷史、政治、及法律三面向，Staub（1989: 21）也有清單。

貳、亞美尼亞人的歷史

亞美尼亞人世居高加索山區南部，也就是聖經記載諾亞方舟停泊亞拉臘群山（Mount Ararat）環繞高地，歷史超過五千年，是該地的原住民（original inhabitant）；諾亞的曾曾孫 Hayk 在西元前 2492 年擊敗巴比倫，在此立國。經過部落、王國、以及帝國的兼併，「亞美尼亞王國」（Kingdom of Armenia）在西元前六世紀初建立，在巔峰時期，大亞美尼亞的版圖由高加索山區延伸到今日土耳其中部、黎巴嫩、以及伊朗北部（圖 1）。在 301 年，亞美尼亞人接受洗禮，這是第一個將基督信仰當作國教的國家，此後，亞美尼亞使徒教會（Armenian Apostolic Church）獨立於羅馬天主教、以及希臘東正教，一直是捍衛亞美尼亞人認同的中流砥柱；另外，由 Mesrop Mashtots 在 405 年所發明的亞美尼亞字母，也強化了族人的認同。

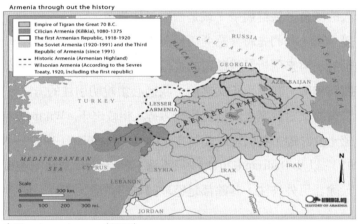

來源：Armenica.org（2013）。

圖 1：亞美尼亞版圖的歷史發展

　　由於位於戰略地理要津，在四到十九世紀之間，亞美尼亞人周旋於東西強權，波斯、拜占庭、阿拉伯、蒙兀兒、以及土耳其相繼入主，有時候可以維持相當自主、有時候則不得不委屈當人家的附庸，特別是在波斯與羅馬、以及俄羅斯與土耳其之間，征服來、光復去，左右為難；譬如在 1513-1737 之間，亞美尼亞現在的首都葉里溫（Yerevan）就易手十四次之多。特別是從十六世紀開始，由於波斯與土耳其的爭霸，亞美尼亞被裂解為東西兩塊，東亞美尼亞是目前的「亞美尼亞共和國」（Republic of Armenia）、西亞美尼亞則為土耳其的東半部[3]，後者往往是強權的戰場，人為刀俎、我為魚肉，本文所探討的悲劇主要發生在這裡。在 1820 年代後期，波斯因為戰敗將東亞美尼亞割讓給帝俄，現代亞美尼亞人的命運從此掌握在帝俄、以及鄂圖曼土耳其帝國手裡；在第二次俄土戰爭（1828-29）前後，俄羅斯向亞美尼亞人示好，因此，有不少族人東移。

　　厄圖曼土耳其對於所征服的異族採取稱為「米勒特」（millet）的間接統治體制，讓不同宗教的人以教區的方式自我管理，這可以說是一種管制方式，讓他們享有相當程度的自主，包括可以有自己的法庭、監獄、以及警察等司法權，而且不用服兵役。特別是厄圖曼土耳其君臨君士坦丁堡後（1453），亞美尼亞人於 1461 年獲許在首都設立教區[4]，人數漸多，特別是從十七世紀起，受過教育的族人地位逐漸提高，大體可以跟其他族群平起平坐，除了可以當公務員，少數菁英受蘇丹賞識而身居要職，包括外交部長，甚至於還掌控經濟命

---

[3] 或稱為厄圖曼屬亞美尼亞（Ottoman Armenia），包含 Erzurum、Van、Bitlis、Diyarbekir、Kharput、以及 Sivas 等六個省（vilayet）。

[4] 原本，拜占庭視亞美尼亞教會為異端，因此不准在君士坦丁堡設置教區。

脈，譬如厄圖曼帝國的 18 名重要的銀行家，有 16 名是亞美尼亞人。

　　儘管如此，對於住在安那托利亞東部山區（也就是西亞美尼亞）的亞美尼亞人而言，他們不只是少數族群、更是二等公民，因為根據回教律法，基督徒跟猶太教徒除了要繳一般的稅，還要另外再交保護稅（dhimmi）[5]。此外，由於土耳其人、以及庫德人在幾百年來的戰亂中漸次移入原鄉，亞美尼亞人口剩下只佔四分之一（圖 2），除了少數地方勉強可以維持實質的自治，必須面對封建領主、以及庫德酋長的欺凌，甚至於不時要遭到庫德游牧民族的搶劫，中央政府鞭長莫及。因此，苦不堪言的亞美尼亞人老百姓，所企盼的不只是起碼的身家財產保障，更要求獲得在法律之前平等的地位。

來源：Wikipedia（2015）。
說明：深灰色（紅色）為亞美尼亞人過半，淺灰色（粉色）為有相當多亞美尼亞人。

圖 2：十七世紀初亞美尼亞人在土耳其的分布

---

[5]　這是一種人頭稅，包括所謂的「血稅」（devşirme）。由於基督徒免除兵役，必須固定進貢家中最強壯的男孩給政府，強迫皈依回教。就現代人眼光來看，最不人道的就是去勢，日後加入閹人兵團（Janissaries）。

　　從十八世紀下半葉開始，過了高峰的厄圖曼帝國衰象漸露，讓覬覦的強權有介入的機會；另外，法國大革命（1789-99）帶來現代的民族主義思潮，鼓舞了巴爾幹半島的厄圖曼領地，尤其是希臘在1820年代發動獨立戰爭，亞美尼亞人當然受到啟蒙，民族意識開始萌芽。相較於帝國下其他少數民族運動的風起雲湧，亞美尼亞人算是比較消極，因而被稱為「忠誠的米勒特」（loyal millet），因此，當蘇丹以體制內的「改革」（Tanzimat, 1839-76）安撫不滿，亞美尼亞人還寄以厚望，特別是平等權的保障。

　　在1863年，亞美尼亞知識份子草擬的一部有150條的『亞美尼亞民族憲法』（Armenian National Constitution），內容包含成立「亞美尼亞民族議會」（Armenian National Assembly），並且還獲得官方核准。然而，好景不常，在第四次俄土戰爭之後（1877-78），強權念念不忘所謂的「亞美尼亞問題」（Armenian Qestion），也就是英國、德國、以及蘇聯以保護為名藉機生事。此後四十年，土耳其對於亞美尼亞人的忠誠度開始有所保留，彼此缺乏互信，族人連續發動抗爭（Bashkale Resistance, 1989; Sassoun Resistance, 1894; Zeitun Rebellion, 1895-96; Van Rebellion, 1896）、示威（Kum Kapu Democstration, 1890）、佔領厄圖曼銀行（1896）、起義（Sasun Uprising, 1904）、以及暗殺（Yıldız Assassination, 1905）等等衝突；不過，亞美尼亞人也付出慘痛的代價，特別是發生在1894-96年的「哈米德屠殺[6]」（Hamidian Massacres），據估死了10-30萬人。

　　亞美尼亞人的民族運動有三大地下革命組織：「亞美尼亞社會自

---

[6]　這場屠殺以當時的蘇丹哈米德二世（Abdul Hamid II, 1876-1909）為名。

由黨」（Armenian Social Liberal Party, 1885，又稱 Armenakan）、「社會民主黨」（Social Democrat Hunchakian Party, SDHP, 1887）、以及「亞美尼亞革命聯盟」（Armenian Revolutionary Federation, ARF, 1890，又稱為 Dashnaktsutyun），其中，社會民主黨主張獨立，亞美尼亞革命聯盟倡議自治。「土耳其青年」（Yung Turk）在 1908 年發動革命，亞美尼亞人燃起平等的希望，放棄武裝鬥爭，而 ARF 選擇與主事的「聯盟及進步委員會」（Committee of Union and Progress, CUP，又稱為 Ittihadusts、Unionists）正式結盟，期待能以「國中之國」（state within a state）的方式實施自治。在 1914 年初，蘇聯代表強權跟土耳其達成「亞美尼亞改革方案」（Armenian Reform Package），雙方同意安排兩名督察長進行為期十年的監督。只不過，在一次大戰爆發後，蘇聯以自治為餌招募一隊亞美尼亞志願軍，嫌隙已生，屠殺已經無法避免。由現有的接受同化到尋求獨立，亞美尼亞人另外嘗試過體制內改革、或是實施自治，舉棋不定、徒勞無功（圖 3）。

圖 3：亞美尼亞人的選項

歷經浩劫，俄國在 1917/2 爆發革命，亞美尼亞伺機退出「外高加索民主聯邦共和國」（Transcaucasian Democratic Federative Republic），由「亞美尼亞民族理事會」（Armenian National Councial）

在 1918/5/28 宣布恢復「第一亞美尼亞共和國」（First Republic of Armenia, 1918-20）。戰後，強權在 1920/8/10 與土耳其草簽『色佛爾條約』（Treaty of Sèvres），承認亞美尼亞獨立，同時授權美國總統威爾遜（Woodrow Wilson）重劃版圖，將西亞美尼亞的 Erzurum、Van、以及 Bitlis 省中劃給亞美尼亞，外加黑海的出海口 Trabzon（圖 4）。

來源：A Story in Seven Maps（n.d.）。

圖 4：色佛爾條約所同意的亞美尼亞版圖

只不過，美國參議院未通過託管案，而厄圖曼帝國沒有核准。這時候，凱莫爾（Mustafa Kemal Atatürk）領導的革命政府拒絕承認『色佛爾條約』，對四鄰發動所謂的「獨立戰爭」（1919/5/19），在與蘇聯和解後獲得金援及軍援，於 1920/9/20 入侵亞美尼亞，居下風的亞美尼亞被迫簽下城下盟約 Treaty of Alexandropol（1920/11/2），放棄不久前才在『色佛爾條約』重拾的西亞美尼亞失土，最後在 *Treaty of Kars*（1921）、及『洛桑條約』（*Treaty of Lausanne, 1923*）確認。

在剩下的東亞美尼亞領土，蘇聯在 1920 年底策動共產黨「起義」，接著紅軍大軍壓境、祭出最後通牒，亞美尼亞人只好接受「保護」，等到扶植的共產黨上台、秘密警察赤卡（Cheka）進駐，槍斃、整肅、流亡隨之而來。蘇聯與土耳其在 1921 簽訂『莫斯科條約』（*Treaty of Moscow*），兩國瓜分亞美尼亞，東亞美尼亞於 1922 年被納入「外高加索社會主義聯邦蘇維埃共和國」（Transcaucasian Socialist Federative Soviet Republic），隨後在 1936 年分開成立「亞美尼亞加盟共和國」（Armenian Soviet Socialist Republic），直到蘇聯解體，繼波海三國於 1991 年宣佈獨立，可以說是「第二亞美尼亞共和國」。

由於亞美尼亞人是回教人海中的基督徒島嶼，動輒得咎，必須學習在夾縫中如何生存；相較於同樣臣服的希臘裔東正教徒，由於背後有母國希臘撐腰（1830 年獨立），亞美尼亞人沒有自己的國家，孤立無援，似乎只能任人擺佈。目前，除了亞美尼亞共和國的 300 萬人，鄰國亞塞拜然境內實質獨立的 Nagorno- Karabakh 也有 15 萬人，在浩劫過後的土耳其只剩 6 萬人；如果加上在 1915 年之後流亡俄羅斯、美國、法國、喬治亞、伊朗、黎巴嫩、敘利亞、烏克蘭、希臘、阿根廷、及加拿大等國的「離散者」（diaspora），據估總數有 800 萬人（圖 5）。

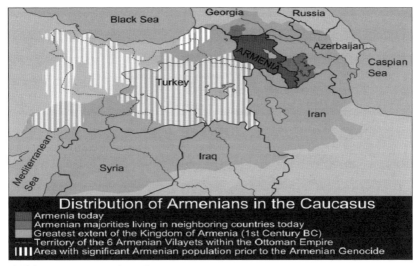

圖 5：亞美尼亞人在鄰國的分布

參、土耳其的動機

厄圖曼土耳其起源於中亞土庫曼，在十三世紀末取代塞爾柱君臨安那托利亞（小亞細亞），進而在 1453 年攻下君士坦丁堡，此後大肆擴張，帝國橫跨亞、歐、非三洲，儼然是地中海的霸主，特別是掌控歐亞貿易通渠，歐洲強權不敢小覷（圖 6）；然而，從十六世紀下半葉開始，由於歐陸國家軍事科技大為進步，厄圖曼趕不上，漸感力不從心，即使在十七世紀末短暫復興，在戰場上已經無力對抗結盟的對手，終於被迫割讓中歐（Lewis, 1968; Kinross, 1977; Zürcher, 2004）。

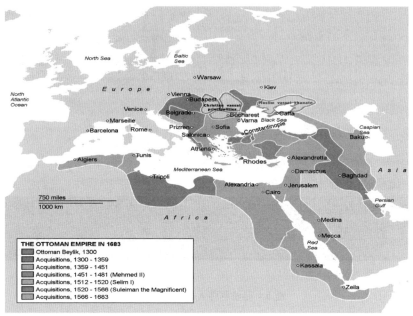

來源：Wikimedia（2015）。

圖 6：厄圖曼土耳其帝國全盛時期版圖

　　在十六世紀起，帝俄處心積慮往南尋求溫水港，加入圍剿，總共打了十二場戰爭，其中，除了克里米亞戰爭（1853-56）因為有英、法、義國撐腰，厄圖曼土耳其幾乎是連戰連敗。在第六次俄土戰爭（1768-74）後，土耳其被迫放棄克里米亞的宗主權，停戰條約規定必須保障基督徒的宗教自由，衰象已現，強權炮製了所謂的「近東問題[7]」（Eastern Question），介入之心昭然若揭。

　　進入十九世紀，巴爾幹半島各民族因為受到西歐啟蒙主義感召

---

[7]　如果以字面翻譯為「東方問題」，恐怕會與 Oriental Question 混淆。

而覺醒，相繼起義、甚至於宣佈獨立，強權頤指氣使，特別是藉宗教保護之名行建立勢力範圍之實，憤怒的厄圖曼疲於奔命。儘管蘇丹勵精圖治，先是進行現代化（1828-39）、繼而推動改革（1839-76），尤其是制訂首部憲法（1876）實施君主立憲，應允信仰自由、以及所有公民不分族群一律平等，不過，似乎已經回天乏術，特別是積欠戰費，在中葉後開始有「歐洲的病夫」（sick man of Europe）之污名。

在十九世紀，俄羅斯與土耳其總共打了 1806-12、1828-29、1853-56、1877-78 等四場戰爭，厄圖曼無力招架。在十九世紀末到二十世紀初，土耳其領地相繼獨立（圖 7），由於懼怕被迫害，總共有 700-900 萬土耳其裔難民由高加索、克里米亞、巴爾幹半島、以及地中海的島嶼蜂擁回到本土；特別是在 1817-64 年之間的高加索戰爭，帝俄蠶食鯨吞北高加索，屠殺九成的切爾克斯族（Circassians），剩下約有 50-70 萬人西移內遷，種下日後西亞美尼亞的族群／民族傾軋惡因，俄羅斯儼然西亞美尼亞的保護者。

在第六次俄土戰爭（1877-78）後，俄羅斯先與土耳其草簽『聖斯特凡諾臨時和約』（Preliminary Treaty of San Stefano, 1878），由於英國反對，再由強權於俾斯麥主導的「柏林和會」（Congress of Berlin, 1878）簽訂『柏林和約』（*Treaty of Berlin, 1878*）。戰敗的土耳其被敵友雙方瓜分，領地紛紛獨立，帝國搖搖欲墜，只能孤立自保；然而，除了戰敗的土耳其覺得奇恥大辱，戰勝的俄羅斯徒勞無功、巴爾幹半島的斯拉夫人也不滿意，特別是奧匈帝國不勞而獲藉機佔領波士尼亞和赫塞哥維那，為一次大戰埋下伏筆。此後四十年，所謂的亞美尼亞問題與近東問題掛在一起，強權屢以人道關懷為由

介入內政，治絲益棼，土耳其不勝其煩，雙方的裂痕已經無法縫合，
終究以滅種的悲劇收場。

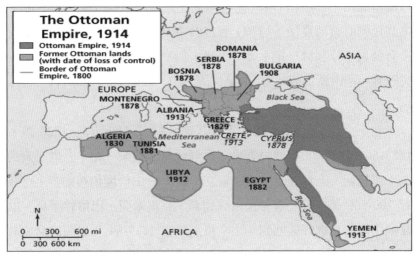

來源：Vadakayil（2015）。

圖7：厄圖曼土耳其帝國領地失去

　　亞美尼亞人透過俄羅斯代表，在『聖斯特凡諾臨時和約』（第
16條規定，如果土耳其未能履行諾言著手原鄉的改革、並保障他們
不會繼續遭受庫德人及切爾克斯族的侵犯，俄羅斯在西亞美尼亞的
駐軍將不會撤出：

As the evacuation of the Russian troops of the territory they occupy
in Armenia, and which is to be restored to Turkey, might give rise to
conflicts and complications detrimental to the maintenance of good
relations between the two countries, the Sublime Porte engaged to
carry into effect, without further delay, the improvements and
reforms demanded by local requirements in the provinces inhabited

by Armenians and to guarantee their security from Kurds and Circassians.

經過折衝定案的『柏林和約』，將原文調整為第 61 條，不過，內容已經大打折扣，只規定土耳其必須定期報告改善進度，不再以俄羅斯駐軍去留當條件：

> The Sublime Porte undertakes to carry out, without further delay, the improvements and reforms demanded by local requirements in the provinces inhabited by Armenians, and to guarantee their security against the Circassians and Kurds. It will periodically make known the steps taken to this effect to the powers, who will superintend their application.

亞美尼亞人不屈不撓，在 1880 年代一再要求強權代為出頭，土耳其對於亞美尼亞人告洋狀的行徑相當不以為然；儘管強權根據『柏林和約』的精神，在 1895 提出「亞美尼亞改革計畫」（Armenian Reform Program），只不過，談歸談、殺歸殺，蘇丹有意以夷制夷，當然阻止不了庫德（Hamidian Army）兵團的屠殺（1894-96）。土耳其青年在 1908 年發動革命，恢復 1876 憲法、開放黨禁、推動議會民主，希望能救亡圖存，其中力量最強的是 CUP；與之聯手的 ARF 走出地下，取代此前的既得利益者，包括商人、工匠、及教士。強權又在 1912-14 年間提出「亞美尼亞改革方案」（Armenian Reform Package），新政府勉強接受；不過，原本諾大的厄圖曼帝國在強敵環伺下節節敗退，特別是在巴爾幹半島戰事不利，難民紛紛逃到本土的安那托利亞，亞美尼亞人頻頻透過外力要求政府進行改革，是可忍、孰不可忍。

　　一次大戰在 1914 年爆發，蘇聯高加索軍在 1915 年往西亞美尼亞挺近，鄂圖曼土耳其原先還以賦予自治為餌，慫恿國內的亞美尼亞人跟俄羅斯境內的東亞美尼亞的族人起義對抗沙皇，然後一舉揮軍殺進中亞、統一大土耳其的版圖；只不過，夾在俄、土之間的亞美尼亞人相當為難，理解當人家的馬前卒注定送死，因此不願意配合。既然驅策無效，接下來是嘗試進行「土耳其化」（Turkification）政策，而亞美尼亞人依然呼籲強權督促政府改善人權，被視為幫兇。面對內憂外患，受到西方民族主義啟蒙的革命政府誓言建立現代民族國家，決心以國家的力量剷除社會的公敵，亞美尼亞人成為殺雞儆猴的對象，先下手為強，把亞美尼亞人從敏感的地帶趕到沙漠，讓他們自生自滅。除了分離，由傳統強調族群自治的鄂圖曼主義（Ottomanism）、應允權利保障的自由主義、到實施強迫同化的土耳其主義都失敗，只剩滅種（Libaridian, 1987: 217-18）（圖 8）

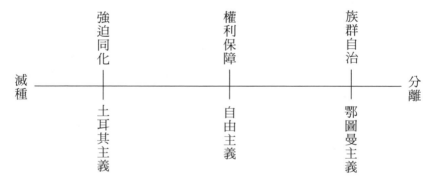

圖 8：土耳其處理「亞美尼亞問題」的選項

肆、滅族政策的進行

　　一開始，土耳其政府逮捕黑名單上的幾千名亞美尼亞人領導者[8]，包括在宗教、政治、以及知識界的菁英，特別是受過西方教育者，他們隨後遭到無情的殺害。接著是二十萬的充員兵，他們被集體繳械，終究不是被槍斃、燒死、活埋，就是押到強迫勞動營累死。第三波是老幼婦孺，他們被迫長途跋涉下放，如果能倖免於難（包括淹死），也難逃餓死、或是病死的命運。（圖9）

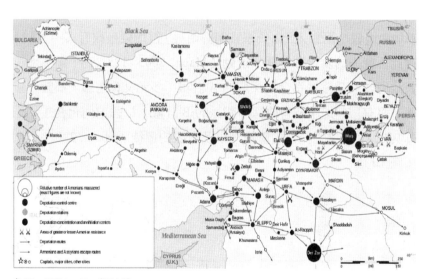

來源：Wikipedia（2015）。

圖9：亞美尼亞人被遞解的路線

---

[8] 光是在伊斯坦堡就搜捕了 2,345 人（Dadrin, 2011: 184）。根據目擊者描述，有些人的頭殼被石頭搗碎、大腦丟在地上，似乎要這些知識份子死心、不要再空想了（Libaridian, 1989: 224）。

　　最可憐的應該是年輕的婦女，首先，官夫人會把面貌姣好者挑來當奴婢，接著在路途中，不時會有盜匪出來燒殺淫掠；有些女性受不了輪姦、或是酷刑，乾脆自行解決生命（Mann, 2005: 152; Libaridian, 1987: 205）。比較幸運的是被貧窮的鄉下人搶去當媳婦，對方可以省下一筆嫁妝，只不過嫁雞隨雞，這些基督徒為了苟延殘喘皈依回教，認同被硬生生地剝奪而面貌全非，特別是小女孩。

　　其實，土耳其青年於 1908 年發動革命後建立「三巨頭統治」（triumvirs），由 Talaat Pasha、Enver Pasha、以及 Djemal Pasha 主政，漸漸對於亞美尼亞人透露一絲絲不信任感。在 1909/4，叛軍在 Adana 屠殺 2 萬族人，由於軍官明降暗昇，被懷疑是政府案中策動，因此，雙方的聯合陣線開始鬆動（Mann, 2005: 127-29）。顯然地，新政府認為妥協派迄今所採取的 A 計畫（多元文化主義、鄂圖曼主義）沒有用，迫不及待改採中間派的 B 計畫，以強迫同化為主（土耳其化），輔以選擇性的壓迫、以及有限的遷徙（Mann, 2005: 131）（圖 10）。

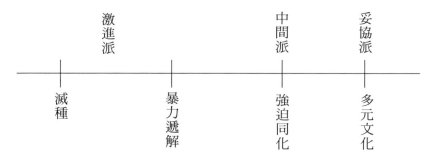

圖 10：土耳其青年的策略

在巴爾幹半島戰敗後，回教難民倉皇逃回本土，列強逼迫接受保障亞美尼亞人權方案，政府越加認為族人是外力的馬前卒，土耳其青年走向族群式民族主義（ethnic nationalism），就意識形態而言，包容式的鄂圖曼主義、或泛伊斯蘭主義（Pan-Islamism）讓步給「泛土耳其主義」（Pan-Turkisism）、甚或「都蘭主義」（Turanianism）；經過測試忠誠度無效，改革似乎只會鼓勵亞美尼亞人得寸進尺，由自治進而要求獨立，他們已經不只是「國家的政治敵人」、甚至於是「民族的族群敵人」，加上一次大戰爆發，東亞美尼亞有 15 萬人加入沙皇的軍隊，土耳其青年政府的激化不可避免（Mann, 2005: 131-36; Libaridian, 1987: 224）。

在 2014/2，Adana 省長以通敵為由逮捕 Dortyol 所有的男性，遞解到強迫勞動營；在 2/27，政府將 20 萬亞美尼亞充員兵解除武裝，強押到勞動營，不知究竟是預防叛變、還是先下手為強；在 3/26，政府以勾結盜匪為由，擄走 Zeitun 的平民，並在 4/8 屠城三天，倖存的男性遣往南部敘利亞的沙漠，老幼婦孺另遷他處，這些局部性的暴力遞解屬於 C 計畫，算是殺雞儆猴（Mann, 2005: 145-47）。

等到英法俄三國協約（Triple Entente）軍艦在 3/18 企圖強行通過達達尼爾海峽不成，陸軍在 4/25 登陸 Gallipoli、逼近首都君士坦丁堡，亞美尼亞人被確認為第五縱隊，土耳其政府下殺手鐧，祭出最後的 D 計畫（Mann, 2005: 141）。在 4/16，在靠近俄羅斯的邊城 Van，甫戰敗的省長怪罪亞美尼亞人通敵，以開會為由誘殺五名當地領袖，雙方陷入攻防拉鋸戰；4/22 起，政府逮捕 200 多名領袖被關入集中營；從 4/25 開始到月底，情勢急轉直下，Cilicia 所有城鎮的族人在短短幾天內被清空南送，同時，部隊在東境展開屠殺；不

過，一直要到 5-6 月，早先被羈押的領袖才被處死；到了 7 月，20
萬手無寸鐵的亞美尼亞人士兵，有如羔羊般全數殺害；到了 9 月初，
大都市或許還有零星倖存者，其他地方已經看不到亞美尼亞人社
群，留下的財產不是被佔據、充公、就是賣掉，因此，這已經不是
選擇性的政治屠殺、而是種族滅絕（Mann, 2005: 147-49）。總計，
在三個月其間，總共有 60-80 萬人在第一時間被就地槍斃，特別是
男性，接下來，有 63 萬人在遞解的過程餓死、或是病死（Mann, 2005:
152）。

　　加害者包括政治菁英、以及雜牌軍；負責策劃滅種的是政府高
層，特別是內政部、以及戰爭部，再由武警、及軍人動手；真正下
手的是「特務組織」（Special Organization），他們吸收由巴爾幹半島
來的回教徒難民，又釋放 4 千名獄中的犯人充當暴民，再鼓動敵視
的庫德人、切爾克斯人、以及車臣人趁火打劫（Mann, 2005:
152-67）。當時不少省長、及職業軍人拒絕執行遞解的命令，而老百
姓頂多是旁觀者；其實，也有不少老百姓窩藏亞美尼亞鄰居、或是
鼓勵他們改教，只不過，當政府下令吊死幫助亞美尼亞人者，大家
噤若寒蟬（Mann, 2005: 167-68）。

　　戰後，三巨頭紛紛流亡海外，軍法審判缺席判死。元兇內政部
長及總理 Talaat Pasha 於 1921 年在柏林被亞美尼亞人暗殺，一槍斃
命，遺體在 1943 年迎回伊斯坦堡，葬於陣亡將士的永久自由公墓；
戰爭部長 Enver Pasha 先逃德國、再遁蘇聯，在 1922 年紅軍機槍掃
射死於馬上，土耳其政府在 1996 年從塔吉克運回其遺骸，以民族英
雄尊榮國葬於同地。海軍部長 Djemal Pasha 逃往中亞、協助阿富汗
建軍，在 1922 年被暗殺，葬於土耳其東部的 Erzurum。

伍、土耳其的否認、承認與和解

於亞美尼亞人來說，集體記憶是他們唯有民族認同基礎，而拒絕承認就是對於他們的記憶的最大侮辱。迄今，土耳其政府對於亞美尼亞人的滅種採取絕口不提、矢口否認的態度：如果真的被迫表態，基本立場是根本沒有這回事；如果真的承認有，也會表示死亡人數被灌水，不能算是滅種[9]，甚至於還會加上一句，又不是只有亞美尼亞人死亡，也有不少回教徒死亡；至於死亡的因素，政府推託說是族群衝突、以及戰爭中的不幸。可以看出，土耳其的作法是亂世用重典，試圖以戰爭來掩飾劣行惡跡。

另外，土耳其對於「遞解」（deportation）一詞也有意見，認為當時對於亞美尼亞人的處置，純粹是為了安全的考量，透過國會在2015/5/27合法通過的『重新配置安頓法』（Tehcir Law），暫時將他們由前線戰區「安置」（replacement）到另一個地區，一分面避免族人妨礙軍隊調度、或是後勤補給，另一方面是防止他們勾結敵人提供情報、甚至於襲擊軍民。其實，遞解與安置的爭議，隱含的就是對於亞美尼亞人的不信任。

根據土耳其的說法，亞美尼亞人的傷亡主要是因為充當俄羅斯的志願軍、或是民兵，也就是歸咎於戰亂。然而，協約國軍隊是在4/25突擊Gallipoli，而內政部長Talaat Pasha在4/24通令各省逮捕

---

[9] 有關於滅種的定義，見Porter（1982）、Staub（1989）、Chalk與Jonassohn（1990）、及Jonassohn（1992），特別是預謀、以及滅種意圖兩個所謂「要件」（determinant）（Dadrin, 1999: 68-71）。

亞美尼亞政黨人士、沒收黨部所有文件、以及銷毀發現的武器；就在這一天，族人在首都的菁英開始被抓走遞解，由此可見，戰爭只是推卸責任的藉口。

讓土耳其政府忿忿不平的是，在巴爾幹半島戰爭、以及一次大戰其間，有超過百萬土耳其人喪命，如果亞美尼亞人的死亡是滅種的行為，為何土耳其人的死亡就不是被滅種？因此，他們認為，滅種是對於戰敗者硬加的罪名。同樣地，在 19-20 世紀之間，有幾百萬回教徒被逐出巴爾幹半島戰爭、以及俄羅斯，西方國家為何不聞不問？如果土耳其對於亞美尼亞人道歉，豈不默認強權幾百年來的反土耳其姿態？

對土耳其政府對於「歷史消毒」不遺餘力，特別是對於國際學者的收買。在 1985/5/19，有 69 名美國歷史學者聯名在《紐約時報》、以及《華盛頓郵報》刊登廣告，要求國會不要通過承認有亞美尼亞人被土耳其滅種的決議；在聲明上千名的著名學者 Bernard Lewis 事後表示，這項聲明是不想破壞美國跟土耳其的關係。這些人後來被起底，多數接受土耳其政府的「研究補助」，其中一人還是土耳其駐美大使的文稿寫手，可見黑手已經進入學術界，已經到了無所不用其極的地步。

相較於土耳其、以及亞塞拜然[10] 政府否認亞美尼亞滅種，包括希臘、斯洛伐克、賽浦路斯、以及瑞士等國，立法處罰否認有這段歷史的人。在 2005 年，土耳其總理 Recep Tayyip Erdoğan 邀請亞美

---

[10] 亞塞拜然人屬於泛土耳其人，語言屬於土耳其語系（Turkic languages，不要與土耳其語 Turkish language 混為一談），與亞美尼亞有領土紛爭，也就是 Nagorno-Karabakh 地區。有關於土耳其語言使用者的分布，見附錄 1。

尼亞、以及國際歷史學者共同使用國家檔案，在事件百年之際重新提出歷史評估。不過，亞美尼亞總統 Robert Kocharian 嗤之以鼻：

> 如果你的建議不能提及現在及未來，將無法有效處理過去。要展開有效的對話，我們必須創造有利的政治環境，政府必須負責發展雙邊關係，我們沒有權利把責任授與歷史學者。

美國歷史學者 Deborah Lipstadt 說，否定滅種存在並非從新詮釋歷史，而是想要假裝學術的樣子，試圖透過歷史的改寫，一方面妖魔化受害者、另一方面幫加害者恢復名譽，也就是 Elie Wiesel 所謂的「雙重謀殺」，一方面謀殺倖存者的尊嚴、另一方面嘗試滅跡（Armenian Genocide History, 2015）：

> Denial of genocide, whether that of the Turks against the Armenians, or the Nazis against the Jews, is not an act of historical interpretation. Rather the deniers seek to sow confusion by appearing to be engaged in genuine scholarly effort…Genocide deniers conspire to reshape history in order to demonize the victims and rehabilitate the perpetrators. It is what Elie Wiesel has called a "double killing." Denial murders the dignity of the survivors and seeks to destroy remembrance of the crime.

只不過，沒有真相、就沒有正義，沒有正義、就沒有和解，這是轉型正義（transitional justice）的真諦（施正鋒，2013）。一般認為，土耳其對於亞美尼亞人的滅種，給世人做了最壞的示範，因此有希特勒在二次大戰期間對猶太人造成的浩劫（Blun, 2014: 70）。迄今，總共有 27 個國家呼籲土耳其承認有這件事，算是補償他們當

年視而不見的良心不安今年是亞美尼亞人歷劫百年。教宗方濟各
（Pope Francis）在 4 月表示，這是人類在二十世紀的第一個滅種行
為（BBC, 2015/4/12）。土耳其總理 Ahmet Davutoglu 總算在今年鬆
口，向其後人表達感同身受（AP, 2015/4/21）；儘管不提滅種字眼，
看來有和解的意思。

附錄 1：土耳其語系使用者的分布

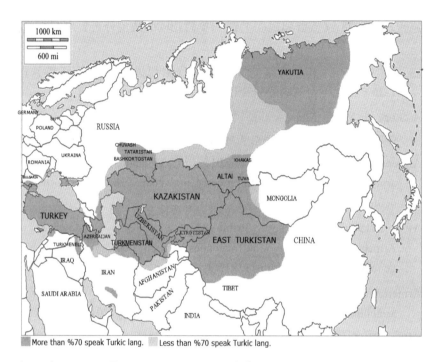

來源：在 Google 以「Turkic language family」搜尋圖片，可以看到由 www.theapricity.
com 提供的此圖、並且可以儲存；然而，嘗試造訪出處網頁「World Linguistic
Impact: Latin, Arabic, Slavic or Turkic?」，地圖無法顯現。

參考文獻

施正鋒，1998。《族群與民族主義——集體認同的政治分析》。台北：前衛。

施正鋒，2013。〈轉型正義的探討——由分配到認同〉《轉型正義》頁1-36。台北：台灣國際研究學會／翰蘆。

A Story in Seven Maps. n.d. "The Armenian Question." (http://www.edmaps.com/html/armenia_in_seven_maps.html) (2015/9/18)

Armenian Genocide History. 2015. "Genocide Denial." (http://armeniangenocidehistory.tumblr.com/post/126267028315/denial-of-genocide-whether-that-of-the-turks) (2015/9/20)

AP. 2015/4/21. "Turkey's Prime Minister Extends Condolences to Armenians." (http://www.huffingtonpost.com/2015/04/21/turkey-armenia-genocide_n_7107734.html) (2015/9/18)

Armerica.org. 2013. "Armenia through out the Tistory." (http://www.armenica.org/cgi-bin/armenica.cgi?=1=3==Armenia) (2015/9/9)

BBC. 2015/4/12. "Turkey anger at Pope Francis Armenian 'Genocide' Claim." (http://www.bbc.com/news/world-europe-32272604) (2015/9/18)

Bell-Fiakoff, Andrew. 1996. *Ethnic Cleansing*. New York: St. Martin's Press.

Blunt, Ashley Kalagian. 2014. "After a Century: Moving toward Turkish Recognition of Armenian Genocide." *Peace and Conflict Studies*, Vol. 21, No. 1, pp. 69-84.

Chalk, Frank, and Kurt Jonassohn. 1990. *The History and Sociology of Genocide: Analysis and Case Studies*. New Haven: Yale University Press.

Dadrian Vahakn N. 1999. "The Determinants of the Armenian Genocide." *Journal of Genocide Research*, Vol. 1, No, 1, pp. 65-80.

Dadrian Vahakn N. 2011. "The Armenian Genocide: Review of Its Historical, Political, and Legal Aspects." *University of St. Thomas Journal of International Law and Public Policy*, Vol. 5, No, 1, pp. 135-94.

Jonassohn, Kurt. 1992. "What Is Genocide?" in Helen Fein, ed. *Genocide Watch*, pp. 17-26. New Haven: Yale University Press.

Kinross, Lord. 1977. *The Ottoman Centuries: The Rise and Fall of the Turkish Empire*. New York: William Morrow & Co.

Lewis, Bernard. 1968. *The Emergence of Modern Turkey*. Oxford: Oxford University Press.

Libaridian, Gerard J. 1987. "The Ultimate Repression: The Genocide of the Armenians, 1915-1917," in Isidor Wallimann, and Michael N. Dobkowski, eds. *Genocide and the Modern Age*, pp. 203-35. Syracuse: Syracuse University Press.

Mann, Michael. 2005. *The Dark Side of Democracy: Explaining Ethnic Cleansing*. Cambridge: Cambridge University Press.

Porter, Jack Nusan. 1982. "Introduction: What Is Genocide? Notes toward a Definition" in Jack Nusan Porter, ed. *Genocide and Human Rights: A Global Anthology*, pp. 2-32. Washington, D.C.: University Press of America.

Staub, Ervin. 1989. *The Roots of Evil: The Origins of Genocide and Other Group Violence*. Cambridge: Cambridge University Press.

Vadakayil, Ajit. 2015. "Lawrence of Arabia Part 2, Armenian Genocide Exhumed." (http://ajitvadakayil.blogspot.tw/2015_04_01_archive.html) (2015/9/12)

Wikipedia. 2015. "Armenakan Party." (https://en.wikipedia.org/wiki/Armenakan_Party) (2015/9/11)

Wikipedia. 2015. "Armenian Genocide." (https://en.wikipedia.org/wiki/Armenian_Genocide) (2015/9/11)

Wikipedia. 2015. "Armenian National Awakening." (https://en.wikipedia.org/wiki/Armenian_Genocide) (2015/9/11)

Wikipedia. 2015. "Armenian National Liberation Movement." (https://en.wikipedia.org/wiki/Armenian_national_liberation_movement) (2015/9/11)

Wikipedia. 2015. "Armenian Question." (https://en.wikipedia.org/wiki/Armenian_Question) (2015/9/11)

Wikipedia. 2015. "Armenian Reform Package." (https://en.wikipedia.org/wiki/Armenian_reform_package) (2015/9/11)

Wikipedia. 2015. "Armenian Revolutionary Federation." (https://en.wikipedia.org/wiki/Armenian_Revolutionary_Federation) (2015/9/11)

Wikipedia. 2015. "Armenians." (https://en.wikipedia.org/wiki/Armenians) (2015/9/11)

Wikipedia. 2015. "Armenians in the Ottoman Empire." (https://en.wikipedia.org/wiki/Armenians_in_the_Ottoman_Empire) (2015/9/11)

Wikipedia. 2015. "Article 301 (Turkish Penal Code)." (https://en.wikipedia.org/wiki/Article_301_(Turkish_Penal_Code)) (2015/9/11)

Wikipedia. 2015. "Caucasian War." (https://en.wikipedia.org/wiki/Caucasian_War) (2015/9/11)

Wikipedia. 2015. "Congress of Berlin." (https://en.wikipedia.org/wiki/Congress_of_Berlin) (2015/9/10)

Wikipedia. 2015. "Decline and Modernization of the Ottoman Empire." (https://en.wikipedia.org/wiki/Decline_and_modernization_of_the_Otto

man_Empire) (2015/9/11)

Wikipedia. 2015. "Defeat and Dissolution of the Ottoman Empire." (https://en.wikipedia.org/wiki/Defeat_and_dissolution_of_the_Ottoman_Empire) (2015/9/11)

Wikipedia. 2015. "Devşirme." (https://en.wikipedia.org/wiki/Dev%C5%9Firme) (2015/9/11)

Wikipedia. 2015. "Dhimmi." (https://en.wikipedia.org/wiki/Dhimmi) (2015/9/11)

Wikipedia. 2015. "Djemal Pasha." (https://en.wikipedia.org/wiki/Djemal_Pasha) (2015/9/11)

Wikipedia. 2015. "Eastern Question." (https://en.wikipedia.org/wiki/Eastern_Question) (2015/9/11)

Wikipedia. 2015. "Enver Pasha." (https://en.wikipedia.org/wiki/Enver_Pasha) (2015/9/11)

Wikipedia. 2015. "Ethnic Cleansing of Circassians." (https://en.wikipedia.org/wiki/Ethnic_cleansing_of_Circassians) (2015/9/11)

Wikipedia. 2015. "First Republic of Armenia." (https://www.google.com.tw/webhp?rls=ig&gws_rd=ssl#safe=strict&q=First+Republic+of+Armenia) (2015/9/11)

Wikipedia. 2015. "Hamidian Massacres." (https://en.wikipedia.org/wiki/Hamidian_massacres) (2015/9/11)

Wikipedia. 2015. "History of Armenia." (https://en.wikipedia.org/wiki/History_of_Armenia) (2015/9/11)

Wikipedia. 2015. "History of the Russo-Turkish Wars." (https://en.wikipedia.org/wiki/History_of_the_Russo-Turkish_wars) (2015/9/11)

Wikipedia. 2015. "Janissaries." (https://en.wikipedia.org/wiki/Janissaries)

(2015/9/11)

Wikipedia. 2015. "Millet (Ottoman Empire)." (https://en.wikipedia.org/wiki/Millet_(Ottoman_Empire)) (2015/9/11)

Wikipedia. 2015. "Obersalzberg Speech." (https://en.wikipedia.org/wiki/Obersalzberg_Speech#The_Armenian_quote) (2015/9/10)

Wikipedia. 2015. "Ottoman Empire." (https://en.wikipedia.org/wiki/Ottoman_Empire) (2015/9/10)

Wikipedia. 2015. "Russian Armenia." (https://en.wikipedia.org/wiki/Russian_Armenia) (2015/9/10)

Wikipedia. 2015. "Social Democrat Hunchakian Party." (https://en.wikipedia.org/wiki/Social_Democrat_Hunchakian_Party) (2015/9/10)

Wikipedia. 2015. "Talaat Pasha." (https://en.wikipedia.org/wiki/Talaat_Pasha) (2015/9/10)

Wikipedia. 2015. "Tehcir Law." (https://en.wikipedia.org/wiki/Tehcir_Law) (2015/9/10)

Wikipedia. 2015. "Transcaucasian Democratic Federative Republic." (https://en.wikipedia.org/wiki/Transcaucasian_Democratic_Federative_Republic) (2015/9/10)

Wikipedia. 2015. "Treaty of Alexandropol." (https://en.wikipedia.org/wiki/Treaty_of_Alexandropol) (2015/9/10)

Wikipedia. 2015. "Treaty of Kars." (https://en.wikipedia.org/wiki/Treaty_of_Kars) (2015/9/10)

Wikipedia. 2015. "Treaty of Lausanne." (https://en.wikipedia.org/wiki/Treaty_of_Lausanne) (2015/9/10)

Wikipedia. 2015. "Treaty of Moscow." (https://en.wikipedia.org/wiki/Treaty_of_Moscow_(1921)) (2015/9/10)

Wikipedia. 2015. "Treaty of Sèvres." (https://en.wikipedia.org/wiki/Treaty_of_S%C3%A8vres) (2015/9/10)

Wikipedia. 2015. "Turkish–Armenian War." (https://en.wikipedia.org/wiki/Turkish%E2%80%93Armenian_War) (2015/9/10)

Wikipedia. 2015. "Turkish War of Independence." (https://en.wikipedia.org/wiki/Turkish_War_of_Independence) (2015/9/10)

Wikipedia. 2015. "Wilsonian Armenia." (https://en.wikipedia.org/wiki Wilsonian_Armenia) (2015/9/10)

Zürcher, Erik J. 2004. *Turkey: A Modern History*, 3rd ed. London: I. B. Tauris.

民答那峨自治區的發展

壹、前言

　　民答那峨（Mindanao）位於菲律賓群島南端，靠近馬來西亞、以及印尼，是菲律賓的第二大島[1]，面積 104,630 平方公里，人口兩千萬[2]，原本的住民是以「莫洛人」（Moro People）為主。莫洛人的家園稱為「莫洛之土」（Moroland, Land of the Moros），包含民答那峨、蘇祿群島（Sulu Archipelago）、以及巴拉望（Palawan）[3]（n.a., n.d.）（圖 1）。菲律賓在 1946 年獨立，莫洛人不滿被強行納入版圖，加上天主教徒墾殖者不斷湧入，土地爭執層出不窮、甚至於爆發暴力衝突，馬可仕（Ferdinand Marcos）政府索性在 1972 年宣佈戒嚴，族人展開武裝抗爭；在過去 46 年來，已經有 12 萬人喪生、兩百萬人流離失所[4]（Acton, 2016: 2）。

---

[1]　最大的島是呂宋（Luzon），第三大島是維薩亞斯（Visayas）。

[2]　根據 2010 年的人口普查，民答那峨本島有 20,281,545 人、加上附屬島嶼則有 21,968,174 人（Wikipedia, 2016a）。

[3]　有時候合寫為 MINSUPALA（Santos, 2005: 4）。不過，美國在 1903 年設置的特別行政單位莫洛省（Moro Province），並不包含巴拉望（Wikipedia, 2016b）。

[4]　有關於經濟損失，見 Schiavo-Campo 與 Judd（2005: 3-5）。

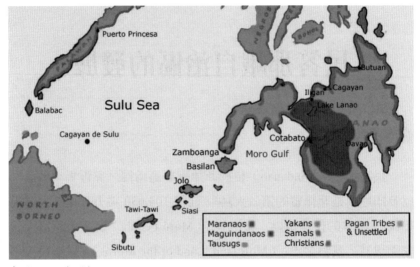

來源：n.a.（n.d.）。

圖 1：莫洛人的家園

　　經過多年的談判，菲律賓政府（Government of the Philippines, GPH）終於跟莫洛人達成協議，在 1989 年設置「民答那峨回教徒自治區」（Autonomous Region in Muslim Mindanao, ARMM）；不過，族人生活情況並沒有實質的改善，獨立運動綿延不絕，游擊隊與政府打打談談，雙方在 1996 年停火。在 2012 年，菲律賓政府同意將 ARMM 改弦更張為一個相當於「次國家」（sub state）的「莫洛民族自治區」（Bangsamoro Autonomous Region, BAR），等待參議院批准相關的『莫洛民族自治法』（*Bangsamoro Basic Law*, BBL）。

　　其實，如果就種族而言，絕大多數的菲律賓人屬於蒙古人種（Mongoloid），如果就語言來看，多屬於南島語系（Austronesians）、或是馬來-玻里尼西亞語系（Malayo-Polynesian），就文化來看，也多半擁有馬來人的低地農民文化特色，差別來自外來的宗教（San Juan, 2007: 91）。問題是，有共同血緣、文化的文化共同體（*Gemeinschaft*）未必就是具有相同認同的政治共同體（*Gesellschaft*），如果稱前者為文化民族，後者就是政治民族（Dunne, 1997: 2; Karlsson, 2002: 11; van Ham, 2000: 3）。菲律賓在建國後所面對的多元文化挑戰，是因為多元族群對於國家有不同的想像，也就是民族認同（national identity）的差異。換句話說，回教徒慢慢認為自己是莫洛民族，而非菲律賓的回教徒（Filipino Muslim）（Buendia, 2007: 6-7）。

當下，民答那峨的住民大致上可以分為穆斯林／回教徒、原住民族、以及基督徒。首先是回教徒，阿拉伯及波斯的生意人跟教士在 13 世紀，經由馬來西亞、以及印尼的來到民答那峨，與原住民族通婚，引進回教信仰、社群意識（ummah consciousness）、以及蘇丹體制[5]（Sultanate），在 14-15 世紀將原本的部落氏族轉換為回教社會（Schiavo-Campo & Judd, 2005: 1; Noble, 2014: 1-3; Montiel, et al., 2011: 74-75: Acton, 2016: 1）。民答那峨的住民總共有 13 族皈依回教，原本佔當地人口的多數，在 1913 年還佔 98%，不過，目前只在本島中部的馬京達瑙省（Maguindanao）、南拉瑙省（South Lanao）、三寶顏半島（Zamboanga Peninsula），以及西部外海的巴西蘭島（Basilan）、蘇祿省、及塔威塔威省（Tawi-Tawi）佔多數[6]，佔

---

[5]　蘇祿蘇丹（Sulu Sultanate）成立於 1450 年，馬京達瑙蘇丹（Maguindanao Sultanate）成立於 1619 年（Montiel, et al., 2011: 74; Santos, 2005: 1）。

[6]　其中，人數最多的是位於馬京達瑙、蘇丹庫達拉（Sultan Kudarat）、及南北哥打巴托省（North and South Cotabato）的馬京達瑙人（Maguindanaon，意

總人口的 20%（Noble, 2014: 3; Montiel, et al., 2011: 73; Brown, 2011: 6; Acton, 2016: 1; Tuminez, 2007: 78）。

再來，民答那峨的原住民族共有 18 個族群、30 多個部落，是指那些為皈依回教、或是天主教者，他們過去足跡幾乎散佈全島，由於受到歷來統治者所推動的墾殖政策影響，由平地節節敗退到高地，主要是在哥打巴托、以及薩蘭加尼（Sarangani），目前只在 11 個鄉鎮居多數，人口 6 萬、佔總人口的 10%，除了面對莫洛人的政治支配、天主徒的優勢、同化的壓力、官僚的忽視、以及法律的排除[7]，在土地上還要仍然飽受伐木、以及採礦的壓力，也就是迫遷，居社會的最底層；他們聚在一起的時候往往互稱為 Lumad，這是通用宿霧語（Cebuano）原住民族的意思，族人近年來也自稱為 Indigenous Peoples，除了受到聯合國的趨勢影響，也是因為菲律賓在 1997 年通過『原住民族權利法』（*Indigenous Peoples Rights Act*），有了正式的名稱（Montiel, et al., 2011: 73; Sciavo-Campo & Judd, 2005: 2; Strachan, 2015: 12）。

最後，人口最多的是基督徒墾殖者，也就是天主教徒，他們是來自人口過剩的呂宋、及維薩亞斯島移民的後裔（也包含一些華

即沖積平原民族），南北拉瑙省的瑪拉瑙人（Maranaw，意即湖泊民族），及蘇祿群島的陶素格人（Tausug，意即洋流民族），其他的是 Yakan、Sama、Badjaw、Kalagan、Sangil、Iranun、Palawani、Melebugnon、Kalibogan、以及 Jama Mapun（Noble, 2014: 3; Montiel, et al., 2011: 73; Strachan, 2015: 11; Tuminez, 2007: 78）。

[7] 目前，民答那峨回教徒自治區設有「南部文化社群辦公室」（Office for Southern Cultural Communities, OSCC），專門負責原住民族的社福、及就業（Strachan, 2015: 21）。

人），根據 2000 年的人口普查，佔當地 70%人口：這些人是在 1913 年起，在美國殖民政府的鼓勵下蜂擁而至[8]，在 1920 年代，人口已經超過回教徒；從 1950 年代初期起，菲律賓政府以增加農業生產為由繼續推動所謂的「安置」（resettlement）計畫，到了 1970 年代，他們甚至於在民答那峨的大部分省分已經成為多數族群[9]（Montiel, et al., 2011: 74: Brown, 2011: 6; Adam, et al.: 4）。長期以來，西班牙人徵召天主教徒攻打回教徒、回教徒不甘示弱，兩個被殖民的族群相互敵視，特別是前者長期以來瞧不起後者、視之為二等公民，雙方自然缺乏互信（Noble, 2014: 4; Montiel, et al., 2011: 74-75; Santos, 2005: 2; Schiavo-Campo & Judd, 2005: 2: Strachan, 2015: 11）。

基本上，這是一個後殖民社會從事國家打造（state-building）之際，如何著手整合與和解的課題（Adam, et al.: 2014）。一開頭，這是回教徒與天主教徒之間的械鬥，後來卻演變為莫洛民族游擊隊與菲律賓政府之間的戰爭；因此，這不只是族群之間的水平競爭，也是莫洛人與國家的垂直衝突 Strachan, 2015: 13）。我們先前曾經建構了一個少數族群認同政治化的概念架構，並運用在了解北愛爾蘭的族群衝突（施正鋒，1998：12；2009：157），經過微調如下（圖 2）：一個社會的多元族群並不一定會導致政治衝突、甚至於兵戎相見；其實，最主要的獨立變數是政治／經濟／社會結構是否平等、

---

[8] 在 1917 年，菲律賓議會設置基金鼓勵呂宋、及維薩亞斯（特別是班乃島 Panay Island）的百姓，前往民答那峨、及蘇祿群島開墾，特別是在哥打巴托設置墾殖地引人前來（Brown, 2011: 6; Schiavo-Campo & Judd, 2005: 1）。

[9] 在 1903-39 年之間，美國引入 70 萬墾殖者，在 1948-60 年之間，菲律賓政府移入 120 萬人，平均每年成長率 6.7%（Brown, 2011: 6）。

以及被支配族群的集體認同是否被壓制；此外，政府的相關政策、或是族群菁英的相對訴求，扮演的是中介變數的角色，可能強化原本的族群齟齬，也有可能降低其原有的張力。

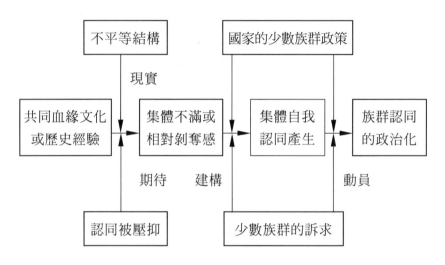

圖 2：少數族群認同之政治化之架構

　　接下來，我們將合併政府的政策（由西班牙、美國、到菲律賓）與不平等的結構、以及菁英的訴求與被壓抑的認同，分別考察莫洛獨立運動的發展，接著將重點放在和平協議的談判、以及自治政府的架構。

貳、西班牙殖民統治（1565-1898）

　　西班牙在 1565 年正式展開菲律賓群島的佔領，在短短的 50 年內，就臣服了呂宋島以及維薩亞斯島、並且把低地的住民變成天主教徒，然而，終究只能控制民答那峨的北部、東部、以及三寶顏半島（圖3）；在此後的 333 年，西班牙與兩個蘇丹對峙、時戰時和，始終未能成功征服回教徒、及原住民族；對於西班牙人來說，這場慘烈的「莫洛戰爭」（Moro Wars）是「海盜戰爭」（*guerras piraticas*），然而，對於回教徒而言，這是捍衛領土的自衛，雙方最後簽訂條約（*Spanish Treaty of Peace, 1878*）言和（Montiel, et al., 2011: 75; Santos, 2005: 1: Wikipedia, 2016c）。就族群分歧而言，主要的鴻溝是西班牙人刻意製造的野蠻的異教徒（Infidels）與文明的印第烏斯人（Indios）的差別，也就是回教徒與天主教徒的界線（San Juan, 2007: 95; Noble, 2014: 2）。

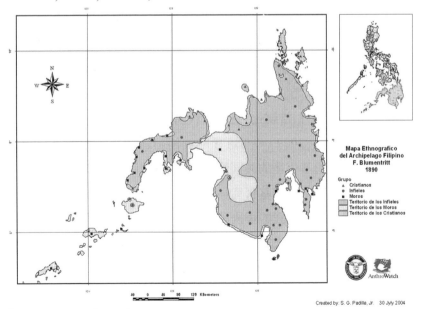

來源：Wikipedia（2016c）。

圖 3：十九世紀末民答那峨的族群分布

　　「莫洛」（Moros）與回教徒同義，起源自 711-1492 年統治西班牙的「摩爾人」（Moors），由於西班牙人瞧不起民答那峨的回教徒，變輕蔑地沿用稱之為「摩爾海盜」（*Moro piratas*）；莫洛人原本不喜歡這個他族名，不過，自從 1970 年代，「莫洛人」開始帶著正面的政治意義，年輕人驕傲地用來表達抗拒外來支配者意識，特別是當 Moro 與馬來語 Bangsa（nation）結合為 Bangsamoro/Bangsa Moro（邦薩莫洛），「莫洛民族」一詞出現，這不止代表著被殖民的過去、也意味著跟多數菲律賓人有不同的集體認同，也因此，政治運動著用來號召所有民答那峨、及蘇祿的住民，不管是回教徒、天主教徒、還是原住民族（Noble, 2014: 3; Montiel, et al., 2011: 73）。

　　西班牙在菲律賓採取一種稱為 *reducción* 的墾殖政策，以教會作為正當性的來源、以及領土控制的中心，強制當地人在教堂四周進行開發；儘管在形式上有諸如省的行政區劃，是用來羈縻地方豪族、或土酋（datu，拿篤），主要的社會控制還是透過教士來進行，兩者相互競爭，同時也相當腐化、抗拒現代國家的行政革新（Brown, 2011: 2; WikiPilipinas, 2009）。西班牙的統治給菲律賓社會帶來三項影響：首先是塑造基督徒的共同體，進而促成菲律賓的集體認同；採取分而治之的策略，讓基督徒與回教徒相互仇視；削弱蘇丹的經濟及政治基礎，為下一波的美國殖民鋪路；儘管莫洛人終究未被西班牙人殖民，戰爭卻造成的人力、以及資源的損耗，蘇丹無法充分利用土地來發展農業[10]，另外，由於軍事封鎖海上貿易，生活水準下

---

[10] 西班牙對於土地採取所謂的「王權主義」（Regalian Doctrine），也就是透過征服，王室取得土地的所有權，凡是為登記的私人土地都歸國家所有，包括森林、水域、或自然資源，與莫洛人傳統的集體所有權相左，幸好，西班牙

降、甚至於造成貧窮與內亂（Montiel, et al., 2011: 75）。

參、美國的殖民統治（1898-1946）

　　儘管莫洛人成功抗拒西班牙人的入侵，終究卻無法抵擋美國的軍事綏靖。美國在美西戰爭（1898）打敗西班牙後，簽訂『巴黎條約』（*Treaty of Paris*），以美金兩千萬買下菲律賓，出兵展開征服：由於菲律賓在半年前已經宣布脫離西班牙而獨立，因此，這是兩個殖民國家之間的私相授受；至於民答那峨的回教徒及原住民族，認為從來就不屬於西班牙、也未被徵詢，當然就沒有道理被順手移交給美國，因此展開抗爭（1989-1913）[11]（Montiel, et al., 2011: 76）。為了全力掃蕩菲律賓獨立運動（1889-1902），美國採取緩兵之計，先跟蘇祿蘇丹簽訂條約（*Bates Treaty, 1899*）示好，承認其為保護國、表示尊重莫洛人自治，條件是維持中立只不過，美國國會並未加以核准；等到平定呂宋島，美國接著出兵民答那峨，片面撕毀條約，硬逼蘇祿蘇丹接受協定（*Carpenter Treaty on Sulu, 1915*）（San Juan, 2007: 95; Wikipedia, 2016e; Sadain, Mehol, 2008; Knack, 2013: 457-58）。

　　在 1903 年，美國設置莫洛省、實施軍事統治，直到 1911 年，

並未完全征服民答那峨，是美國殖民統治真正完成蠶食鯨吞（Tuminez, 2007: 79; Knack, 2013: 456）。

[11] 事實上，在 1906 年，還有將近千名莫洛人村民在蘇祿群島的霍洛島（Jolo）的大呴山（Bud Dajo）村，不分男女老幼被美軍屠殺，史稱「大呴山屠殺」（Bud Dajo Massacre）（Wikipedia, 2016d）。

美國認為已經完成平亂，才恢復常態由平民擔任省長；美國國會在1916 年通過『菲律賓自治法』（*Philippine Autonomy Act*），將政權轉移給菲律賓議會，馬尼拉首度控制民答那峨，並且成立所謂的「非基督徒部落局」（Bureau for non-Christian Tribes）來處理殘餘的「莫洛問題」（Moro Problem），當時，美國政客跟學者都大言不慚：「連公道的觀察家都認為美國的莫洛政策明確成功」（Brown, 2011: 4-5; San Juan, 2007: 95; Kahimyang Project, 2012; Wikipedia, 2016e）。

基本上，美國是以征服印第安人的方式來看待莫洛人，也就是嘗試以監護的方式來教化這些野蠻人，具體的作法則是恩威並施，一方面進行清剿行動，另一方面籠絡土酋，讓他們爭寵、實施分化（San Juan, 2007: 95-96）。大體而言，美國殖民政府比西班牙殖民者較為同情回教徒，自詡殖民政策的出發點是利他主義，重點是經濟發展、以及資源開發，特別是橡膠產業，甚至於也有國會議員推動民答那峨與菲律賓切割，以利引入美國資金來生產橡膠、及其他熱帶產品（Brown, 2011: 2, 5）。不過，對於莫洛人最大的打擊是美國殖民政府鼓勵天主教徒移入民答那峨，造成土地的嚴重流失，並且在原鄉淪為少數族群。

美國人有三項措施嚴重打擊回教徒：將當地人分為基督徒、以及非基督徒（含回教徒、及野蠻部落），也就是文明人、跟非文明人的差別[12]；拒絕承認傳統的土地集體擁有制度，硬生生地採取「托倫斯不動產登記制」（Torrens system），而且每個基督徒可以分配到

---

[12] 根據『菲律賓基本法』（*Philippine Organic Act, 1902*），非基督徒包含莫洛人、以及其他非基督徒部落（other non-Christian tribes）。『菲律賓自治法』（1916）則只有「非基督徒部落」（non-Christian tribes）。

較多的土地[13]；慷他人之慨，將當地的土地當作無主之地開放給安置的墾殖者，造成主客易位、引起抗爭[14]，因此，回教徒在 60 年內就淪為原鄉的少數族群（Montiel, et al., 2011: 76-77）。另外，美國在殖民初期就採取一項軍事策略，由外地引入教師，以英文作為義務教育的教學語言，刻意邊陲化當地文化，讓新生代只會講英文（Montiel, et al., 2011: 77）。

肆、菲律賓政府（1946-）

在菲律賓的獨立過程中，民族運動的領導者並未將民答那峨納入民族共同體的想像：譬如被尊為「菲律賓國父」的黎剎（José Rizal, 1861-96）雖然曾經被流放到這裡過，主要還是跟天主教徒來往，他的論述並未討論過民答那峨納的未來；又如被譽為「菲律賓革命之父」的安德烈・滂尼發秀（Andrés Bonifacio, 1863-97）流亡香港時，

---

[13] 第二任軍事省長 John Finley 將軍引入此制，強行規定登記所有土地，凡是未登記土地就納為公共土地，並限定只有個人及公司才可以登記、排除社群集氏族，廢除傳統領袖所撥給的土地（land grant），只承認用益權（usufruct），破壞當地人的傳統土地制度，罔顧先佔（prior occupancy），造成非基督徒的顛沛流離；同時又重新分配土地，基督徒可以分配到 24 英畝（後來降為 16 英畝），而非基督徒卻最多指可以登記到 10 英畝（後來降為 4 英畝）（Brown, 2011: 5; Montiel, et al., 2011: 76, Table 4.1; Huang, 2012: 7; San Juan, 2007: 96-97; Tuminez, 2007: 79; Knack, 2013: 458）。相關的法律是『土地登記法』（*Public Registration Act, 1902*）、『1903 公共土地法』（*Public Land Act, 1903*）、『1919 修正公共土地法』（*Amendment to Public Land Act, 1919*）、以及『1936 修正公共土地法』（*Amendment to Public Land Act, 1936*）。

[14] 譬如 1926 年的 Alangkat 起義、以及 1950 年的 Kamlon 起義（San Juan, 2007: 96）。

他在『卡蒂普南宣言』（*Katipunan Manifesto, 1896*）稱呼蘇祿蘇丹為兄弟、並且敦促莫洛人共襄盛舉起義，不過，並未積極吸收回教徒加入革命組織；至於獨立後的菲律賓，也沒有考慮民答那峨的特殊歷史文化，莫洛人自然戒慎小心、甚至於認為這將是西班牙統治的延續（Brown, 2011: 3）。

菲律賓在建國後，蕭規曹隨，沿用殖民政府的差別待遇式土地分配政策，加緊鼓勵人口安置措施，而義務教育依然是文化整合的利器；另外，回教徒領袖也漸漸納入體制，特別是在 1950 年代中期開放的地方選舉，只不過，隨著人口比例萎縮，當地仕紳越來越難當選，族群之間的關係更形緊張（Montiel, et al., 2011: 77-78; Noble, 2014: 12; Kamlian, 2013: 4）。由 1903 年以來的人口普查來看，族群人口失衡越來越嚴重，特別是二次大戰以後、到 1970 年為止最明顯；以舊哥打巴托省[15]為例，馬京達瑙人的人口由 1918 年的59.51%、1939 年的 54.52%、一路下滑到 1970 年 27.75%，原住民族的人口也是由 25.04%、24.94%、下降到 6.68%，相對地，外來墾殖者由 2.7%、24.04%、竄升到 67.19%[16]（Montiel, et al., 2011: 78）。

相較於美國殖民時期，菲律賓政府的墾殖政策有利於天主教權貴家庭，特別是結合出口壟斷，而這些東部大規模的農企業又比較喜歡聘用天主教徒，因此，莫洛人一方面被迫遷離傳統領域，又無法在新興貨幣經濟找到工作，可以說面對雙重的邊陲化；雪上加霜的是從 1960 年代開始發生一連串的暴力事件，雙方的裂痕越來越難

---

[15] 包含馬京達瑙、蘇丹庫達拉、哥打巴托、南哥打巴托、以及薩蘭加尼等五省。
[16] 比較 Adam 等人（2014: 4）有關人口變遷的數字。

縫合，而軍警跟司法都站在天主教徒一方，土地被剝奪的回教徒投訴無門，選舉給予政治人物動員的機會（Brown, 2011: 7: Adam, et al., 2014: 4）。

一、菁英的訴求

在 1916 年，美國國會通過『菲律賓自治法』，應允菲律賓獨立，開始從事官僚體系的菲律賓化（Filipinization），加速由菲律賓人接棒，也因此，莫洛省的公家機構湧入大批天主教徒，引起當地人的強烈不滿，要求在自己的原鄉進行「莫洛化」（Moroization）（Wikipedia, 2016f; Montiel, et al., 2011: 77）。在 1921 年，有 57 名莫洛領袖前往馬尼拉、及華府陳情，要求讓蘇祿獨立、或是納入美國，反對加入菲律賓[17]；在 1920 年代中期，美國組了一個調查團到菲律賓，想要了解當地人準備獨立的進度，莫洛人領袖明白表示抗議，堅持不願意變成菲律賓的一部分、希望能繼續接受美國的統治、再不然就是獨立；只不過，一些莫洛人領導者還是參加了 1934 年的菲律賓制憲會議，確認民答那峨併入菲律賓，連帶地也將原住民族

---

[17] 後續的還有『三寶顏宣言』（*Declaration of Rights and Purposes, or Zamboanga Declaration, 1924*）、以及『丹薩蘭宣言』（*Dansalan Declaration, 1935*）（Kuit, n.d.; Noble, 2014: 12; Tuminez, 2007: 78）。在 1935 年，120 名土酋連署了『丹薩蘭宣言』，嚴正聲明（Kamlian, 2013: 3）：

…we do not want to be included in the Philippines for once an independent Philippines is launched, there would be trouble between us and the Filipinos because from time immemorial these two peoples have not lived harmoniously together. Our public land must not be given to people other than the Moros…

順手變成菲律賓人（Filipino）（Montiel, et al., 2011: 77-78; Huang, et al.: 2; Noble, 2014: 12; Santos, 2002; Buendia, 2007: 5-6）。

面對莫洛人的抗議，特別是土地流失、以及認同喪失，菲律賓國會在 1956 年組成了一個特別委員會，前往民答那峨了解「莫洛問題」，回到中央後建議成立「國家整合委員會」（Commission on National Integration, CNI），授權儘速提升「非基督徒菲律賓人」（Non-Christian Filipinos）的經濟、社會、道德、以及政治地位，此後，污名化的「非基督徒」才被改稱為「文化少數民族」（National Cultural Minorities）（McKenna, 1998: 139-40; Montiel, et al., 2011: 78）。直到 1961 年，擔任國會議員的蘇丹 Ombra Amilbangsa 還不屈不撓提案，希望蘇祿能脫離菲律賓（San Juan, 2007: 97）。

在 1968 年，發生駭人的「雅比達屠殺事件」（Jabidah Massacre, Corregidor Incident），26 名莫洛游擊戰新兵被控兵變遭到天主教徒軍官處決，然而，一般相信他們是因為陳情兵餉延誤而被殺[18]，哥打巴托省長 Datu Udtog Matalam 憤而成立「回教獨立運動」（Muslim Independence Movement）[19]，宣布打算在民答那峨、及蘇祿建立回教國度，正式展開現代的獨立運動；為了號召非回教徒加入，該組織隨後改名為「民答那峨獨立運動」（Mindanao Independence Movement, MIM），而來自維薩亞斯的墾殖者政治菁英也不甘示弱，成立武裝自衛團體 Ilagas 加以抵制，特別是為了土地爭執相互械鬥

---

[18] 沙巴州（Sabah）原屬蘇祿蘇丹，後來被劃歸獨立後的馬來西亞，菲律賓不服、訓練軍隊顛覆；官方的說法是這些新兵試圖「入侵」沙巴，一般的理解是這些新兵拒絕聽命攻打回教兄弟（Wikipedia, 2016g; Brown, 2011: 7; Santos, 2005: 6）。

[19] 隨後，為了吸引民答那峨的非回教徒加入，改名為「民答那峨獨立運動」（Mindanao Independence Movement）。

（Montiel, et al., 2011: 78-79; Brown, 2011: 7; Santos, 2005: 6, 12; Noble, 2014: 13; Kamlian, 2013: 5-6）。

在 1971 年，回教徒與天主教徒於民答那峨中部爆發衝突，特別是在哥打巴托、以及拉瑙省，暴力事件層出不窮，回教徒飽受驚嚇荼毒、倉皇逃跑[20]，各階層領袖聯合發表了一項聲名、呼籲政府出面制止暴力，卻被視為公然挑釁，馬可仕（Ferdinand Marcos）總統在 1972 年以剿共、以及遏止回教暴動為由宣佈戒嚴，提油救火；一個月後，莫洛知識份子及學生在一名菲律賓大學講師 Nur Misuari 的領導下，結合土地流失的農民、宗教領袖、以及地方政治人物，成立「莫洛民族解放陣線」（Moro National Liberation Front, MNLF）、組織「莫洛民族軍」（Bangsa Moro Army），在蘇祿群島的霍洛島起義，展開莫洛民族解放戰爭，要在民答那峨、蘇祿、以及巴拉望建立「莫洛民族共和國」（Bangsamoro Republic），形同公開武裝抗爭，戰火蔓延至本島的哥打巴托（Montiel, et al., 2011: 79; Brown, 2011: 8; Santos, 2005: 6, 12; San Juan, 2007: 98; Noble, 2014: 13: Adam, et al.: 2014: 5）。

在游擊戰的第一階段（1972-76），雙方的交戰進入膠著，具估總共有 10-12 萬人喪生，半數是游擊隊成員、三成屬政府軍、兩成則是平民[21]：一方面，由於菲律賓軍方（Armed Forces of the Philippines,

---

[20] 譬如發生在北拉瑙的 Tacub 屠殺，40 位選民在軍事關卡外被政府軍以機關槍掃射，屍體又被圍觀者肢解；又如在哥打巴托省的 Manili 屠殺，在清真寺進行和平會議的會眾，有 70 名不分男女老幼被警察殺害（Montiel, et al., 2011: 79; Acton, 2016: 2: Noble, 2014: 13）。

[21] 根據比較保守的估計，在 1969-76 年之間，死亡的也有 6 萬人、受傷 5.4 萬、流離失所 35 萬，遍及哥打巴托、拉瑙省（South Lanao）、三寶顏、巴西蘭、蘇祿、及塔威塔威（Santos, 2005: 13）。

AFP）對於地形不熟，無法切斷游擊隊的補給線，當然就無力殲滅對方，另一方面，儘管 MNLF 的背後有利比亞的金援、及沙巴州長（Chief Minister）Mastapha Harun 所提供的後勤補給，武力卻不足以驅逐政府軍；隨後，Mastapha 選舉挫敗下台，菲律賓的軍事挑戰稍緩，由於中東回教國家威脅砍斷油源，馬可仕改行蘿蔔兼棍棒策略[22]，為自治和談鋪路（Montiel, et al., 2011: 79; Brown, 2011: 8; Santos, 2005: 7, 9, 14）。

立場搖擺、意志不堅，應該是莫洛獨立運動的最大問題。一開頭，莫洛人以從來未被征服、以及獨特的文化認同為由，認為美國不應該把民答那峨交給菲律賓，要求獨立建國，然而，MNLF 的領導者在「回教會議組織」（Organisation of the Islamic Conference, OIC）[23] 的曉以大義下，轉而接受妥協、將目標調整為自治；Nur Misuari 的副手 Hashim Salamat 認為自治不能解決問題、主張建立一個獨立的回教國家才真正符合莫洛民族的目標，在 1977 年割席而去[24]，卻讓政府有見縫插針的空間（Acton, 2016: 3; Santos, 2005: 8, 13; San Juan, 2007: 99; Strachan, 2015: 6; Kamlian, 2013: 7）。

---

[22] 左手出兵圍剿，右手則在 1973 年成立「回教民答那峨重建暨發展計畫」（Reconstruction and Development Program in Muslim Mindanao）（Santos, 2005: 9）。

[23] 成立於 1972 年，總部設在沙烏地阿拉伯的吉達，在 2011 年改名為「回教合作會議」（Organisation of Islamic Cooperation）（Wikipedia, 2016h）。MNLF 在 OIC 具有觀察員的地位（Santos, 2005: 4）。

[24] 原先稱為 New MNLF Leadership，Hashim 一開頭為了討好回教會議組織，主張自治來跟 Misuari 一別苗頭，不遂，在 1984 改名「莫洛回教解放陣線」（Moro Islamic Liberation Front, MILF），轉而追求獨立四大方針是回教化、強化組織、軍事力量、以及自力更生（Santos, 2005: 4-5; Buendia, 2007: 8）。

　　由於 Misuari 是來自蘇祿群島的陶素格人，而 Hashim 則是則瑪拉瑙人，難免有地域上的瑜亮情結，加上教育背景、出身地位、意識形態、以及領導風格的差異[25]，馬可仕政府一方面希望跟 MNLF 的談判速戰速決、讓兩者沒有握手言歡的機會，另一方面則又向 MILF 招手談和；只不過，當政府將談判的對象轉向勢力高漲的 MILF，被冷落的 MNLF 轉而重回要求完全獨立、MILF 則在戰術上退卻為自治，可見獨立之於自治也不過是市場分割、抗爭之於談判也是為了政治動員，不管目標、還是策略，隨時可以見機轉向、沒有前後一致的信念（Brown, 2011: 10; Acton, 2016: 3: Santos, 2005: 4, 9: Huang, et al., 2012: 8; San Juan, 2007: 99-100: Strachan, 2015: 6; Noble, 2014: 16: Buendia, 2007: 8-9）。

　　由於自治政府未能帶來實質發展，由 Abdurajik Abubakar Janjalani 所領導的游擊團體阿布沙耶夫（Abu Sayyaf）在 1991 年出現，代表在蘇祿、及巴西蘭那些不滿 MNLF 的年輕人，鼓吹使用極端手段建立回教獨立國家，特別是在九一一事件以後獲得蓋達組織（Al Qaeda）的支助，漸漸嶄露頭角（Brown, 2011: 13; Stantos, 2005: 14: Wikipedia, 2016i: Strachan, 2015: 8-9）。另外，在 MILF 與政府於 2008 年就自治達成協定後，堅持獨立者退出另外成立「莫洛民族回教自由鬥士」（Bangsamoro Islamic Freedom Fighters, BIFF）

---

[25] Misuari 畢業於菲律賓大學、Hashim 畢業於開羅的回教艾資哈爾（Al-Azhar）大學，Misuari 是世俗的菁英、Hashim 屬於土酋階層及宗教領袖，MNLF 主張世俗的民族主義（反帝國主義、不結盟）、MILF 則強調激進的回教復興主義，Misuari 的領導風格是集中式、Hashim 採取協商式（Santos, 2005: 4-5: San Juan, 2007: 99）。

（Strachan, 2015: 8; Wikipedia, 2016j）。如果說 MNLF 因為走體制內
路線而被整合而邊陲化，特別是在進入體制後動彈不得，同樣地，
只要上談判桌，走體制外的 MIFL 也難逃被吸納，而恐怖組織則很
難成氣候。

Adam 等人（2014: 6-7, 11-12, 17-18）認為，一般把民答那峨的
衝突視為回教社會與菲律賓國家之間的競爭，其實是誤解了莫洛菁
英對於殖民政府、以及後殖民政府的態度，換句話說，他們十分務
實，朝中有人好辦事，把殖民體制當作進身的管道、藉機取得權力
及財富、並提高自己的身價，透過封建的恩寵關係坐收政治租，也
因此，美國殖民政府樂於利用他們來進行間接統治，各取所需，讓
他們在各自的地盤享有自主，而暴力只是社會控制的必要手段；事
實上，戰後的菲律賓政府蕭規曹隨，一直到 1960 年代為止，雙方取
得相當程度的平衡，讓民答那峨維持起碼的自主；只不過，當馬可
仕政府在 1960 年代末期展開中央集權，調整自來的鬆散控制，破壞
了彼此的均衡，分贓不均，讓莫洛菁英鋌而走險，這時候，儘管他
們不惜儘管採取武裝抗爭，卻從來沒有拒絕加入體制的機會，隨時
可以進出政府，可以說是一種兩手策略。如此看來，不管是 MNLF、
還是 MIFL，不管是打著獨立、還是自治的旗號，不管是採取對抗、
還是上談判桌，終究，這是國家、政治團體／游擊隊、以及地方頭
人的三角同盟關係，結盟關係高度流動（Adam, 2014: 18）。

二、和平協定的談判

Oquist（2002）認為民答那峨的和平談判歹戲拖棚，主要是政

府的立場摻雜三種路線，不同的總統有不同的看法[26]（圖 4）。首先是採取「全面戰爭」（total war）的策略，不只在軍事上要挫敗激進的 MILF，在政治上也要將溫和的 MNLF 邊陲化，甚至於要消滅恐怖份子組織。通嘗試在談判進入膠著、或是陷入政治危機之際，無計可施，因此打算使用大規模的軍事行動來加以討伐，孤注一擲，希望一舉在戰場潰敗對方、一勞永逸；既然激進派、及溫和派的作戰能力大為削弱，政治談判淪為清掃戰場的一部分，敬酒不吃、吃罰酒，莫洛菁英接不接受條件已經不是考量。只不過，這樣的作法往往只刺激殘餘份子的頑抗、以及老百姓的同情。

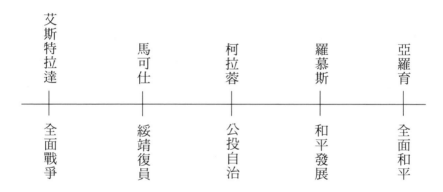

圖 4：菲律賓政府的策略

「綏靖復員」（pacification and demobilization），這是最常見的談判手腕，希望盡快達到停火的目標、讓「叛軍」解甲歸田，卻又想辦法將讓步降到最低的程度，同時又藉機擴張本身的軍事相對實

---

[26] Santos（2005: 3）的分期，主要是根據總統的任期，理由是每個總統有不同的政策跟途徑。

力；表面上，這是務實的妥協之道，其實是軟索牽豬的綏靖作法，因此，我們可以看到軍事與談判手段交互使用，甚至於，軍事勝利是用來逼莫洛菁英上談判桌，進入體制其實是請君入甕，又可以達到分而治之的作用。

在光譜的另一端是追求「全面和平」（total peace），同步從政治、經濟、社會、文化、以及生態層面著手，通盤建構可以鞏固和平的制度；因此，簽訂協議只是達到和平的第一步，還要看接下來如何落實承諾，從而必須有從短、中、長程的計畫與作法；這時候，總統要面對的不只是莫洛人、也不是在野黨的反對，而是政府部門的死硬派的抗拒（Oquist, 2002: 13）。由衝突管理（conflict regulation）、衝突解決（conflict settlement）、到衝突化解（conflict resolution），其實就是由維持和平（peace keeping）、營造和平（peace making）、到建構和平（peace building）（圖 5），上述三種路線，大致符合由暴力到和平的三種途徑。

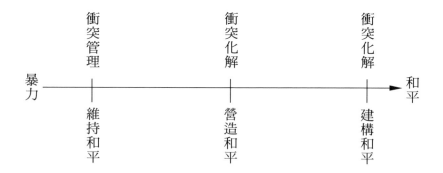

圖 5：暴力到和平的途徑

　　在回教會議組織的斡旋、以及沙烏地阿拉伯斷油的威脅下[27]，菲律賓政府於 1976 年在利比亞首都的黎波里（Tripoli）與莫洛民族解放陣線達成『的黎波里協定』（*Tripoli Agreement*）（附錄 1），在「菲律賓主權及領土完整」（within the realm of the sovereignty and territorial integrity of the Republic of the Philippine）的前提下，雙方停火的十六項條件包括國防、外交、行政、財政等原則，特別是自治政府與中央政府的關係，此後的協議大致不脫此時訂下來的框架：就自治區的範圍，MNLF 要求莫洛家園所有 25 個省分，最後的妥協是 13 省；有關於財政，雖然沒有均等化（equalization）安排，不過，自然資源與礦產開發的一部分將合理分配給自治區（Brown, 2011: 8-9; Acton, 2016: 2; Santos, 2005: 9; Buendia, 2007: 7）。

　　究竟 MNLF 爭取到 13 省作為公投的標的是禍、還是福？由於馬可仕在最後關頭於『的黎波里協定』加上如下的文字：「政府將採取必要的憲政程序來執行整個協定」，他在墨水未乾就立即宣布說，這意味著必須在所有受到影響的所有省分進行公投來決定；對於這樣的片面詮釋，MNLF 當時似乎並未反對，只針對公投的文字鋪陳有意見，而回教會議組織無法讓雙方取得共識，政府就逕自舉辦公投，13 省當中只有 10 個省同意自治，在大量縮水下於 1977 年片面成立兩個權力有限的區域自治政府[28]、而非單一的自治區，被譏為

---

[27] 在過去 46 年來，前後見證的國家還有利比亞、索馬利亞、塞內加爾、土耳其、印尼、以及馬來西亞（Acton, 2016: 2）。

[28] 根據『第 1628 號公告』（*Proclamation No. 1628, 1977*），成立了西民答那峨的第九區自治政府（哥打巴托）、以及南民答那峨的第十二區自治政府（三寶顏），財政權有限、只能作決議要求中央政府挹注（Browns, 2011: 11; Santos, 2005: 7; Adam, et al.: 2014: 1）。

「紙上自治」（paper autonomy），莫洛人質疑馬可仕推動自治的誠意、談判中斷，然而，一些 MNLF 領袖、及土酋還是被驅策接受職位，造成運動分裂（Brown, 2011: 11: Santos, 2005: 7, 9-10; Noble, 2014: 15; Buendia, 2007: 7; Adam, et al.: 2014: 7）。

柯拉蓉（Corazon Aquino, 1986-92）於人民革命後於 1986 年上台，積極跟回教徒修好，還派遣親信與流亡在外的 Misuari 談判，在 1987 年跟 MNLF 達成『吉達協定』（*Jeddah Accord*），同意成立民答那峨回教徒自治區；柯拉蓉政府同意讓『的黎波里協定』所列舉的 13 省獲得較大的自治權，Misuari 則要求所有民答那峨島、以及蘇祿群島的 23 省通通納入自治區的範圍，並且希望游擊隊就地合法化為區域的軍隊，雙方談判破裂（Brown, 2011: 11）。

儘管如此，柯拉蓉還是執意推動自治，並在 1987 年的新憲（*1987 Constitution the Republic of the Philippines*）確認（附錄 2），而國會也通過『回教民答那峨自治區基本法』（*Organic Act for the Autonomous Region in Muslim Mindanao, 1989*）來詳細規範，堅持只要公投過關，就讓 13 省成立民答那峨回教徒自治區，也就是「必須經過民主程序」（subject to democratic processes），同時應允比先前更優惠的條件，包括設置回教法庭（Shari'a Court）、提高稅收權、及成立區域警察；不過，Misuari 此番變聰明了，以未參與新憲制訂、及條款違反『的黎波里協定』為由，斷然拒絕把公投作為自治的前提，呼籲族人杯葛，只有馬京達瑙、南拉瑙、蘇祿、及塔威塔威等四個省分同意加入，終究，政府還是在 1989 年設置民答那峨回教徒自治區[29]（Brown,

---

[29] 見 Wikipedia（2015）有關於歷屆的省長。

2011: 11; Santos, 2005: 7-8, 10; Schiavo-Campo & Judd, 2005: 2-3: Noble, 2014: 18)。

羅慕斯（Fidel V. Ramos, 1992-98）總統認為起碼的和平是菲律賓經濟發展所必須，上台後恢復與 MNLF 的談判，終於在 1996 年跟 MNLF 達成『的黎波里協定最終執行協定[30]』（*Agreement on the Final Implement of the 1976 Tripoli Agreement*），同意兩階段實施自治，並讓 MNLF 整編為菲律賓軍方，先在總統府成立過渡的推動機構「南菲律賓和平暨發展理事會」（Southern Philippines Council of Peace and development, SPCPD）[31]，負責治理涵蓋 14 省的「和平暨發展特別區」（Special Zone of Peace and Development, SZOPAD），並誓言在三年內透過公投完成自治區版圖的擴張；在羅慕斯的加持下，Misuari 先是被任命為 SPCPD 的主席、又以執政黨候選人身分在 1996 年當選自治區省長，可惜，他無能而又貪瀆，終於在 2001 年被 MNLF 罷黜，他在選情岌岌可危下宣布重拾武裝，流亡馬來西亞被引渡回國審判，MNLF 已經不足為患，接下來，與反對和談政客結盟的艾斯特拉達（Joseph Estrada, 1998-2001）總統，上台後採取鐵腕政策，對 MIFL 發動全面戰爭，儘管雙方傷亡慘重，卻始終未能消滅對方（Brown, 2001: 12: Santos, 2005: 8, 10-11; Wikipedia, 2016k; Schiavo-Campo & Judd, 2005: 3: Strachan, 2015: 6; Noble, 2014: 20; Buendia, 2007: 11-12; Tuminez, 2007: 81: Knack, 2013: 461-62)。

---

[30] 又稱為『雅加達協定』（*Jakarta Agreement*）。
[31] SPCPD 與 SZOPAD 的成立是根據『第 371 號行政命令』（*Executive Order No. 371, 1996*）（Noble, 2014: 20）。

亞羅育（Gloria Macapagal Arroyo, 2001-10）總統上台後軟硬兼施[32]，在馬來西亞的斡旋下與 MILF 展開談判，此時，天主教徒方面也有人開始推動聯邦體制，相信如此才能釜底抽薪，並獲得總統的青睞，在 2005 年成立諮詢委員會研訂新憲來落實；雙方在 2008 年於吉隆坡簽了一項『祖先領域[33]協定備忘錄』（*Memorandum of Agreement on Ancestral Domain, MOA-AD*），除了同意成立領地擴張的「莫洛民族管轄體」（Bangsomoro Juridical Entity, BJE）、規範資源管轄及財富分享，還同意分開派遣外貿單位，更明言祖先領域不是公共領域。可惜，由於最高法院在 2008 年宣判該協議、以及相關的『回教民答那峨自治法第 201 號』（*Muslim Mindanao Autonomy Act 201, 2006*）違憲無效[34]，功敗垂成，雙方重啟兵戎，超過 60 萬人流離失所（Wikipedia, 2016）。

艾奎諾三世（Benigno Aquino III, 2010-16）一上台就表達跟 MILF 恢復談判的意願，而且獲得印尼、馬來西亞、以及利比亞的支持，經過 32 回合的談判，終於在 2012 年簽署『莫洛民族框架協定』（*Framework Agreement on the Bangsamoro*），同意以莫洛民族自治區取代民答那峨回教徒自治區，並取得有關於自治法源、行政安

---

[32] 通過『強化回教民答那峨自治區基本法』（*Act to Strengthen and Expand the Organic Act for the Autonomous Region in Muslim Mindanao, 2001*），擴充 ARMM 的權力（Huang, et al., 2012; 8）。

[33] 「祖先領域」（ancestral domain），大致上就是傳統領域（Tuminez, 2005, 2007; Wikipedia, 2016l）。

[34] 在 *Province of North Cotabato v. GRP*（2008），最高法院認為莫洛民族管轄體權力太大，而且與中央政府的所謂「平行結合關係」（associative parallel relationships），儼然就是一個國家。

排、權力分享、以及稅收方式等原則性共識,並進一步在 2014 年達成詳細的『莫洛民族通盤協定』(*Comprehensive Agreement on the Bangsamoro*),同意草擬『莫洛民族基本法』作為成立自治區的立法依據,不過,由於 2015 年發生 44 名警察死於突襲行動[35],總統無法說服國會議員支持批准(Brown, 2011: 14; Acton. 2106: 2; Strachan, 2015: 5)。今年才上任的總統杜特地(Rodrigo Duterte)是來自民答那峨的維薩亞斯墾殖者後裔,看來和談進展並不樂觀(Acton, 2016: 3)。

大體而言,菲律賓政府的策略一向是片面執行協定,同時籠絡個別莫洛領袖背書,又可以達到分化對方的目的,特別是羅慕斯總統刻意拉攏 Misuari 擔任自治區省長;儘管這樣的作法在短期內可以降低衝突,長期而言,卻造成莫洛人對於政府的不信任感,同時也讓族人對於自己的領袖失望,談判結果不能獲得百姓支持(Brown, 2001: 15)。此外,由於菲律賓幅員廣大,除非朝野政黨認為有利,民答那峨議題很難成為全國的關注:我們可以看到,菲律賓總統往往把民答那峨當作提款機,只要遇到政治困境、特別是民意支持陡降之際,就試圖轉移焦點,不管是討伐、還是和談;相對地,反對黨也不願意讓總統有所進展,通常會以破壞領土完整為由反對政府讓步(Brown, 2001: 15)。

---

[35] 稱為「馬馬薩帕諾」(Mamasapano Clash),引起公憤,因為根據報導,許多突擊隊是在投降後被行刑(Acton, 2016: 2-3)。

伍、莫洛自治政府

菲律賓的地方政府分為三級,分別是省[36]、及獨立市(independent city),市(component city)、及鎮鄉(municipality),及村(barangay),而自治區(autonomous region)由省、以及獨立市所組成,設有地區首長(regional governor)(圖 6)(Wikipedia, 2016n)。菲律賓政府在 1989 年劃設民答那峨回教徒自治區,原先只包含馬京達瑙、南拉瑙、蘇祿省、及塔威塔威四省,後來才在 1996 年又加上巴西蘭省,總面積 12,288 平方公里,佔菲律賓的 9% 土地,但距離原先的期待差很多(Huang, et al., 2012: 3; Wikipedia, 2016o; Adam, et al.: 2014: 1, 7)。艾奎諾三世政府在 2012 年同意擴編為莫洛民族自治區(圖 7)。

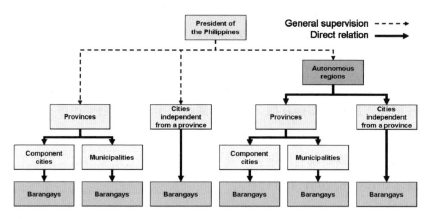

來源:Wikipedia(2016)。

圖 6:菲律賓的行政區劃

---

[36] 菲律賓現在分為 81 個省,分屬 18 個地區(Wikipedia, 2016m);其分佈見附錄 3。

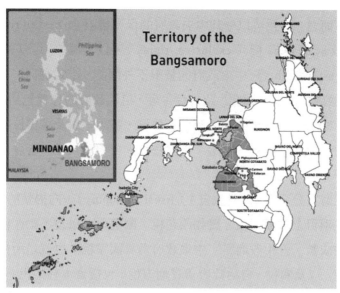

圖 7：莫洛民族自治區

　　最早，設置民答那峨回教徒自治區的依據是柯拉蓉總統時代通過『回教民答那峨自治區基本法』（1987），後來，亞羅育總統為了示好，進一步通過『強化回教民答那峨自治區基本法』（2001），可惜『回教民答那峨自治法第 201 號』（2006）被宣判違憲。前總統艾奎諾三世所推動的『莫洛民族基本法』，還待國會批准。從歷來的協議、及相關法案來看，莫洛人與政府大致同意自治區是菲律賓的一部分，此外，自治政府的權力是經過中央政府授與（granted）、或是下放（devolved）而來，而非根據既有的主權（inherent sovereignty）。

　　歸納現有法案、協議、以及『莫洛民族基本法』草案，自治的內容不外分權（power-sharing）、以及分錢（wealth-sharing）。就權力分享而言，大致可以分為中央政府的保留權限（reserved rights）、自治政府的專有權（exclusive rights）、以及雙方共享的權力（concurrent rights）。中央政府的權限不外國防、外交、郵務、財政、貨幣、海關、移民、歸化、及外貿等等，自治政府的專權包括農業、經濟、文化、語言、勞動、旅遊、教育、職訓、以及習慣法等等，共享的權力則有社福、年金、土地登記、公害、人權、審計、及海防等等[37]。

就財富分享層面，財政自主（fiscal autonomy）一向揭櫫的目標，只是在項目上討價還價，譬如印花稅、贈與稅、以及不動產稅，或是分益成數。就稅收而言，中央政府負責國家稅，也就是所得稅、營業稅、以及關稅，自治政府負責地方稅，包括資本利得稅（capital gains tax）、以及規費（fees and charges）。有關於中央政府在自治區所徵收的稅捐，以 1：3 的公式回交給自治政府，也就是統籌款；另外，除了特定的補貼（subsidies），中央政府必須提供一般補助款（block grants）給自治區。最特別的是自然資源開發的收益：非金屬礦物（砂石、採石）收益全數歸自治政府、金屬礦產收益 75% 歸自治政府、至於化石燃料（煤炭、石油、天然氣）以及鈾的收益則雙方均分（圖 8）。

---

[37] 比較特別的是設置回教法庭、以及學習阿拉伯語，而外貿被視為外交權，也有一些不同看法。爭議最大的是祖先領域的所有者，也就是究竟誰是原住民族，『祖先領域協定備忘錄』（2008）開宗明義寫著：民答那峨所有的莫洛人（Moros）、及原住民族（Indigenous peoples）有權自我定義為莫洛民族（Bangsamoros, Bangsamoro people），是指那些在征服、或是殖民之前就已經住在這裡的本地人或原初住民（natives or original inhabitants）的後代，不管他們是否混血。

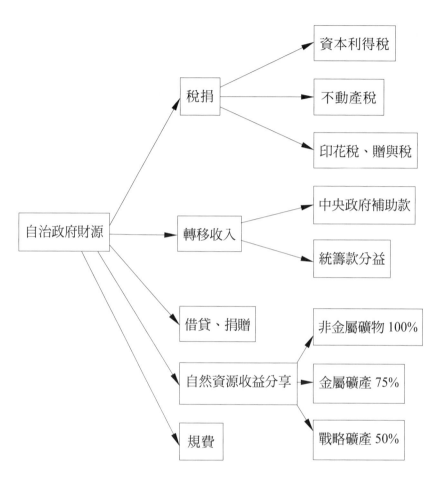

圖 8：莫洛自治政府的財源

　　儘管如此，Tuminez（2007: 82-4）認為自治政府相較於中央還是弱勢者，特別是莫洛人在中央政府的政治參與、及全國性的影響力有限，國會隨時可以因為民意變動修訂自治法、限縮自治權限，另外，中央政府往往也會培植配合度高的莫洛政治菁英，透過選舉

來間接掌控自治政府,再以預算、及補助款來加以羈縻;只不過,
一個巴掌拍不響,封建的莫洛社會,加上貪腐、及無能的莫洛政客,
也要負相當大的責任;為了降低中央政府以經濟恩寵控制自治政
府,MILF 將談判的重心放在傳統領域的資源,包括森林、土地、
水域、海域、以及礦產,特別是石油、以及天然氣的開發。

附錄 1：『的黎波里協定』（1976）

First: The establishment of Autonomy in the Southern Philippines within the realm of the sovereignty and territorial integrity of the Republic of the Philippines.

Second: The areas of the autonomy for the Muslims in the Southern Philippines shall comprise the following:

1. Basilan
2. Sulu
3. Tawi-Tawi
4. Zamboanga del Sur
5. Zamboanga del Norte
6. North Cotabato
7. Maguindanao situated in the above mentioned
8. Sultan Kudarat areas
9. Lanao del Norte
10. Lanao del Sur
11. Davao del Sur
12. South Cotabato
13. Palawan
14. All the cities and villages

Third: 1. Foreign Policy shall be of the competence of the Central Government of the Philippines.

2. The National Defense Affairs shall be the concern of the Central Authority provided that the arrangements for the joining of the forces of the Moro National Liberation Front with the Philippine Armed Forces be discussed later.

3. In the areas of the autonomy, the Muslims shall have the right to set up their own Courts which implement the Islamic Shari'ah laws. The Muslims shall be represented in all Courts including the Supreme Court. The representation of the Muslims in the Supreme Court shall be upon the recommendation from the authorities of the Autonomy and the Supreme Court. Decrees will be issued by the President of the Republic of their appointments taking into consideration all necessary qualifications of the candidates.

4. Authorities of the autonomy in the South of the Philippines shall have the right to set up schools, colleges and universities, provided that matters pertaining to the relationship between these educational and scientific organs and the general education system in the state shall be subject of discussion later on.

5. The Muslims shall have their own administrative system in compliance with the objectives of the autonomy and its institutions. The relationship between this administrative system and the central administrative system to be discussed later.

6. The authorities of the autonomy in the South of the Philippines shall have their own economic and financial system. The relationship between this system and the Central economic and financial system of the State shall be discussed later.

7. The authorities of the autonomy in the South of the Philippines shall enjoy the right of representation and participation in the Central Government and in all other organs of the State. The number of representatives and ways of participation shall be fixed later.

8. Special Regional Security Forces are to be set up in the area of the Autonomy for the Muslims in the South of the Philippines. The

relationship between these forces and the Central security forces shall be fixed later.

9. A Legislative Assembly and an Executive Council shall be formed in the areas of the Autonomy for the Muslims. The setting up of the Legislative Assembly shall be constituted through a direct election, and the formation of the Executive Council shall take place through appointments by the Legislative Assembly. A decree for their formation shall be enacted by the President of the Republic respectively. The number of members of each assembly shall be determined later on.

10. Mines and mineral resources fall within the competence of the Central Government, and a reasonable percentage deriving from the revenues of the mines and minerals be fixed for the benefit of the areas of the autonomy.

11. A Mixed Committee shall be composed of representatives of the Central Government of the Republic of the Philippines and the representatives of the Moro National Liberation Front. The Mixed Committee shall meet in Tripoli during the period from the Fifth of February to a date not later than the Third of March 1977. The task of said Committee shall be charged to study in detail the points left for discussion in order to reach a solution thereof in conformity with the provisions of this agreement.

12. Cease-fire shall be declared immediately after the signature of this agreement, provided that its coming into effect should not exceed the 20th January 1977. A Joint Committee shall be composed of the two parties with the help of the Organization of the Islamic Conference represented by the Quadripartite Ministerial Commission to supervise the implementation of the cease-fire.

The said Joint Committee shall also be charged with supervising the following:

a. A complete amnesty in the areas of the autonomy and the renunciation of all legal claims and codes resulting from events which took place in the South of the Philippines.

b. The release of all the political prisoners who had relations with the events in the South of the Philippines.

c. The return of all refugees who have abandoned their areas in the South of the Philippines.

d. To guarantee the freedom of movements and meetings.

13. A Joint meeting be held in Jeddah during the first week of the month of March 1977 to initial what has been concluded by the Committee referred to in Para. 11.

14. The final agreement concerning the setting up of the autonomy referred to in the first and second paragraphs shall be signed in the City of Manila, Republic of the Philippines, between the Government of the Philippines and Moro National Liberation Front, and the Islamic Conference represented by the Quadripartite Ministerial Commission and the Secretary-General of the Organization of Islamic Conference.

15. Immediately after the signature of the Agreement in Manila, a Provisional Government shall be established in the areas of the autonomy to be appointed by the President of the Philippines; and be charged with the task of preparing for the elections of the Legislative Assembly in the territories of the Autonomy; and administer the areas in accordance with the provisions of this agreement until a Government is formed by the elected

Legislative Assembly.

16. The Government of the Philippines shall take all necessary constitutional processes for the implementation of the entire Agreement.

Fourth: This Agreement shall come into force with effect from the date of its signature.

附錄 2：『1987 年菲律賓憲法』的自治區條款

Article 10: Local Government

Section 1. The territorial and political subdivisions of the Republic of the Philippines are the provinces, cities, municipalities, and barangays. There shall be autonomous regions in Muslim Mindanao and the Cordilleras as hereinafter provided.

Section 15. There shall be created autonomous regions in Muslim Mindanao and in the Cordilleras consisting of provinces, cities, municipalities, and geographical areas sharing common and distinctive historical and cultural heritage, economic and social structures, and other relevant characteristics within the framework of this Constitution and the national sovereignty as well as territorial integrity of the Republic of the Philippines.

Section 16. The President shall exercise general supervision over autonomous regions to ensure that the laws are faithfully executed.

Section 17. All powers, functions, and responsibilities not granted by this Constitution or by law to the autonomous regions shall be vested in the National Government.

Section 18. The Congress shall enact an organic act for each autonomous region with the assistance and participation of the regional consultative commission composed of representatives appointed by the President from a list of nominees from multisectoral bodies. The organic act shall define the basic structure of government for the region consisting of the executive department and legislative assembly, both of which shall be elective and representative of the constituent political units. The organic acts shall likewise provide for special courts with personal, family, and property law jurisdiction consistent with the provisions of this Constitution and national laws.

The creation of the autonomous region shall be effective when approved by majority of the votes cast by the constituent units in a plebiscite called for the purpose, provided that only provinces, cities, and geographic areas voting favorably in such plebiscite shall be included in the autonomous region.

Section 19. The first Congress elected under this Constitution shall, within eighteen months from the time of organization of both Houses, pass the organic acts for the autonomous regions in Muslim Mindanao and the Cordilleras.

Section 20. Within its territorial jurisdiction and subject to the provisions of this Constitution and national laws, the organic act of autonomous regions shall provide for legislative powers over:

(1) Administrative organization;

(2) Creation of sources of revenues;

(3) Ancestral domain and natural resources;

(4) Personal, family, and property relations;

(5) Regional urban and rural planning development;

(6) Economic, social, and tourism development;

(7) Educational policies;

(8) Preservation and development of the cultural heritage; and

(9) Such other matters as may be authorized by law for the promotion of the general welfare of the people of the region.

Section 21. The preservation of peace and order within the regions shall be the responsibility of the local police agencies which shall be organized, maintained, supervised, and utilized in accordance with applicable laws. The defense and security of the regions shall be the responsibility of the National Government.

附錄 3：菲律賓的省份及地區

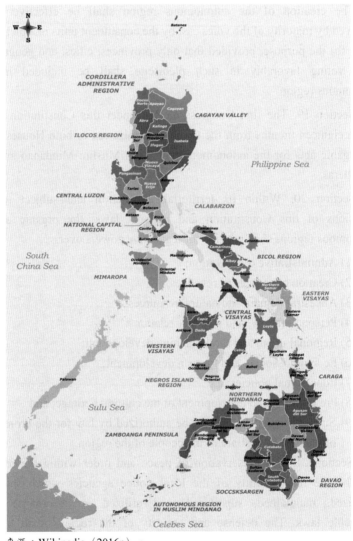

來源：Wikipedia（2016p）。

附錄 4：條約、協定、法律

Spanish Treaty of Peace, 1878 (https://kahimyang.com/kauswagan/articles/ 1593/the-last-treaty-between-the-sultanate-of-sulu-and-spain-the-treaty- of-july-1878) (2016/8/11)

Treaty of Paris, 1898 (http://avalon.law.yale.edu/19th_century/sp1898.asp) (2016/8/12)

Bates Treaty, 1899 (https://suluonlinelibrary.wordpress.com/2009/06/14/ bates-treaty-of-1899/) (2016/8/11)

Philippine Organic Act, 1902 (http://www.gov.ph/constitutions/the- philippine-organic-act-of-1902/) (2016/8/11)

Act No. 496, Public Registration Act, 1902 (http://digitallibrary.ust.edu.ph/ cdm/ref/collection/section5/id/88143) (2016/8/9)

Act No. 926, Public Land Act, 1903 (http://www.lis.dar.gov.ph/documents/ 2710) (2016/8/9)

Carpenter Treaty on Sulu, 1915 (http://www.gov.ph/1915/03/22/ memorandum-carpenter-agreement-march-22-1915/) (2016/8/11)

Act No. 240, Philippine Autonomy Act, 1916 (http://www.gov.ph/ constitutions/the-jones-law-of-1916/) (2016/8/11)

Act No. 2874, Amendment to Public Land Act, 1919 (http://www. lawphil.net/statutes/acts/act_2874_1919.html) (2016/8/9)

Act No. 141, Amendment to Public Land Act, 1936 (file:///C:/Users/Genuine/ Downloads/Commonwealth%20Act%20No141OF%201936.pdf) (2016/8/9)

Tripoli Agreement, 1976 (http://pcdspo.gov.ph/downloads/2012/10/Tripoli-

Agreement-December-23-1976.pdf) (2016/8/8)

Proclamation No. 1628, 1977 (http://www.gov.ph/1977/03/25/proclamation -no-1628-s-1977/) (2016/8/9)

Jeddah Accord, 1987 (http://peacemaker.un.org/sites/peacemaker.un.org/ files/PH_870104_The%20Jeddah%20Accord.pdf) (2016/8/8)

1987 Constitution the Republic of the Philippines (http://www.gov.ph/ constitutions/1987-constitution/) (2016/8/8)

Republic Act No. 6734, Organic Act for the Autonomous Region in Muslim Mindanao, 1989 (http://www.lawphil.net/statutes/repacts/ra1989/ra_ 6734_1989.html) (2016/8/8)

Agreement on the Final Implement of the 1976 Tripoli Agreement, 1996 (http://peacemaker.un.org/sites/peacemaker.un.org/files/PH_960902_ Final%20Agreement%20Implementing%20the%20Tripoli%20Agreem ent%20between%20GRP%20and%20MNLF.pdf) (2016/8/8)

Executive Order No. 371, 1996 (http://www.gov.ph/1996/10/02/executive- order-no-371-s-1996/) (2016/8/9)

Republic Act No. 8371, Indigenous Peoples Rights Act (http://www.opapp. gov.ph/resources/indigenous-peoples%E2%80%99-rights-act-1997) (2016/8/13)

Republic Act No. 9054, Act to Strengthen and Expand the Organic Act for the Autonomous Region in Muslim Mindanao, 2001 (http://www.opapp. gov.ph/sites/default/files/Republic%20Act%20%209054%20Organic% 20Act%20for%20the%20Autonomous%20Region%20In%20Muslim% 20Mindanao.pdf) (2016/8/9)

Muslim Mindanao Autonomy Act 201, 2006 (http://www.lawphil.net/ statutes/mmaa/5a/pdf/mmaa_201_5a.pdf) (2016/8/9)

Memorandum of Agreement on Ancestral Domain, MOA-AD, 2008 (http://www.muslimmindanao.ph/ancestral_domain1.html) (2016/8/9)

Province of North Cotabato v. GRP, 2008 (http://sc.judiciary.gov.ph/jurisprudence/2008/october2008/183591.htm) (2016/8/13)

Framework Agreement on the Bangsamoro, 2012 (http://www.c-r.org/downloads/2012%20Framework%20Agreement%20on%20the%20Bangsamoro.pdf) (2016/8/10)

Comprehensive Agreement on the Bangsamoro, 2014 (http://www.gov.ph/downloads/2014/03mar/20140327-Comprehensive-Agreement-on-the-Bangsamoro.pdf) (2016/8/9)

Bangsamoro Basic Law (draft), 2014 (http://www.opapp.gov.ph/sites/default/files/DRAFT%20Bangsamoro%20Basic%20Law.pdf) (2016/8/8)

參考文獻

施正鋒，1998。〈少數民族與國家的關係〉發表於台灣歷史學會主辦「少數民族問題學術研討會」。台北，3 月 14 日。

施正鋒，2009。《台灣的國家安全——和平研究的途徑》。台北：台灣國際研究學會。

Acton, Collian. 2016. "Will the 'Comprehensive Agreement on the Bangsamoro' Provide a Peaceful and Lasting Solution to the Insurgency and Security Challenges in the Southern Philippines?" (https://independent. academia.edu/CollinActon/Papers) (2016/8/12)

Adam, Jeroen, Boris Verbrugge, Dorien Vanden Boer. 2014. "Peacemaking and State-Society Interactions in Conflict-torn Mindanao, Philippines." (http://www.lse.ac.uk/internationalDevelopment/research/JSRP/downloads/JSRP18-AdametAl.pdf) (2016/8/12)

Brown, Graham K. 2011. "The Long and Winding Road: The Peace Process in Mindanao, Philippine." (http://www.ucd.ie/ibis/publications/discussionpapers/thepeaceprocessinmindanao/g_brown.pdf) (2016/8/12)

Buendia, Rizal G. 2007. "The Politics of Ethnicity and *Moro* Secessionism in the Philippines." (https://www.murdoch.edu.au/Research-capabilities/Asia-Research-Centre/_document/working-papers/wp146.pdf) (2016/8/12)

Communauté de Sant'Egidio. 2014. "Le tournant de la paix aux Philippines: signature de l'accord conclusif sur Mindanao." (http://www.santegidio. org/pageID/3/langID/fr/itemID/8489/Le-tournant-de-la-paix-aux-Philippines--signature-de-laccord-conclusif-sur-Mindanao.html) (2016/7/26)

Dunne, Daniel. 1997. "Political Identity in the European Union." (https://www.academia.edu/1104185/Political_Identity_in_the_European_Union) (2016/8/12)

Huang, Lisa, Victor Musembi, and Ljiljana Petronic. 2012. "The State-Moro Conflict in the Philippines." (http://www4.carleton.ca/cifp/app/serve.php/ 1392.pdf) (2016/8/12)

Kahimyang Project. 2012. "Today in Philippine History, August 20, 1899, An Agreement Was Signed in Jolo between United States and the Sultan of Sulu." (https://kahimyang.com/kauswagan/articles/1266/today-in-philippine-history-august-20-1899-an-agreement-was-signed-in-jolo-between-united-states-and-the-sultan-of-sulu) (2016/8/11)

Kamlian, Jamail A. 2003. "Ethnic and Religious Conflict in Southern Philippines: A Discourse on Self-Determination, Political Autonomy and Conflict Resolution." presented at the Islam and Human Rights Fellow Lecture, organized by the Islam and Human Rights Project, School of Law, Emory University, Atlanta, November 4 (2016/8/13)

Karlsson, Ingmar. 1995. "National Myths versus a European Identity and Healthy Patriotism." Lecture given at the Council of Representatives of the Transitional Government of Ethiopia, Addis Abeba, March 13.

Knack, Paula Defensor. 2013. "Legal Frameworks and Land Issues in Muslim Mindanao," in Jon Unruh, and Rhodri C. Williams, eds. *Land and Post-Conflict Peacebuilding*, pp. 451-73. London: Earthsca.

Kuit, Norodin A. n.d. "Dansalan Declaration Overviews." (http://acmaly 88.page.tl/DANSALAN-DECLARATION.htm) (2016/8/11)

McKenna, Thomas M. 1998. *Muslim Rulers and Rebels: Everyday Politics and Armed Separatism in the Southern Philippines*. Berkeley: University of California Press.

Montiel, Cristina J, Rudy B. Rodil, and Judith M. de Guzman. 2011. "The Moro Struggle and the Challenge to Peace Building in Mindanao, Southern Philippines," in Dan Landis, and Rosita D. Albert, eds. *Handbook of Ethnic Conflict*, pp. 71-89. New York: Springer.

n.a.. n.d. "The Land of the Moros." (http://www.morolandhistory.com/ 01.Map%20Gallery/3.map_of_moroland_1899.htm) (2016/8/12)

Noble, Cecilia. 2014. "The Bangsamoro Struggle for Self-Determintation: A Case Study." (http://manoa.hawaii.edu/ccpv/assets/docs/CCPV%20-%20 The%20Bangsamoro%20Struggle%20for%20Self-Determination%20-%20 A%20Case%20Study%20-%20By%20Caecilia%20Noble.pdf) (2016/8/8)

Oquist, Paul. 2002. "Mindanao and Beyond: Competing Policies, Practical Peace Process and Human Security." (file:///C:/Users/Genuine/ Downloads/Oquist2002.pdf) (2016/8/8)

Sadain, Mehol K. 2008. "Sulu Treaties: Their Historical Implications on the Moro Quest for Self-Determination." delivered at the closing event of the exhibit titled "Beyond the Current, The Power and Culture of Sulu" at the Masters Gallery of the Yuchengco Museum, Makati City, September 20.

San Juan, E., Jr. 2007. *U.S. Imperialism and Revolution in the Philippines.* New York: Palgrave Macmillan.

Santos, Lino. 2002. "Leave Sulu Alone." *SunStar*, July 3 (https:// suluonlinelibrary.wordpress.com/category/writings-on-sulu/leave-sulu-a lone/ (2016/8/11)

Santos, Soliman, Jr. 2005. "Evolution of the Armed Conflict on the Moro Front." (http://www.hdn.org.ph/wp-content/uploads/2005_PHDR/2005%20 Evolution_Moro_Conflict.pdf) (2016/8/12)

Schiavo-Campo, Salvatore, and Mary Judd. 2005. "The Mindanao Conflict in the Philippines: Roots, Costs, and Potential Peace Dividend." (https:// www.researchgate.net/publication/242151568_The_Mindanao_Conflict _in_the_Philippines_Roots_Costs_and_Potential_Peace_Dividend) (2016/8/12)

Strachan, Anna Louise. 2015. "Conflict Analysis of Muslim Mindanao." (http://www.gsdrc.org/wp-content/uploads/2016/02/ConflictAnalysisARMM.pdf) (2016/8/12)

Tuminez, Astrid S. 2007. "This Land Is Our Land: Moro Ancestral Domain and Its Implications for Peace and Development in the Southern Philippines." *SAIS Review*, Vol. 27, No. 2, pp. 77-91.

Tuminez, Astrid S. 2005. "Ancestral Domain in Comparative Perspective." (https://www.usip.org/sites/default/files/sr151.pdf) (2016/8/12)

Van Ham, Peter. 2000. "Identity beyond the State: The Case of the European Union." (file:///C:/Users/Genuine/Downloads/Identity_Beyond_the_State__The_Case_of_the_Europe.pdf) (2016/8/12)

Wikipedia. 2015. "Governor of the Autonomous Region in Muslim Mindanao." (https://en.wikipedia.org/wiki/Governor_of_the_Autonomous_Region_in_Muslim_Mindanao) (2016/8/8)

Wikipedia. 2016a. "Mindanao." (https://en.wikipedia.org/wiki/Mindanao) (2016/7/31)

Wikipedia. 2016b. "Moro Province." (https://en.wikipedia.org/wiki/Moro_Province) (2016/7/31)

Wikipedia. 2016c. "History of Basilan." (https://en.wikipedia.org/wiki/History_of_Basilan) (2016/7/31)

Wikipedia. 2016d. "First Battle of Bud Dajo." (https://en.wikipedia.org/wiki/First_Battle_of_Bud_Dajo) (2016/8/11)

Wikipedia. 2016e. "Moro Rebellion." (https://en.wikipedia.org/wiki/Moro_Rebellion) (2016/8/11)

Wikipedia. 2016f. "Jones Law (Philippines)." (https://en.wikipedia.org/wiki/Jones_Law_(Philippines)) (2016/7/31)

Wikipedia. 2016g. "Jabidah Massacre." (https://en.wikipedia.org/wiki/Jabidah_massacre) (2016/8/8)

Wikipedia. 2016h. "Organisation of Islamic Cooperation." (https://en.wikipedia.org/wiki/Organisation_of_Islamic_Cooperation) (2016/8/8)

Wikipedia. 2016i. "Abu Sayyaf." (https://en.wikipedia.org/wiki/Abu_Sayyaf) (2016/8/9)

Wikipedia. 2016j. "Bangsamoro Islamic Freedom Fighters." (https://en.wikipedia.org/wiki/Bangsamoro_Islamic_Freedom_Fighters) (2016/8/9)

Wikipedia. 2016k. "Bangsamoro Peace Process." (https://en.wikipedia.org/wiki/Bangsamoro_peace_process) (2016/8/8)

Wikipedia. 2016l. "Ancestral Domain." (https://en.wikipedia.org/wiki/Ancestral_domain) (2016/8/11)

Wikipedia. 2016m. "Provinces of the Philippines." (https://en.wikipedia.org/wiki/Provinces_of_the_Philippines) (2016/8/11)

Wikipedia. 2016n. "Local Government in the Philippines." (https://en.wikipedia.org/wiki/Local_government_in_the_Philippines#Autonomous_regions) (2016/8/9)

Wikipedia. 2016o. "Autonomous Region in Muslim Mindanao." (https://en.wikipedia.org/wiki/Autonomous_Region_in_Muslim_Mindanao) (2016/8/9)

Wikipedia. 2016p. "Regions of the Philippines." (https://en.wikipedia.org/wiki/Regions_of_the_Philippines) (2016/8/10)

WikiPilipinas. 2009. "Reduccion System." (http://en.wikipilipinas.org/index.php/Reduccion_System) (2017/8/4)

第三部分
附錄

鮮血染紅的珍珠—斯里蘭卡[*]

一、

　　一向有「印度洋之珠」美譽的斯里蘭卡（錫蘭），近日又陷於暴力與流血的事件之中。信仰佛教的多數民族辛哈利人（Sinhalese），對信奉印度教的坦米爾少數民族（Tamils），採取一連串的縱火、搶劫、毆打與殺戮行動。目前，經過軍方出面執行戒嚴，情況大致上已穩定下來，但已造成將近三百人喪生，五萬多坦米爾人無家可歸，幾千棟商店和住宅燒成瓦礫。

　　辛哈利人暴動的肇因，導源於七月二十三日，十三名政府軍在北部查夫納（Jaffna）遇伏受害。一般人相信這是坦米爾人游擊份子所為，因為政府軍正在查夫納省加緊追剿游擊隊。

　　當消息傳到首都可倫坡時，兩個民族的宿怨又被撩撥起來。同仇敵愾的辛哈利人當夜展開報復行動，蜂擁到市中心坦米爾人開的商店，搗毀店面、趁火打劫，又到坦米爾人住宅區放火，幾千棟建築頓成灰燼。暴民情緒激昂，手持木棍攔截每一輛車子，看車上是否有坦米爾人。一片喊打聲中，走避不及的坦米爾人被圍毆至死、陳屍街道，甚至有九個坦米爾人被活活燒死。

　　暴亂迅速惡化，漫延全國。各地的坦米爾人商店和住宅，都有遭到縱火搶劫的跡象。尤其是散居在各個獨立的大農場上的坦米爾

---

[*]　　1984，未刊稿。

工人，面對眾多虎視眈眈的辛哈利鄰人，毫無抵抗能力。

各地監獄裡，囚犯亦發生暴動，殺死至少五十五名坦米爾犯人，受害者大部份是坦米爾分離份子。其中一個是有名望的坦米爾領袖，一九七九年出庭作證警察毆死一個坦米爾年輕人，旋被控訴在他設立的難民營窩藏恐怖份子，案子至今未決，卻等於被受刑犯判了死刑。

甚至原本應該保疆衛民的政府軍也加入殺戮行動，一百三十名小兵攜械出走，向基地附近的坦米爾人尋仇，放火燒屋，殺死一人。又聞一群陸軍攔住一輛巴士，趕下車上坦米爾人，射殺了十八人，著實令人心寒。

幸好一九七七年、一九七九年種族暴亂期間早就建立幾個難民營供逃離家園的坦米爾人棲身。坦米爾難民人人自危，唯恐一九五八年暴民攻擊難民營，警察坐視不顧的那一幕重演，紛紛倉皇乘船到坦米爾族人聚居的北部去。為什麼要走海路？因為有坦米爾人搭火車，被辛哈利乘客藉口他們身上帶武器而攻擊。

這是繼去年黎巴嫩右派長槍黨，屠殺貝魯特巴勒斯坦難民營以來，人間又一大慘事。

二、

斯里蘭卡人口有一千五百萬人（面積六萬五千六百平方公里）。辛哈利人佔百分之七十一，絕大多數是佛教徒，講辛哈利話；坦米爾人大多信奉印度教，佔總人口百分之二十，講坦米爾語。

表面上看起來是宗教不和，引起兩族相互敵視與仇殺，仔細推究起來，卻隱含有社會、歷史、政治和經濟因素。

　　長久以來，坦米爾人便一直抱怨辛哈利人歧視他們，尤其再接受教育、擔任公職方面，沒有公平的機會。

　　受英國殖民教育政策的影響（英國統治一八一五～一九四八年），一般斯里蘭卡家庭的觀念中，學歷意味著男孩子獲得公務人員金飯碗的資格，女孩子可以嫁個金龜婿。因此，不論那一個族，對受教育都有一股熱愛。父母再苦，也要讓子女念完高中，甚至大學。

　　可能是殖民政府有意「以夷制夷」，也可能是坦米爾人勤勞的民族性發揮，他們在英國統治期間，很多能受高等教育，進而掌有軍、政、經濟要職。

　　錫蘭於一九四八年獨立後，人口佔優勢的辛哈利人開始挖空心思，擴張他們在各方面的勢力。

　　利益分配往往是衝突的來源。若是人數較少的一方願意屈從，接受無法抗拒的劣勢命運；或者人數較眾多的一方，有尊重對方的君子之風，那倒也無事了。但是當兩個自傲的民族碰頭時，對立衝突就難免發生。

　　依據一九四三年殖民者的法律，錫蘭人唸書，由幼稚園到大學一律免費。獨立後的憲法也規定，政府補助的學校任何人都能入學，不能有種族、宗教上的差別待遇。

　　不幸在一九五六年，政府宣布即將以辛哈利語為官方語言，並且是公家機關和學校唯一用語。此舉嚴重打擊那些不是以辛哈利語為母語的少數民族，限制他們出任公職與受教育的資格。

　　一九五八年坦米爾人發動示威，要求坦米爾語也能列為法定用語。因為警察向遊行群眾開槍，引發衝突與全島暴亂，四百多人死於非命，兩族平息幾百年的種族仇恨竟因此又爆發了。政府逮捕坦米爾人領袖，解散「坦米爾聯邦黨」（TFP）。怕雙方採取報復行為，政府趕緊安排六千名難民南北交換，坦米爾人北送、辛哈利人南移，令人錯覺的以為在交換戰俘！

此後，一連幾年騷動時起，錫蘭島就像是一盆汽油，一點小小的火花就能引爆成大火。一九六五年新政府上台，同意作某種程度的讓步—准許坦米爾語在一些學校使用，緊張狀態才稍緩和。

可是一九七二年的憲法，又指定大學只能使用辛哈利語，一掃坦米爾人念大學的希望，怨恨之情可想。一九七五年政府再規定，以辛哈利語為官方用語。同年，查夫納市的坦米爾裔市長被暗殺。覺得受壓抑的坦米爾人開始想：也許在自治政府之下，才能有公平的生存機會。

一九七六年，溫和的「坦米爾團結解放陣線」（TULF），倡議在北部建立坦米爾耶冷國（Tamil Ealam）他們打算到亭可馬里（Trincomalee）草擬憲法，主張採行和平手段，並抱著入獄的決心。政府果真是如其所願，逮捕他們下獄。

適逢一九七七年國會改選，TULF 以自治政府作政綱，獲得一百六十八席中的十八席位。右派政府甫上台，被選舉大勝沖昏了頭的辛哈利人，大展餘威攻擊坦米爾人。原本只是少數的辛哈利不良少年的搶劫行為，幾天內演變為全島性的對坦米爾人燒殺掠奪。政府只好又緊急海空撤出幾千難民到北部。坦米爾人的獨立慾望面對流血而增強。

一群年輕的坦米爾人，不滿 TULF 的妥協作風，覺得在政治上無法構成多數，無力感充斥。一九七八年他們與溫和派抉裂，組織「坦米爾解放之虎」（Tamil Liberation Tigher, TLT），開始採取武裝游擊活動。上月被殺的政府軍,極可能是他們所為。

　　TLT 的成員有幾百個人,主要攻擊對象是警察和線民,並炸政府機關。警察也實施報復,曾放火殺坦米爾人開的報館洩恨。

三、

　　追溯斯里蘭卡的歷史,辛哈利人與坦米爾人的爭執,由來已久。

　　錫蘭島與印度半島最近處,相隔只不過 22 哩,中間盡是沙洲與淺礁。不同民族在不同時期,自古相繼移入殖民,彼此相互傾壓、流血、兼併,這是人類開發史上的自然現象。

　　辛哈利人來自北印度,屬於雅利安人。西元前一五○○年左右,雅利安人入侵印度次大陸,驅逐原始的達羅維荼人(Dravidian),一批雅利安人更往南闖入錫蘭島經營,他們就是現代辛哈利人祖先。

　　又根據他們的神話記載,遠在西元前三○○○年前,他們的神祇為了營救美麗的妻子,才進入錫蘭。這一則神話替他們的入侵行為作了合理的解釋。

　　辛哈利人由西元前四世紀皈依小乘佛教至今—儘管在發源地印度已不復興盛。他們自稱「獅族」,辛哈利語的意思就是獅子。他們在個性上是熱帶民族的慵懶、帶一點幽默感,在政治上則較敏銳。

　　辛哈利人常自詡為島上最古老的民族。然而目前所知最早的住民是維達爾人(Veddas)——一種黑膚的先達羅維荼人(Pre-Dravidian),他們幾千年來與各族混居,不可辨認,只有少數原始維達爾人在深山可尋。辛哈利人當然與他們有混種,使白皙的雅利安皮膚變得稍帶棕色,體質起了變化,文化也互相影響。

　　錫蘭島上也挖掘出石器時代的遺跡,但這些器皿的使用人與維達爾人的關係還無法確定。是故，即使辛哈利人願意放棄高貴的雅利安血統，以維達爾人的後裔自居，硬要往前推到石器時代，堅稱自己是最原始的住民，並沒有多大的意義。

坦米爾人隸屬達羅維茶人，是南印度的原始民族。皮膚黝黑、生性勤儉，不苟言笑。坦米爾語通行了至少有二千五百年，因為遠離北印度雅利安人的文化中心，很少受影響而變化，這是他們引以為豪的。

今天在南印度德干高原，有坦米爾人一千五百萬人，多居在坦米爾納德省（Tamil Nadu）。在斯里蘭卡的坦米爾人有二百五十萬人，他們可分二支：

一支居住島上北、東部，從事商業為多。他們有一百五十萬人，獨立的呼聲最高。他們在西元前二六○○年來到錫蘭東海岸開拓，與辛哈利人自古相爭伐。十三世紀曾建國於北部。要到十六、七世紀葡萄牙人、荷蘭人接連征服本島，辛、坦二族忙著應付共同敵人，彼此才相安無事。和平狀態一直維持到一九五八年。

一支是一八三○年，英國東印度公司由南印度招募來的工人，從事辛哈利人不願做的茶園、橡膠園粗重工作。（馬來西亞目前也有一百萬坦米爾人，也是因為馬來人不願在採膠園工作，只好從南印度引入坦米爾人。）他們分佈島上各個大規模莊園裏，只求一家溫暖即滿足。他們沒有公民權，被錫蘭、印度兩國踢來踢去；錫蘭政府視他們為印度人，印度政府當他們為錫蘭人。一九六四年二國曾協議，在某個年限內，印度收回一部分人，而錫蘭也同意給一部分人公民身份。問題仍未徹底解決。

二十五年來，在辛哈利人遷怒與盲目攻擊下，這批自認為沒有作什麼而觸怒辛哈利人的無辜坦米爾人，只好陸續離開莊園，往北部投靠不知隔了多少代的表親，當難民去了。生存的壓力很可能逼迫他們投入游擊隊的懷抱。

此外，斯國有百分之七的回教徒。一些是西元八世紀來的阿拉伯香料商販的後裔，說坦米爾話。另一部分是荷蘭人帶來的馬來人傭兵後代。這二族都與島上土女通婚，經濟上頗為成功，尤其是掌有寶石的外銷，不免引起辛哈利人的覬覦。一九八二年，佛、回二族曾發生仇殺事件。但為了討好中東產油國的貸款，以及勞工輸出來緩和失業現象（目前有十五萬人在中東作工），政府不得不安撫國內回教徒。他們真得感謝那些有錢的教友，否則命運不會比坦米爾人好到那裏。

值得一提的是人數不到百分之一的布喬人（Burghers），是歐洲人殖民官員的後裔。他們單身來到這裏，免不了與土人通婚，卻堅持自己是歐洲人。平日著西服，說英文、信基督教、與他族隔離。這個尷尬的族群，精神實在可佩。

以上這些少數民族對官語的態度是：與其被迫採用辛哈利語，寧願使用英文。

四、

現今斯里蘭卡比較有力的政黨是：

聯合國民黨（UNP）：保守右派，一九七七上台迄今。

斯里蘭卡自由黨（SLFP）：中間偏左，群眾基礎在鄉間。

托洛斯基派平等黨（LLSP）：控制工會與大學。

錫蘭共產黨（CCP）：親莫斯科。

坦米爾團結解放陣線（TULF）：代表坦米爾人利益。

近日被取締的是錫共，和二個在國會不具席次的小黨，人民解放陣線、新社會主義黨。

英國統治末期，受過教育的錫蘭中產階級漸萌生民族意識。面對錫蘭人要求結束殖民統治的示威，英國人的反應是把領導人下獄。但因時勢所趨，英國人眼見大勢已去，逐漸讓步，終於一九四八年讓錫蘭獨立。在名義上錫蘭為大英國協的自治領土，由英王派當地人出任總督，實權則操在內閣總理手上。

首任總理是領導獨立的 UNP 黨魁賽南納雅克（D.S. Senanayake）。獨立後的情況，並未如獨立前所期望般美好。

人心思變，一九五六年大選，班達拉那克（D.W.R.D. Bandaranike）領導辛哈利佛教自由黨（即 SLFP），結合左派取得政權。為了迎合狹隘辛哈利民族主義，對坦米爾人採取不利措施，終有一九五八年的種族仇殺。他的施政雖是順應大多數民意，卻不是政治家所應為。一九五九年遇刺，由遺孀班達拉克夫人（Sirimavo Bandaranike）繼任—是世界第一位女性總理，比甘地夫人、梅爾夫人還早，但是手段卻不會比她丈夫仁慈。

一九六五年，UNP 黨的賽南納雅克（Dudley Senanayake，首任總理之子）糾集溫和派贏得大選，暫時戢和坦米爾人的不滿。

由於經濟上的不起色，一九七〇年國會改選，班達拉克夫人得以聯合 CCP 與 LSSP 獲得大勝。她依然鼓動辛哈利民族情操。為獎勵辛哈利人往坦米爾人集居地移民，慷慨撥款補助—好比中共移漢人到西藏、內蒙等少數民族地區—想用辛哈利人海來淹沒坦米爾血統。無怪乎在她任職七年中，坦米爾人認為被當作二等國民看待，衝突達到高潮。

一九七二年錫蘭改名斯里蘭卡共和國，正式獨立。但班達拉克夫人仍無力解決經濟問題。她嘗試走中間路線，取消一部分社會福利措施，但仍然無法吸引外資。物價不斷上漲，黑市大行其道，反而使選民怨聲載道。她唯一成功的地方是加緊對新聞界的控制—收買、恐嚇、關閉、沒收。

聯合政府中的選舉伙伴，不斷力促班達拉克夫人實現選舉諾言—土地改革、茶園、橡膠園、銀行國有化。她乾脆把經濟難題歸咎LSSP 黨籍的財政部長，一腳把他們踢出內閣。先前因為 LSSP 的支持，班達拉克夫人主政幾年才沒有罷工。從此罷工時起，還得出動軍隊，才能正常運行鐵路、海運與通信。

拜賜左派內閣，一九七七年大選，UNP 黨捲土重來，由賈耶華亭組閣，他的政綱之一是—每個家庭至少有一個人有工作。他認為英國式議會制無法有效施政，一九七八年修憲改為美、法式的總統制，大大集中權力。他又控告班達拉克夫人在職期間濫權，禁止她從政七年。一切準備妥當，賈耶華亭一九八二年再修改憲法，當選連任六年。面對罷工、怠工，他的對策與左派實沒有多大差別—捕捉工會領袖、封鎖新聞罷了。

UNP 上台後，每年還是發生種族暴動，每回只不過使坦米爾人更加團結。據聞坦米爾分離份子在獄中被酷刑。

五、

斯里蘭卡政情不穩，與其說是宗教或種族因素，毋寧說經濟因素推波助瀾造成。一連幾年百分之二十勞工失業（一百萬人）、通貨膨脹、糧食不足、生活必需品短缺，誰能提供解決經濟難題的希望，誰就能上台。這幾十年來的政治風水輪流轉，都是因為主政無力脫離經濟困境，為選民所棄。

斯里蘭卡土地肥沃，三分之二土地開發為大農場，大規模種植茶、橡膠、椰子，外銷換取外匯。茶外銷佔百分之六十外匯收入，橡膠佔百分之十五（其中三分之一與中共交換稻米）。一九五〇年代以來，國際價格漲落不定，大幅影響外匯收入。大農場是英國人帶來的後遺症，一九七五年政府收歸國有，為了如何重新分配，內閣不和而無法連任。目前的考慮是如何改變生產結構，有效轉作，使農作物生產不要完全仰賴外銷，降低風險。

另一個問題是糧食短缺。斯國雖本身有生產稻米，但即使是豐年也不夠吃，每年有一半外匯要花在向中共、巴基斯坦買米。若遇上幾年的乾旱，甚或戰爭爆發，存糧可虞。目前政府是舉債建水庫、灌溉系統。因為花錢在公共設施，沒有資本累積，工業只停留在初級的水泥、紡織。這次暴動中，十七家大工廠付諸一炬，又造成六千人失業，真是屋漏偏逢連夜雨。

班達拉克夫人在經濟上採取社會主義政策。斯里蘭卡的福利措施一向是開發中國家最周全的。因為花大筆錢在基本糧食補貼配給，國庫負擔沈重，幾近破產。把大農場國有化後，外資裹足不前。

現任總統賈耶華亭改走資本主義路線。為迎合外資，建立自由出口區。在世界銀行壓力下，他取消一些糧食津貼，一九八〇年因而發生罷工、暴動，人民要求恢復津貼。不過從去年的選舉看來，有半數的選民願意暫時犧牲一部份福利，換取經濟景氣。

儘管如此，一切努力都被人口成長抵消，再多的 GNP 成長率也會被人口成長率吃掉。上個月暴動，大多是失業者在經濟上沮喪，藉機發洩。其中又以受過教育的青年人問題最大。因為斯國傳統教育偏重文科，缺乏職業教育。一九七一年，這批失業年輕人認為班達克拉夫人所承諾的改革，在步調上走得太慢了，因而發動武裝革命，幾乎推翻政權。一百萬失業人口未消化掉，每年又有大量勞力生成，也是一大隱憂。

六、

在國際上，斯里蘭卡走不結盟路子。一九七六年不結盟國家在可倫坡舉行高峰會議，班達拉克夫人打腫臉充胖子，花了三千萬美金，準備豪華旅館、重新粉刷機場到首都路旁每棟房子，把幾千民可倫坡乞丐用軍車載到臨時收容所去。國家的面子是夠了，當地主的班達拉克夫人也是風光非凡。

坦米爾人之所以選亭可馬里軍港為獨立後的首都，是打算用它來吸引美、俄，換取他們的支持。亭可馬里是島上唯一天然深水港（可倫坡是人工商港）。拿破崙說過：「誰要是能控制亭可馬里港，誰就能掌理印度洋。」其地位之重要，由此可見。

但是仔細分析起來，坦米爾人的想法並不太實際。美國只要提供多一點貸款或者麵粉，給保守的賈耶華亭政府，難保他不會投向美國核子傘下。至若蘇聯，據說此番暴動是他們暗中策動辛哈利人打劫坦米爾人，又聞也是蘇聯武裝坦米爾游擊份子，情況似乎令人困惑！若前者屬實，那坦米爾人的如意算盤可打錯了！

印度是一部分坦米爾人的宗主國，才在不久前，為了斯國政府軍對付坦米爾分離份子的手段感到關切，兩國外交因此起了小爭執。斯國陸軍不過一萬二千人，賈耶華亭目前先聲奪人向美、法、巴基斯坦和孟加拉要求軍援，對抗外國入侵。斯國報紙繪聲繪影引述賈耶華亭總統的話，「如果戰敗了，要到國外流亡」云云。可謂惡人先告狀。

甘地夫人不得不出面澄清，印度反對在任何主權國內的分離運動，也不想干涉他國內政。但她又派外長去告訴賈耶華亭，印度人民對這次暴動感到義憤填膺。

甘地夫人說：「假裝我們無動於衷，那是沒有用的！」她是否會像一九七一年，出兵幫助孟加拉人建國？那就要看辛哈利人是否會作得太過火，屠殺無度，讓印度有藉口揮兵南下義援。

七、

我們不禁想問：語言、宗教、種族的不同，是人類衝突流血的原因嗎？

不少人以為血統、文化上的歧異，是國家團結的阻礙。因此只要把國內各種語言、宗教統一，或把種族單一化便能促成大團結。

其實，兩者並無因果關係。沒有證據保證說同文同語，社會一定和衷。當然，世界上「同文異夢」者，也比比皆是。理由很簡單，每個人都認為自己的母語是最好聽的；若硬生生要他們使用別的語言，必生怨懟。試想愛爾蘭人被英國人征服幾百年，他們雖已習慣使用英語，卻終於還是要獨立，不辭勞苦的學習那已被消滅的愛爾蘭語呢！

反過來說，也不能充分證明文化、血緣的歧異，一定會使國家不和。最簡單的例子是瑞士，德、法、義三國後裔的和平相處。

　　一切爭端的主因在政治、經濟利益的衝突。多數民族靠選票通過法律，甚或用暴力，來限制少數民族的權利。雖逞一時之快，卻種下日後禍根。少數民族若無法透過合法途徑來表示意願，自然只有採取武裝抵抗或者屈服。這時多數民族再恃人多勢眾、掌有軍警大權，武力鎮壓的結果，除非斬草除根，只有惡性循環，以牙還牙無止期。

　　再從歷史來看，並非所有的少數民族都想獨立自治。辛哈利大族沙文主義者稍安勿燥，何妨容忍那異教徒或「南蠻鴃舌之音」，和坦米爾人攜手努力，使斯里蘭卡擺脫經濟困境，這種利益才是長遠的，合乎人類善良的那一面。

八、

　　截至目前為止，只見報載賈耶華亭指控蘇俄教唆三個左派政黨，有計劃地劫掠坦米爾人，企圖推翻政府。只見到斯國報紙在新聞檢查下空白，或者無法出刊。

　　我們未見到他認真檢討，是不是人民生活匱乏，是不是無業游民那麼多，民眾才會如此輕易的被煽動—果真有的話。

　　最令人困惑的是對受害的坦米爾人，未見表示關懷或撫慰。卻見他不斷威脅坦米爾人不可有分離念頭，他說這樣才能平撫辛哈利人，合乎辛哈利人的「自然願望」。

　　賈耶華亭又將立法取締倡導分離的政黨，並表示後悔沒有早一點禁止 TULF 活動。猶記得一年前同樣的種族暴亂，賈耶華亭向 TULF 要求協議，讓政府有機會向坦米爾人親善，嘗試著把中央大權分散到地方政府。現在他連溫和的 TULF 也攻擊了。是否給激進的游擊隊有理由證明,賈耶華亭只是敷衍虛應,沒有誠意,逼溫和派也支持武裝鬥爭呢?

　　賈耶華亭得三思而行。多讓一個坦米爾人當烈士,只有使二族的感情鴻溝越來越大,終至無可挽回。誰又願意看到土耳其與希臘為了他們在塞普路斯島上的移民衝突,而兵連禍結的悲劇再重演?

黎巴嫩的內戰[*]

　　已經打了八年的黎巴嫩內戰，從今年二月初起，有一連串的突破性發展。由美國扶植的基督教馬龍派總統賈梅耶（Amin Gemayel），在回教徒反政府聯軍圍攻之下，兵敗如山倒。政府軍在貝魯特外環的東南山區，死守著最後一個戰略城鎮，作困獸猶鬥；一旦這據點失守，總統府也將不保。

　　美國總統雷根，為了今年十一月的大選連任著想，不得不忍痛犧牲他的超人形象，從黎巴嫩泥沼中抽腳而去，下令一千六百名駐紮於貝魯特的海軍陸戰隊，「重新部署」到泊於地中海的第六艦隊上。

　　於是戰禍連年的黎巴嫩，繼一九八二年九月，右翼民兵在西貝魯特瘋狂射殺巴勒斯坦難民；一九八三年十月，滿載炸藥的自殺車衝進美、法和平軍基地，分別造成二百四十一名美國陸戰隊、五十八名法國傘兵殞命；一九八三年十二月，阿拉法特的人馬，被敘利亞支持的巴解驅逐出的黎波里以來，又一度成為世人矚目的焦點。

　　首先，讓我們回顧一下黎巴嫩局勢最新的發展：

　　二月二日：賈梅耶動用坦克和重砲攻打貝魯特城南，什葉派回教徒聚居的貧民窟。政府軍殘酷而又奢侈的逐屋、逐窗轟擊，用火力搜索藏匿的狙擊手，造成十五萬人無家可歸，更不知有多少人屍

---

[*]　1984，未刊稿。

埋瓦礫之中。

五日：信奉閃尼派回教的總理瓦桑（Chafik al Wazzon）率領內閣總辭。意味著賈梅耶連溫和派回教徒的支持也喪失了。

六日：什葉派和德魯士族民兵聯合發動反攻。這些回教民兵戴著頭罩、呼嘯而出，輕易的取下西貝魯特。政府軍的成員有百分之六十是回教徒，他們在什葉派領袖貝利（Nabih Berri）的呼籲下，頓時有一萬多人放下武器、拒絕把槍口對準自己的族人；有的留在營房，有的乾脆駕著 M 四十八坦克或裝甲運兵車向回教民兵投誠，造成政府軍幾近癱瘓。貝魯特以南、塞頓以北，盡落回教徒手中。

七日：雷根下令美軍撤退到沿岸的戰艦；一百一十五名英國特遣隊也倉皇的跟進，搭直昇機撤到船上；義大利的一千三百名和平軍，在其國防部長宣稱「黎巴嫩境內無贏家」之後，依依不捨的和回教徒擁吻道別，登艦返國接受英雄式的歡迎。唯獨一向喜歡和美國唱反調、藉以抬高身價的法國，留下一千四百名部隊，希望能在她的舊託管地恢復影響力；只可惜回教徒並不領法國的情，迄今有八十五名法軍死於黎境，並限他們在一個禮拜內撤軍。

賈梅耶三面楚歌，趕緊到大馬士革求饒，同意廢除他在去年五月十七日，和以色利簽訂的「和平協定」。她的讓步似乎來的太遲了。貝利要他下台再說，得魯士族的領袖布拉特（Walid Jumblatt）叫囂要他審判，初嚐勝利戰果的回教民兵，不肯輕易妥協了。

究竟是什麼原因，使一個原被譽稱為「中東瑞士」的蕞爾小國（黎國的面積只有台灣的三分之一），人民非要自相殘殺不可？難道他們之間有什麼血海深仇？

　　如果按此間的評論家，喜歡用雙方使用的美製Ｍ十六、俄製的AK四十七自動步槍，就遽然判定這是一場美、蘇之間的代理戰爭，那就未免把黎巴嫩內部的問題，過於簡單化了。黎國的內戰，是有它的宗教、歷史因素，其次才是國際背景。

　　目前的黎國人口大約有三百二十萬到四百萬之間，可概略分為基督教和回教兩大不可相容的社區，其中又至少有十七種宗教派別。馬龍派（Maronite）是所有基督教派中人勢最眾多的，其他依人口多寡有希臘東正教、希臘天主教、亞美尼亞東正教、亞美尼亞天主教、以及基督教（新教）等等；回教徒有什葉派（Shiite or Shia）、閃尼教（Sunni）、和德魯士派（Druze）等等。

　　各個教派為了護衛族人的安危和利益，只好擁兵自重，使得黎國境內至少有十多支私人部隊。他們劃地為界，造成軍閥割據的局面，甚至自己派出警察維持治安、進行收稅，宛如是一塊塊自治區。

　　不過，隱藏在槍砲殺伐聲中，是一項人類自古難以解決的問題—權力的分配。而宗教的歧異性，只不過是替這些人性缺陷，背負罪過罷了。

　　依據一九四三年黎國獨立時，各派領袖作的一項口頭協議—民族協定，同意以各派人口的多寡來分配權力。所以歷來總統職位一定由馬龍派出任，總理職歸閃尼派，什葉派則分到國會議長之職，而各派的國會議席也有硬性規定，維持基、回兩派六：五的比例。

　　問題是，這項協定是以一九三二年的人口普查為基準，經過五十年來的物換星移，兩族的人口比例已倒轉為四：六了。回教徒深感他們所享受的權力，與人口不成比例，因而要求人口重新普查。

　　基督教徒一百多年來居於優勢，享有特權。比如說，基督徒聚居的東貝魯特，近年就興築了三條摩登的公路，往北通往馬龍派控制的賈尼耶城，而回教徒的西貝魯特，一條像樣的往外通道也沒有。他們恐懼淪為「少數民族」的心理，我們可以想像得出，是怕回教徒「以其人之道，還治其人」，故堅持以當年的口頭協定為法統，拒絕人口普查。他們提出的理由是：基督教徒有不少移民在外，若是把他們加起來，人口的比例依然不變。含此間擁護萬年國會者的藉口，可說如出一撤，無法讓對方信服。

回教徒的扭轉劣勢希望橫遭阻礙，兩族的感情早以形同水火。不幸的是，馬龍派為「槍桿子出政權」的忠實信徒，一心一意用「統一」的美名，進行黨同伐異的征戰，再加上外力的推波助瀾，星星之火怎麼不會燎為內戰之火呢？

西元七世紀，阿拉伯人由阿拉伯半島入侵，帶來了回教和阿拉伯人的特性。黎巴嫩雖被視為阿拉伯國家，然而在諸多方面，和中東其他國家大異其趣。

黎國中央山脈縱貫南北，山頂終年瑞雪，而「黎巴嫩」在猶太文就是「白」的意思。一直到一九七五年內戰爆發前，黎國是阿拉伯國家的金融、投資、甚至渡假的中心。誰會想到，如今斷壁殘垣的貝魯特城，往昔有「小巴黎」之稱？

黎巴嫩的祖先是腓尼基人（Phoncian），是西方文字的發明者。他們愛好航海，善於經商，早在西元三千年前，就在地中海岸建立賽頓、太耳等城邦，到現在仍然是鄰近約旦、敘利亞、伊拉克等國的出口港。

由於黎國中央山脈不易征服，他自古便成為附近各個被迫害的宗教的避難所。他們為了保持宗教和血統的純淨，不斷的抵抗外來的征服者，也因此逐漸養成好戰的習性。

目前分居北部和南段秀夫山的馬龍派及德魯士人，也是先後避入。馬龍派臣屬羅馬天主教宗，但教士可婚，原居敘利亞，西元七世紀時西移而至；德魯士人是什葉派的一支，原居埃及，被視為異教徒而在十一世紀東逃黎南，兩族為了爭奪山區的主宰，惡鬥三百多年。

西元一八六一年，德魯士人屠殺南移的馬龍派。在列強的干預下，兩派達成妥協，由馬龍派領導自治政府。第一次世界大戰期間（一九一四～一九一八），俄、英、法暗中瓜分鄂圖曼土耳其帝國的版圖，法國獲得包含黎巴嫩在內的大敘利亞。戰後，黎國成為法國的託管地，馬龍派在法國的撐腰下，統治黎國迄今。

由上面這段歷史來看，馬、德二族日前的爭鬥，可以說是歷史的延續。如果權力分配不均的情況一日不解決，黎巴嫩內部便無和平。

馬龍派由三個互相傾軋的老軍閥分統。其中以賈梅耶的父親皮耶‧賈梅耶（Pierre Gemeyel）領導的長槍黨（Phalange P.）的勢力最大。皮耶對法西斯的墨索里尼‧佛朗哥崇拜有加，一九三二年訪問納粹德國後創此黨。長槍黨本質上是一個崇尚武力的極右團體，佔據東貝魯特和稍北的賈尼耶城附近。

賈梅耶的弟弟巴西爾‧賈梅耶（Bashir Gemeyel）於一九七六年時接掌長槍黨，獲以色列的武裝和訓練。他用血腥的「順生逆亡」方式，兼併大多數基督教民兵，組成一支二萬五千人的黎巴嫩部隊（Lebunon Forces）。一九八二年八月，巴西爾未得回教徒的首肯而當上總統，還沒上任就糊裡糊塗的被暗殺，迄今兇手是誰也是議論紛紛。

查蒙（Camille Chamoun）領有民族自由黨（National Liberal P.），是為極端保守的前總統，與長槍黨聯盟。他日前誓言賈梅耶不可妥協，否則將不支持政府。

法蘭吉（Suleiman Franjieh）也是前總統，與阿塞德有姻親關係，子媳孫都被長槍黨伏擊而死，是長槍黨的死對頭，目前佔有黎北山區。

賈梅耶在一九八二年九月繼任總統，一般人原來以為比他的弟弟溫和，厚望他能成為國家元首，而不單單是馬龍派或是基督徒的代言人。可惜他終究還是無法令人相信，他並不想建立賈梅耶王朝。

美國幫他建立一支四萬人的政府軍，提供坦克、槍砲，並鼓勵他採取鐵拳政策。一開頭，他的征剿似乎頗有斬獲，也因此令他沖昏了頭。去年九月，黎軍在以色列軍的引導下，進攻德魯士人的世居秀夫山區，挑起了兩族的舊瘡。

平心而論，黎巴嫩的確需要一個強有力的中央政府，只是賈梅耶的作法不公正，例如，只繳回教徒的槍械，對於長槍黨卻視若無睹；單單對回教人的西貝魯特區，進行宵禁和新聞檢查，對於基督教徒聚居的東貝魯特就沒有這些控制。凡此總總，都一再使人以為他的「統一」，不過是「排除異己」的幌子罷了。

什葉派有一百五十萬人，是當前人數最多的教派，居西貝魯特、貝城南、黎南、和貝卡山谷。以色列歷年對黎南的巴游基地發動攻擊，便有大批受無妄之災的什葉派北逃。在貝城南郊的違章建築就擠滿了五十萬什葉教徒，是黎國最貧窮的社區，而馬龍派執政者很少關心他們的衛生或福利。

　　什葉派最大的民兵組織是貝利率領的阿瑪（Alma 希望之意），有一萬人。一九八二年八月，巴游撤出西貝城時，交接給他們不少武器，開始壯大。貝利一向溫和，因惱怒政府軍濫殺無辜而反。

　　德魯士派在黎境有三十萬人，在以色列、敘利亞、約旦也有族人。周布拉特的社會進步黨（Social Progress P.），有五千民兵。日前他們收復了一個去年被長槍黨佔領的村落，發現了一百多具腐爛的男女老幼德魯士人屍體，屋子裡裡外外、大街上、田野裡都有，有的是全家人在飯桌被殺害。難怪周布拉特恨賈梅耶入骨了。

　　周布拉特現在雖然投靠敘利亞，得其軍火，但由於他的父親卡馬耳・周布拉特（Kamal Jumbliatt）一九七七年在敘軍營區附近被掃射而死，骨子裡對阿塞德絕對沒有好感。

　　由於以色列境內有為數不少德魯士人，是以國唯一有資格當兵的回教徒，以人也常用他們巡邏北境邊防，所以不願和周布拉特為敵，甚至暗地供給武器給他。由此可見黎局的錯綜複雜。

　　什葉派另有一些規模較小，卻較激進的團體，是伊朗何梅尼的狂熱信徒，居黎南和貝卡山谷。他們可能與駕駛自殺式炸彈卡車，炸毀美國大使館的回教聖戰組織（Islamic Jihad）有關聯。

　　溫和的閃尼派有一百萬人，大部份集中在西貝魯特和黎北的黎波里港地區，首領分別是沙勒姆（Saeb Salam）和卡拉米（Rashid Karam）。他們一向臣服馬龍派。

　　今天，敘利亞、以色列、美國、甚至法國，都想在黎巴嫩插上一腳，不啻是歷史的重演。鄂圖曼軍臨黎境（一五一六～一九一八）的末期，列強便以各教派的保護人自居：法國扶馬龍派、英國助德魯士人、俄國助東正教、奧國則立希臘天主教。

　　黎巴嫩在二次大戰後的發展，與整個中東，尤其是巴勒斯坦人息息相關。

　　一九四七年以色列建國，五十萬巴勒斯坦人被逐出家園，其中有十五萬人逃向黎南。一九六七年以阿六日戰爭，阿拉伯人慘敗，以色列佔領約旦河西岸等地，許多巴勒斯坦難民再入黎南。一九七〇年黑色九月，約旦國王胡笙以武力驅逐境內巴游，他們大都流入黎南。

　　黎巴嫩成為巴游的大本營，日本的赤軍聯、義大利的赤軍旅等恐怖份子也都在此受訓。巴游不時越界攻擊以色列的集體農場；以色列不斷掃蕩難民營，黎南人民也飽受戰火的蹂躪。

　　一九八二年六月六日，以色列發動「加利利和平行動」進入黎境，希望一勞永逸，肅清巴游。以軍包圍西貝魯特二個月，斷絕水電、醫藥及民生必需品，用陸、海、空濫炸難民營，終究迫使一萬兩千名巴游乘船撤走。

　　以色列在佔領貝城期間，有五百多人喪生，三千多人受傷，這對以軍可說是一個很大的數字。比金基於政治考慮，急於撤軍。一九八三年五月，在美國的護航下，以色列和賈梅耶訂「和平協定」，約定願意和敘利亞同時撤軍。回教徒以為這協定是賈梅耶私相收授的「賣身契」，故國會迄今尚未認可。

　　九月，以色列未待敘撤軍，片面撤退到貝魯特南方十七公里的阿瓦里河，派了兩萬軍隊駐防。以色列在這塊佔領區內，支持各基督教民兵，其中最有力的是哈達德（Saad Haddad）的黎巴嫩自由軍（Army of Free Lebanon），有兩千人。

　　以色列雖然口頭上表示，不願賈梅耶廢除和平協定，但它在黎南已建立了一塊緩衝帶，巴游的大砲再也打不到以色列北境的屯墾區，北疆不再構成心頭大患。敘利亞在前年以軍入侵黎南時，自動撤軍龜縮到貝卡山谷北半部，目前駐有二萬五千大軍，時而發砲助回教民兵抗拒政府軍。然而，敘國總統阿賽德對黎境的回教弟兄並沒有偏愛。反之，在一九七六年內戰的末期，回教徒和巴游聯合，幾乎消滅基督教徒，敘軍在基督教總統法蘭吉之請，揮軍進入貝魯特解圍。阿賽德當時使得到美國的讚美，卻遭到蘇聯的譴責。

貝卡山谷距大馬士革才二十三公里，駐紮貝卡山谷南半部的以軍，距之二十五公里，阿賽德當然不願見到親以色列的政府成立。不過，就像他自己並不完全聽命蘇聯，德魯士人和什葉派的領袖也未必全然唯他馬首是從，所以，他寧願有一個受他擺佈的賈梅耶。

其實，阿賽德最難以忘懷的，還是在一九六七年喪失的戈蘭高地（一九八一年，以色列把戈蘭高地正式併吞）。如果他能收復失地，必定能塑造民族英雄形象，安撫不穩定的內政。

美國在中東舉足輕重，對埃及、沙烏地阿拉伯都有相當的影響力。所以敘利亞表面上對美國一再咆哮，卻也不時拋媚眼。偏偏美國策劃的「以黎協定」把敘摒諸門外，最近又有跡象顯示，美國打算讓巴解和約旦參加中東和談，又沒有敘國的份，難怪阿賽特要好好利用黎巴嫩，要雷根好看，藉機勒索政治資本。

美國和黎巴嫩也有一段不足為外人道的關係。一九五七年，中央情報局提供前總統查蒙一大筆金錢，幫助國會議員改選，以期次年獲國會修憲而連任，引起了回教徒的騷動。一九五八年七月，艾森豪總統派美國海軍陸戰隊登陸貝魯特扶立陸軍總師令上台而後撤軍。

從選舉的觀點來看，雷根上台後，在外交政策方面的最大本錢，莫過於把自己塑造成一個堅決的反共形象、一個不願屈從於壓力的牛仔。而美國自從在中南半島撤軍後，國際聲望一落千丈，連他後院的小島國格瑞那達，竟也膽敢調笑山姆叔叔！所以雷根躍躍欲試，無時無刻尋求表演個人魅力，以及展現美國軍力的機會。

雷根看上了黎巴嫩，他以為立了一個傀儡總統，給他一支軍隊，就可以教訓敘利亞，進而打阿塞德背後的主子—蘇聯一個耳光。可惜！黎巴嫩問題比他想像的還要複雜，因而也一連犯了幾個錯。

一、他默許以色列北侵，間接促成一九八二年九月，巴勒斯坦難民被基督教民兵大屠殺。

二、他策劃的「以黎和平協定」，賦予以色列割據黎南的權力，無異是鼓勵侵略者。

三、最不可原諒的是，美國從未敦促賈梅耶讓回教徒分享更多的權力，或者以政治談判代替武力解決內爭。於是，回教徒以為美軍是來幫助基督教徒迫害他們的。所以有美國大使館和基地被炸，有兩百六十五名美國大兵斷魂黎巴嫩。

四、美國似乎忘了他原來的角色—當國際警察。所以當他的 155 巨砲、龍式飛彈、主力艦上的六吋砲，開始轟炸回教陣地時，不管理由為何，他對於自己的角色已經開始發生認定的錯亂了。

於是，越來越多的美國人懷疑，他們的子弟為什麼要到貝魯特？陸戰隊員也不知道他們到底在為何而戰？消滅共產黨？維持國際正義公理？不過，我們可以肯定一點，那些死去的大兵，他們再也不必為這些問題費神了！

在這場「黎巴嫩勢力範圍爭奪戰」中，最大的輸家是雷根，輸去了美國的信用和顏面；以色列儘管嚷嚷著不認輸，其實是個大贏家，而且可以有很長的一段時間，慢慢調養經濟；敘利亞握著王牌，而且至少已經獲得小勝；至於那些大大小小的雜牌民兵部隊，勝負還很難預料，他們很小心押注，認清自己的目標，認對主子。

而那些在內戰中倖免不死的升斗小民，選擇一方來靠攏、效忠，似乎是無可避免的！但是，有時候，做選擇是相當痛苦的，尤其是在內戰裡。

一名二十七歲的什葉派政府軍說：「長官命令我攻擊，可是，我們的部隊正在攻擊的是我的家鄉‼有一天，十幾個什葉派民兵衝進我們的總部，當中有八個是我的堂表兄弟。你說，我怎麼能用手上的機關槍，掃射自己的親人呢？」

一個黑人國家的驕傲
—由內戰走向民主的奈及利亞[*]

一、楔子：癩蛤蟆的妄想症

約末七十年前，東亞出現了一隻患有「妄想症」的癩蛤蟆，總以為自己是條五爪大蟠龍，只是屬下竟然無人會意，害的他日思夜夢，轉側難眠。

他的顧問—一隻哥倫比亞大學的美國牛蛙，適時義無反顧的發表一篇〈君主與共和〉，為他的黃袍夢建立理論基礎。云：「從中國的歷史傳統、社會、經濟條件、與列強的關係來看，中國如果發展君主政體，將比共和政體易於國家的主權獨立。」

一時所謂「籌安會六君子」之流御用士紳，迫不及待製造輿論，競相鼓吹恢復帝制。於是民國五年嗚呼哀哉成為洪憲元年。

可惜袁世凱的皇帝命，比台灣史上的鴨母王朱一貴好不了多少，「國王的新衣」只穿了一百八十三天，眾叛親離，一九一六年六月六日斷腸時，癩蛤蟆白肚氣脹而絕。

無獨有偶，一九八三年春的台灣，又由超級民主大國飛來一位現代古德諾—墨子刻。他諄諄勸勉島上的民主小朋友：「中國沒有

---

[*]　1984，未刊稿。

民主文化傳統，西方的民主制度是否能移植呢？」

被澆了一盆冷水的黨外人士，一面忙著尋找民主理論反駁，一邊懷疑歐美民主國家的先祖在波羅的海茹毛飲血之際，是否有民主文化傳統。又有一批人則請出另一個哥倫比亞大學的傳人所拉茲助陣。

這時非洲的一個國家，對我們發出得意的微笑和流下幾滴同情的眼淚。

二、令人羨慕的民主

奈及利亞位於西非幾內亞灣彎區部，是近年來，撒哈拉沙漠以南崛起的新興黑人國家。除了眾多的人口和富裕的經濟外，還有一樣財富是許多國家的人民無福享受得到的—民主。

奈國於一九七九年恢復文人政府，肇建第二共和。今年(1983)又是選舉年，經過為時七個月的馬拉松競選活動，八月起一連五個週末，游牧民族跨上駱駝越過大草原，叢林獵人駕著獨木舟橫過急湍的尼日河，不約而同走向十六萬個投票所，捺下指印表示他們對民主的贊同，直接選出總統、19 州長、95 參議員、450 眾議員、1347 州議員。

現任總統夏格瑞（Shagari）獲得連任。選舉結果對我們並無任何意義，倒是奈及利亞人民享有的民主自由，在選舉過程中顯現對出對民主的信心，不得不使人油生羨慕與敬佩。

奈及利亞人對政治參與的興趣濃厚，可由他們津津樂道的一則笑話看出來—「把兩個奈及利亞人湊在一起，就會組成三個政黨。如此一來，兩人都可以當黨魁，第三個黨則用來調停他們」。

　　無怪呼一九七八年開放黨禁，為文治作預備，一下子就有五十多個團體登記。為了避免一人組一黨，或黨員侷限一隅，憲法對組黨有繁瑣的規定，諸如不准用含有宗教、地域或種族的字眼作黨名。目前奈國有五個政黨：奈及利亞聯合黨（UPN）、民族人民黨（NPP）、大奈及利亞人民黨（GNPP）、人民實踐黨（PRP）、和執政奈及利亞民族黨（NPN）。

　　到了八十年代，我們可以看到許多國家的反對黨被當道以叛亂罪入獄，奈及利亞卻有勇氣實行多黨制。在一次非洲團結組織（OAU）會議上，肯亞總統毛伊大惑不解的問夏格瑞：「你們有那麼多人出選總統，豈不是一場混戰？」夏格瑞回答：「或許是很亂！但這就是我們的制度啊！」是的，民主的實行是不怕麻煩的。

　　其實，奈國各政黨仍或多或少根源於地域觀念。但塞翁失馬，焉知非福？這些獨立以來吵吵鬧鬧的地方主義黨派，料不到是今天多黨制的基礎。若當初有所謂的「革命政黨」領導獨立，今天奈國很可能也是在一黨獨大之下，高喊「黨內民主」了。

三、高度包容性

　　實行民主的先決條件是大眾傳播媒介的開放。奈及利亞人在英國殖民期間，早就有辦報的自由，目前反對黨並未為報禁所苦。最令第三世界不可思議的是，官方電台與電視開放給各政黨發表政見，總統候選人學卡特和雷根出現在電視畫面公開辯論，乍看之下似乎是東施效顰，其實也是在表示：「美國人可以，為什麼奈及利亞人作不到？」聯邦政府此番只警告要吊銷西區兩州政府廣電執照，因為未獲連任的州長一再煽動黨人對付政敵。

奈國的包容性平日就可感覺。國家電台用官語和九種語言播音，他的地方分台則集中發揚各地文化和方言；州政府亦各有獨立的電台。憲法則用十二種語言說明。如果他們嫌麻煩而強迫使用一種語言，恐怕實行民主的和諧與共識便要大打折扣。

選前活動的激烈，在我們眼中或許是亂七八糟和沒有格調。每個候選人各逞己能，詰陰漫罵，尤其對執政黨毫不留情的攻擊叫囂，但奈人不以為忤。即使平日溫和的夏格瑞也在政見發表會上直稱對手為「妓女」。

奈國選舉設施出奇簡陋。投票所是用白鐵皮臨時搭建的，政府還得買四十方盞煤油燈，供無電力地方備用。在邊遠地區的投票箱，靠直昇機、獨木舟、駱駝送到開票所，開票速度之慢可想。奈國只有九萬警員，選委會又不願向軍方求援，投票所便靠各黨二名監選員與三名選委會聘請公正人士負責，十幾個人擠在兩坪多的烤箱內。然而一般人願意接受選舉結果，說明了選民對選委會的信任，勝過於選舉條件的窳劣。

四、種族大什燴

近二、三年來，全球的民主發展陷於反動的低潮。讀者們或許不會相信，眼前是一個被殖民一百多年，獨立後打了一年半內戰，一百多萬人喪命，又經歷三次流血政變、一位元首被暗殺、和十三年軍事統治的國家。究竟奈及利亞有什麼實行民主的先天條件呢？

依照一般所謂「族國」（nation-state）的觀點，即孫中山先生的「民主國家」來看，「奈及利亞民族」才在鑄造之中，如何把人為疆界內的各族調和，仍然是國家整合的一大難題。

　　奈及利亞面積九十二萬五千平方公里（台灣的二十五倍大），人口估算有八千萬到一億之間。就人口論，乃非洲第一大國，號稱世界第四大民主國（依人口多寡排行為美、印度、日本），實際上也是一個種族的大什燴。境內至少有兩百五十個語言族群（linguistic ethnics），彼此之間的關係不是方言，而是根本無法溝通的孤立語言。若再把方言算進去，恐怕有四百多種語言了。比較大的族群各有百萬以上的族人分據奈國四方，一般族群有十多萬人，而最小的族群只有幾百個人。中部森林地帶就集中大大小小一百八十多個族群生息繁衍。

　　過去兩千多年來，非洲各種族有如海上的船隻，不受國界限制，自由的南來北往，東西遊蕩。這塊北與撒哈拉沙漠相比鄰的高原，便成為各部落的交會點。

　　不過，原來並沒有「奈及利亞」這個名詞，它不曾為政治、也不是地理單位。英國人因販賣黑奴，與這裡發生關係，又依據境內流貫的尼日河，將各個殖民地合併，命名為奈及利亞。

　　這些部落除了黑色的皮膚外，唯一的共通點竟是殖民者流下來的英語，令人啼笑皆非。他們壁壘分明，互不相屬，各族有自己的宗教，習俗和政治組織，與國界外的關係有時反而比較密切。大致上可分為三區：

　　北方回教徒有柏柏人、阿拉伯人的含姆血統，以豪沙人（Hausas）、福拉尼人（Fulanis）為主。豪沙人在十三世紀於奈北建城邦，透過貿易，豪沙文為西非許多部族採用。福拉尼人在塞內加爾到中非共和國之間游牧，十九世紀發動聖戰，四處建蘇丹王國，征服豪沙人後，兩族通婚共同，語言文化不可辨。

南方絕大多數是說班圖語的黑人。約魯巴人（Yorubas）居尼日河以西，是一個古老的城市部族，七世紀就建立幾個中央集權的酋長國；彼此有共同語言文化，卻不曾統一。他們文化水準高，尤其在手工藝是非洲黑人中第一流的（台灣三義鄉的雕刻品有些可能是模仿他們的）。

東部依波人（Ibos）最晚被英人征服，皈依基督卻最徹底；教育程度也比他族高，軍、政、經、公務人員都是他們的天下，被稱「非洲的猶太人」，長久為他族猜忌。他們分屬兩百多個團體，每個團體由三十多個氏族部落組成。他們沒有首長，只靠長老會議行自治。

我們不厭其煩介紹他門的政治組織，只是想說明：人類在初期發展，大都是由血親組成的平等主義的部落，隨著人口增加與經濟型態複雜，才逐漸演變為較有統籌能力的酋長制，進而合併為神權國家等。如果說這種原始的平等部落是西方人的民主文化傳統，那麼任何民族莫不有民主的傳統。

五、不小心成替罪羔羊

自西班牙征服拉丁美洲後，土著便淪為他們的奴工。一朝（1516年），美洲的教士忽然也想超渡印第安人的靈魂上天堂，但又不能叫高貴的白種人從事猥賤的勞動，於是歐洲人競相到黑暗大陸獵取「黑色動物」代替。

海上霸王大英帝國於十七、八世紀獨攬「黑象牙」產銷。在這期間，光他們就成功運走了二百萬黑奴；若以三分之二的損耗率來看，實際上擄去六百萬人。西非黑人的命運最悲慘，至今古巴、巴西仍有不少約魯人的後裔，維持原來的宗教、語言。

十九世紀各國相繼廢奴，逼得生意人不得不另找出路彌補。英國人在東方與鼾睡的巨龍打了一場戰爭，硬要推銷鴉片。一八八五年柏林會議上，歐洲紳士們躲在小房間，抽這雪茄、翹著腳，紙上瓜分非洲，製造紙上人工政治單位。於是非洲內陸便成為各路白人英雄好漢、法櫃奇兵大展身手的樂園。

人類在部落階段，殺伐落敗者便全族淪為奴隸。白種人販奴，勾結阿拉伯商人、黑人土酋，使部落間的敵對更形尖銳。現在英人作起陸地生意來，到處看有什麼值得「保護」的，勢劫利誘建立保護國，騙取貿易特權。對小部落不惜厚顏藉口保護他們免被他族擄為奴，對大部落或土邦則用武力征服。經過這樣巧取豪奪，到了二十世紀初，奈及利亞各族已被英人各個擊破囊括，完成奈及利亞種族大拼盤。

六、殖民者的手段

「間接統治」是英國殖民政府在奈及利亞的技倆，讓各區、族、部落的蘇丹、土酋以原來的制度統治子民，只要他們聽使喚就好了，甚至可以拿爵位來加以籠絡。英人自詡為得意的發明，還四處拿來當圭臬。這種「以夷治夷」的手段一點也不新鮮，少數的殖民者一定要有願意受教化的土人，出來拿槍看守那些冥頑不靈的多數，只是每個人的戲法不同罷了。日本人善待辜顯榮，而史達林也是靠屠殺鎮壓自己的喬治亞同胞，來博取俄羅斯王子的信任與晉身。

聰明的統治者，偶而也讓出一些無關緊要的職位，讓奈人爭得頭破血流，以免他們團結。丟一根骨頭給餓狗搶，搶不到的餓死、搶到的也奄奄一息，吃香肉的只要背後藏一根木棒就夠了。被統治者豈能不警惕？

所以一九四五年英人替奈人立憲，表面上是顧慮如何使各族利益分配公平，骨子裡卻希望他們內鬨。結果不只原來的南北宗教敵視加深，南方也分裂為東、西二區，造成三分天下局面。三區相互對立，區內各族又激烈的爭權奪利。

二次大戰，黑人加入盟軍轉戰各地，得到民主自決思潮洗禮。戰後印度獨立，奈及利亞人覺得也該獲得獨立作報酬。英人覺得非洲的獨立還為時過早。理由有千百種，譬如說：黑人有能力實行複雜的民主嗎？

法國在阿爾及利亞陷游擊戰而焦頭爛額，提醒英人趕快給奈人獨立。只是各族都不想吃虧，互相猜忌，為將來體制而爭吵不已，獨立日期一再延後。

南方人以為他們教育程度高，理當握大權，力主採行中央集權的政體。北方回教徒怕在權力分配中居劣勢，主張地方分權。而各區裡頭的小部落，也怕大族欺壓，要求獨自成立新州。獨立日子越近，氣氛越加緊張，甚至有流血事件。

七、獨立到比亞法拉戰爭

一九六○年，奈人大法官頭戴假髮，手執英國權杖，幾分好笑的主持獨立典禮。北、東、西三區組成聯邦，北方的巴勒瓦（Balewa）出任聯邦總理。英人留下的議會制度虛徒其表，政客在議堂爭吵，各族人不斷騷動，幾乎呈無政府狀態。

伊波人眼見長期享有的優勢與既得利益被危害，一九六六年一月發動軍事政變,巴勒瓦、北邦總理貝洛(Bellow)等要人,和許多回教徒軍官相繼遇害。伊波軍人取消各邦政府,強行中央集權。

七月,軍方反政變,處死幾百個伊波人軍官。十月,北方回教徒屠殺境內幾千民客居伊波人移民,幾百萬伊波人倉惶逃回東區。雙方在備戰中尋求和解之道,任何提議都往最惡毒的方面作詮釋。

次年七月談判破裂,一向主張中央集權的伊波人宣佈成立「比亞法拉共和國」,引發三十一個月內戰。這場部落間的爭鬥因列強的涉入,成為西班牙內戰以來,最引世人注目與爭議的內戰,也把英國的「民主櫥窗」丟入國際政治的漩渦中。

比亞法拉獲同樣信奉天主教的法國大量供應軍火。戴高樂或許不願奈及利亞太強,恐其威脅法屬西非;他也可能想取得尼日河三角洲的石油。不過老奸巨滑的法國並不敢公開支持(不由令人想起台灣民主國成立時,法國駐台領事亦暗示,如果能單獨支撐半年,法國政府願考慮「政治投資」)。南非、羅得西亞和葡萄牙等白人政權,當然也不希望看到一個統一而強大的黑人國家出現,以免威脅他們的「種族隔離」政權,故亦供比亞法拉武器。

奈及利亞向美國購買軍火遭拒,他們說那是英國人的事。其實因值總統改選,韓福瑞與尼克森都不願違背同情比亞法拉的美國選民。英國關心奈國境內的石油公司,但不願給太多武器,於是高溫(Gowon)投向蘇聯。後者求之不可得,馬上送來坦克、大炮,並由埃及人駕米格機,政府軍逐漸轉敗為勝。

比亞法拉那位牛津畢業的軍事總督歐居克(Ojukwn),在劣勢中似乎未想到以焦土游擊戰,來對抗英國聖德赫斯特(似美國西點軍校)畢業的高溫。伊波人無與家園存亡的決心,紛紛逃往鄰國;

境內的小族亦不願賣命，因此註定分離行動的失敗。

一九七〇年一月，歐居克師法歷史的流亡者—越南的阮文紹亦然—帶著三噸行李和瑞士銀行存款簿，在部下詛咒聲中飛到象牙海岸作寓公了。

八、沒有戰利品、報復

戰爭是醜陋的，內戰尤其另人心碎。面對的敵人，可能是昔日的同學、同僚、鄰桌的同事，甚至親戚。在內戰中沒有贏家。

內戰結束後的下一步，一般認為戰勝者將搜刮戰利品，並展開懲罰性報復行動。各國都幸災樂禍的預測奈及利亞即將進行血腥屠殺。一時人心惶惶，伊波人逃往叢林躲命，因而餓死的比戰死的人還多。

高溫偏偏不信邪，堅拒美、法的救濟髒錢，寧願自己來善後。他撤出所有的政府軍，呼籲伊波人出來重整家園。伊波人再度自理事務，州政府大部分是內戰前比亞法拉共和國的閣員，只有三十名伊波軍官因帶兵攻入西部被拘禁，而伊波人在全國各地的職務也大多以「留職停薪」方式復職。

也許是這種誠意折服了一向高傲的伊波人。又因油井大量開採，一九七三年阿拉伯國家石油禁運，奈及利亞成為天之驕子，財富把內戰的創痛沖淡了。

九、軍人有自知之明

一九七五年，高溫到烏干達參加非州團結組織會議，軍方罷黜了他。他聽到政變消息，聳聳肩，心平氣和的表示希望國人支持新政權，在背誦莎士比亞的詩句：「世界是一個舞台，男男女女都是演員，每個人有進也有出。」便飛到英國念書。

高溫好比午昌起義被拉出來當都督的黎元洪。一九六六年那場政變，政權硬塞到他手上，因為他是來自中部小部落的基督教徒，沒有特殊的黨派與地方色彩。然而政治對他而言是監獄，故一再表示要離開這是非之圈。

他出國前問侍衛長，是否有人要取代他。後者信誓旦旦，絕對不會有這種事。高溫把話說的很清楚：「你們僅管動手，但憑良知，不要流血。」只是對方不是諸葛武侯，最先宣佈政變的就是這名侍衛長。

新元首是豪沙人穆罕默德（Muhammed），乃一九六六年政變的幕後主持人。他不時批評高溫憂柔寡斷，無能解決貪污與混亂政局，因此一上台就強迫一萬多人退休。最得民心的地方是他斬釘截鐵地宣佈一定在一九七九年還政於民，並著手建立精密的民主時刻表。

一九七六年，穆罕默德於流產政變中身亡，奧巴珊（Obasnjo）迅速接替，除了懲罰三十名元兇外，並無誅連。一切均按照原訂的民主過程進行。一九七九年十月，軍方信守承諾，把政權交給民選的夏格瑞，奧巴珊也解軍職回鄉農耕終老。

我們無意縷述奈國政權遞擅，但奈國軍人卻有許多值得世界軍事政權學習之處。讀者試看第三世界的軍事強人，大多在文人政府混亂中發動政變取得政權。權力卻像鴉片使人戀棧不放，他們不是躲在後面遙控文人，或者指定接班人，再不就干脆自己脫下軍服幹起文人總統。

奈國歷任軍事統治者，卻迫不急待交出政權，一再表示對政治無意。他們以身為職業軍人為榮，對軍隊受訓荒廢而心焦。軍方未趁機擴展勢力、或安插同僚於各部門；文人在重大決策反而顯的有份量。儘管失業率高漲，他們主動把軍力由二十五萬削減為十五萬人，給文人政府好控制。夏格瑞交給奧巴珊一份幾十個對政治有興趣的軍官名單，沒多久這些人紛紛被令退休。

奈及利亞雖然有過軍事統治，卻幸運沒有軍事獨裁，沒有政治犯、沒有報禁。軍事強人並非沒有治國能力，有時甚且比文人有魄力—由他們不惜設立更多的州，來安撫小族，增進國家團結可看出，也因此使穆罕默德被反對他的大族所暗殺。他們絕非聖人，只是他們有自知之明，唯有民選代表才能真正反應出人民的需要與意願。

十、政治成熟與經濟紊亂

夏格瑞是福拉尼人回教徒。他兩次大選的主要對手阿瓦洛瓦（Awolowo）、阿濟契威（Azikiwe）分別是約魯巴族與伊波族的領袖。憲法為了確保總統獲得全國各地支持而選出，規定在 19 州中的三分之二州必需有 25% 選票。夏格瑞一九七九年在 12 個州得 25% 以上選票，另一州只得 20%；可是憲法並未明文規定 19 州的三分之二是 12 或 13 州。最後選委員裁定為 12 又三分之二州，並由最高法院確認，夏格瑞因得當選總統。

地方選舉比較紊亂。在西部約魯巴人傳統區域，有二州長易手，發生流血，選舉因而延後，軍人出動逮補 107 人。但一般反對黨表現相當的自制與風度，雖然有人指控選舉有弊，但願意循法律途徑解決。反對黨報紙要求支持者冷靜，因為大家都不願意看到軍方出來干涉，回復軍事統治，也就是說，不是那一個黨執政，而是文人或軍人上台的問題，促使大家保持政治成熟。

夏格瑞善舞長袖、調停妥協是他的長處。他曾為聯邦與州政府的預算比例，親自在議會中討價還價而化解危機。反對黨批評他八面玲瓏，認為開發中國家需要較有魄力的領袖出來領導。但我們不以為然，民主是不需要希特勒、墨索里尼那種英雄人物，寧願有一個勤奮的斡旋者管理。

目前夏格瑞最為人詬病的是無力制止公務人員貪污，回扣一般為 15%-50%。這是開發中國家共同的困擾，大家都視藉職權得來的利益是一種光榮。軍事統治下的整肅也無法杜絕貪污，新的一批人上來依然故我。尤其是文職人員缺乏，不可能進行大規模整頓，而利益團體的攫利也不可忽視。去年破獲政變，最後發覺是包不到工程的商人，策動與之交好的軍人政變上台。教宗訪問奈國時，也激勵他們要對抗貪污。

石油佔奈國外匯收入 70% 以上，大部分用來大興土木。七〇年代中期，一度有三百艘水泥貨船在拉哥斯港外等著進港，有的一等就是半年，十足的暴發戶形象。另外由奈國在美國留學生佔第二位（伊朗第一、台灣第三），在台灣留學的奈國學生西裝筆挺上課，都可看出端倪。

一九八一年起，因世界性經濟不景氣，國際石油需求遞減，油價下跌，奈國外匯收入不敷支出，去年嚴格管制進口。台灣外銷廠商被欠了二十多億台幣貸款，大家談奈及利亞無不咬牙切齒。近日聞報載奈人到台灣印偽鈔，可見其紊亂的一面。

十一、拉哥斯又叫「拉狗屎」

台灣經常走訪奈及利亞的船員都知道，船隻到了拉哥斯，不知何時可進港下貨，有些奈國貨主乾脆以貨船為倉庫，高興時就來提一些貨，有的船東因而破產。港內海盜猖獗，公然持械上船劫貨，而且他們似乎事先知道貨品與貯物處，不免有官盜勾結之嫌。奈國政府一度槍斃盜匪、浮屍港面。但趁火打劫的小船乃在貨船四處四周打轉，與港警捉迷藏，既非現行犯，亦莫可奈何。有的貨主僱弓箭手保護貨品（弓箭手在奈國有執照），真像又回到原始時代。

首都拉哥斯高樓入雲，遠遠望去好不雄偉，只是上了岸觀之，完全不是那回事，違章建築陳設髒亂。台灣船員戲稱拉哥斯為「拉狗屎」，亦見土人隨地便溺習慣仍有。

農村與西非他國偷渡入境者的湧入，使犯罪率不斷高漲，這些人有機會騙搶到護照便跳船新大陸掏金去了。夏格瑞政府二月驅逐二百萬非法移民出境，看那些難民頭頂名貴音響、手戴名牌錶一付衣錦還鄉的氣派，與印支半島的難民潮不可等量相齊。象牙海岸曾逐奈及利亞人，並沒收財產，一九六九年迦納驅逐一百萬名奈人出境。似乎偷渡入境與驅逐出境已成了習慣。

十二、漠南黑人的代言人

憑藉著石油的經濟力量，奈及利亞成為世界上第一個黑人強權的最佳人選。她在非洲的聲音越來越有份量，儼然成為撒哈拉沙漠以南的領導人。她的軍隊訓練精良，僅次於南非。

奈及利亞外交上採不結盟路線。不希望超強插手非洲的事務。

對於安哥拉，奈國與非洲大多數國家希望各游擊組織團結共同追求獨立，卻因南非派軍深入安境，支援其中兩團體，奈國因而斷然領導各國承認傾共政權（MPLA）。一九七五年美國福特總統發函非洲國家不要承認 MPLA，奈國懊惱，把信函供諸世人，並幾度拒絕季辛吉訪問。

一九七九年，美國國會一再施壓力要求卡特停止對白人羅得西亞禁運，被拒。奈國便公開讚揚卡特。白人羅得西亞政權轉為黑人統治的津巴布韋，雷根不願給經援，夏格瑞毫不猶豫取代。

對於母國英國，一九七九年想解除對南非禁運，暗中以奈國石油供給，奈國便把英擁石油公司股份收歸國有（有賠償）。

但是我們不必因此判斷奈及利亞有同情馬克思政權的傾向。一般非洲國家不願涉入東、西方之間的意識型態之爭，因為他們迫切雙方的援助，沒有必要投向一方。所以現時雷根把每一個問題、每一個地區當作東西間的對抗，視南非為漠南最堅決的反共盟國，奈國便不以為然。

事實上，奈國目前的五個政黨都是傾向西方的。她是僅次於沙烏地阿拉伯，為美國的第二大供油國，故希望美國感恩，不要支持南非。可是膚色似乎仍然為人類信賴心的障礙，很難說服美國放棄南非白人政權，與一個黑人國家結為密友。一些美國戰略家對奈及利亞未來的評估，不是預測軍人將奪權，就是奈軍南下屠殺南非白人，他們無理性袒護白人與期待奈國變亂的心態表露無遺。

十三、結語

社會達爾文主義者（有別於希特勒的種族達爾文主義）斷言白

種人天生比有色人種優秀，只有他們才配享有民主。另一種人比較理性，站在人道主義的立場表示，有色人種的落後，是歷史因素，是暫時的，不是天生的；故要文明白人長期呵護培養。

所以英國人要一切都按步就班安排妥當，一切都在掌握之中，才准殖民地安靜的獨立。日本人要把台灣人的「清國奴奴性」打掉，才配作天皇的臣民。南非強悍佔據那密比亞（西南非），不准黑人獨立，也是怕他們給共產黨利用。

古德諾、墨子刻又何嘗不是好意呢？說穿了，他們的本質根本就是披著理性主義外衣的白人沙文主義，與社會達爾文主義沒有兩樣，都在述說相同的看法──民主是白種人的專利。

奈及利亞卻證明給世人看，落後的黑人可以和美國一樣，有能力處理複雜的民主行為，第三世界的人同樣可以享受民主的生活方式。他們的選舉過程或有瑕疵卻可以改進，因為沒有一個民族是天生的民主人，民主是要學習在嘗試錯誤中求進步；沒有犯錯機會的人，永遠也無法向烏托邦前進。

所以，奈及利亞今年的選舉不是夏格瑞的勝利，也不是奈及利亞民族黨的勝利，它是民主的勝利，是所有第三世界人們的民主希望的勝利！

由「剛河暴風雨回憶」
看剛果開國四要人[*]

　　薩依共和國（前剛果共和國，又稱金沙夏剛果）1960 年甫自比利時手中獨立，即爆發內戰。此後，戰事頻仍，兵連禍結，民不聊生，多次西方國家神兵天降，殺戮得以稍止；尤以聯合國秘書長哈紹瑪巡視時飛機失事身亡，使得國際為之側目不已，聯合國又以派軍進駐剛果時花費浩繁，財政透支，對日後奈及利亞在比亞法拉的內戰拒絕出兵干涉，聽任屠殺事件發生，可見影響之大。中國雖未曾派兵加入聯合國駐剛果軍，卻因連續兩年未付捐助款項而遭停止投票權的懲罰，亦不失為中國外交發展史上的一個小插曲。

　　1978 年薩依南部夏巴省（前卡淡加）的叛軍再度入侵，屠殺白人黑人達七百人之多，又引起世界的注目。在此，我們也願意從薩依獨立以來的四個主要領袖著手，希望能探求得該國動亂的成因。

　　沈覲鼎先生曾任我國駐剛果大使，「剛河暴風雨回憶」是他駐節剛果時期的回憶錄，身歷其境，親睹剛果獨立初的種種變局，不啻是我們最可靠的資料來源。不過，由於剛果昔時與我國有邦交，沈大使不免對人物臧否有些保留；如今彼此已無外交關係，開國四要人除了莫布杜繼續掌權外，卡沙布杜、魯孟巴、左姆貝三人早已物故，蓋棺可論定，因此我們參考其他有關資料，相互對照，以求有最客觀的看法。

---

[*]　　1978，未刊稿。

一、背景

　　1876 年比利時國王奧波利二世成立剛果國際協會，並藉史坦利之手，向酋長們騙得九十萬平方公里的土地。1885 年柏林會議決定剛果為比王的私人財產成立剛果自由邦；由於比王揮霍無度，無力償還欠款，1908 年乃由比利時政府接管剛果，改剛果為比屬剛果。因歐陸各國視非洲大陸為探險的報酬，大肆瓜分非洲，對土地間的分割極為武斷，只圖方便，毫不考慮到種族部落等事，因此疆界問題自始即為許多流血衝突的導因。剛果本身即有兩百多個部落，除大部落被恣意分隔屬於多國外，毗鄰部落間亦長期對峙，相互襲掠征伐，可以說缺乏建立共同國家的一切條件，因此日後即因「聯邦或中央集權」的歧見紛擾不已，或可說是列強種下的惡果。二次大戰後，非洲民族主義高漲，列強紛紛予以殖民地獨立，比利時自恃其容忍的家長政治能予剛果人民較高生活水準，對剛果未能預先作獨立的準備。1959 年在鄰國獨立的刺激下，剛果人民發起暴動，比利時才驟然從施恩者的自得中夢醒，倉促讓剛果於 1960 年獨立。由於比利時政府從未想到終有一天他們要放鬆對剛果的控制，不急於教育剛果政治人才與設立政治機構，方獨立的剛果便立刻陷入政治困境，戰亂迄今不止。

二、卡沙烏布

　　卡沙烏布是剛果第一任總統，1950 年組成該國第一個政治團體「下剛果聯盟」，以部落為背景，只提出對比殖民政府的不滿，未能有獨立建國的思想和計畫。1959 年卡氏與其黨眾開會，遭取締並解散會黨組織，卡氏乃率領本族人暴動，在政治舞台上開始展露頭角。此次暴動後來漫延各地，終於使比國不得不承認剛果有獨立權。卡氏政治上主張地方分權和聯邦制，在獨立前的大選中，便與主張中央集權的魯孟巴展開爭權，相持不下；後兩人妥協，卡氏答允由魯氏出任總理組內閣，而由國會中占多數的魯派議員支持卡氏當總統，擊敗另一總統候選人波里干果。

波氏領有班加拉族，蠻勇好戰，為比殖民政府保安部隊的主力。因為不滿卡、魯兩人共同對付他，懷恨在心，構成獨立後不久保安部隊爆發兵變的主因——一般外傳以為保安部隊對比籍軍官的不滿是兵變的原因，其實不過是導火線罷了，這一點是沈氏觀察力的透徹。

卡氏表面上與魯氏合作無邊，然貌合神離，所以一旦魯氏以俄國運輸機載兵 南下剿亂，西方陣營倍加譴責時，卡氏便以魯氏左傾為理由，罷免魯總理之職、解散內閣，露出其奪權的面貌。魯氏以自己為民選，卡無權罷免，乃反罷免卡總統之職，造成難得一見的總統總理互罷案。參、眾兩院相繼表決互控案無效，但卡氏無視議會的決定，堅稱魯不能復職，另囑伊聊組新內閣；但伊聊內閣有名無實，使剛果成為無政府狀態，不可收拾。在各地人心惶惶，相機獨立分離之際，正待中央政府之有力處理，中央且為權力起內鬨，益現卡氏之短視與不智。終於由參謀長莫布杜發動政變，逮捕魯氏；中央政府屢以卡氏之名函夏巴省之左姆貝，欲送魯氏由其看管，魯終於被押至夏巴省處死。不管魯氏由誰下手，卡氏似乎永遠要為他的死亡背下臭名。

在聯合國軍幫助下，中央相繼收服各省，由左姆貝任總理；卡氏忌其勢盛，再度施展故技，罷免左之職，螳螂捕蟬，黃雀在後；

莫布杜再度發動政變,逼卡氏下野,卡沙烏布終於病死而終。

綜觀卡沙烏布一生,領導獨立功不可滅;因緣附會,當上第一任總統,但一開始即總攬權力,排斥異己,徒現其氣度之不足,對剛果多年的動盪要負很大的責任。但也不能多怪之,因剛果種族紛亂,常久相互仇視;人皆為一己著想、替本族爭利,故要侈言民族、國家幾乎是不可能的,更何況是民智未開的蠻荒之境?只能怪比殖民政府未能盡力培養出殖民地優秀的人才了。

三、魯孟巴

魯孟巴於 1958 年設立「剛果國民運動黨」,主張中央集權、廢除酋長制,奔走各地糾合土人從事獨立。1960 年的大選,其黨獲得大勝,經與卡氏談判,獲組內閣;對主張地方分權的各省不能延攬入閣,因此引起他們相當不滿與恐慌。魯孟巴雖一心一意力行其中央集權之主張,但權力分配不均,引起他省惶恐,是其失策;尤其是派卡淡加省的世仇領袖森維為卡淡加特派員,作為監視,致使卡淡加省更加離心。

1960 年剛果首都保安部隊兵變,魯氏將暴動原因歸諸比籍軍官,藉機要求比人去職,導引軍隊仇視比人。兵變漫延全國各地,比國出兵護僑,魯又嚴責比國侵略,喚起全民抵抗,意欲將軍隊之仇恨擴大為全民,以喚起民族一體之意識。恰巧比軍於解救人質中;誤殺土人二十餘,方予魯氏大好機會。剛果人民公憤,大肆掠奪白人區,從此仇比運動迅速擴大,不可收拾,可見魯氏手腕之成功。

此時,比國在剛果境內已無多利益,既急抽出污泥,並慨然允其獨立,並無理由侵略這塊賠錢貨,魯孟巴卻要求聯合國派兵抵抗比軍之擴張。其實驅比乃名，實際上欲假聯合國之力鎮壓各欲分離之省。由於卡淡加省、加沙省分別宣布獨立與自治，中央形同無實權，而聯合國又不願出兵，魯乃要求萬隆會議國家出兵，並以俄援出兵入加沙省，實行屠殺，終於引起西方國家與剛果反共人士掀起反魯之機，這是他一生最大的失策。

魯孟巴遭卡沙烏布總統罷免案雖無效，實已遭軟禁，由聯合國軍保護於總理邸內，後魯欲逃往根據地東方省，遭莫布杜捕捉送回首都，囚於兵營內；魯幾度對看守之士兵演說而使其欲釋放之，可見魯有其成功之處。卡氏乃將魯送往仇視其之卡淡加省，在卡淡加省處死，屍體並由卡省隱密埋藏，以免人們前往朝拜，可見魯孟巴在人民心目中亦有舉足輕重之地位。

魯孟巴早見其大志，欲建立一個團結的剛果國，而最大的阻礙便是各省分離主義者。他玩弄手段，置列強於掌中，先要美國出兵不成，便轉而投向蘇聯、中共，實不可以左傾份視之。然魯孟巴手段過於激烈，才會予政敵有機可乘。由於他的才能與號召力，使美國對於下野的他仍不放心，認為只有暗殺才能使其失去政治力，所以他失敗的原因便是鋒芒太露，易遭人忌。魯孟巴死時只有三十六歲，英年早逝，殊為可惜，如果他不死，今日之剛果或許會有另一番局面。1967 年，莫布杜宣佈魯孟巴為國家英雄，算是還其清白，使他得到應有的榮耀。

四、左姆貝

左姆貝於 1957 年成立「卡淡加聯合黨」。因卡淡加省有豐富的銅礦，自不願與世敵分享財富，所以自始傾向脫離中央，主張聯邦制。獨立後兵變之初，左姆貝立刻請比軍鎮壓該省暴動的剛果兵，並藉口中央親共而宣佈獨立；標榜反共，趁中央內爭時發展勢力。

1963 年中央政府在聯合國軍、美國之助力，解除卡淡加省武裝，左姆貝不得已宣佈終止脫離中央，逃往西班牙，餘眾多逃至安哥拉。1964 年剛果東部發生附共叛亂，蔓延極廣，卡沙烏部總統已無人可用，在極不情願的情況下要求左姆貝回國任總理。他以訓練精良的卡淡加省憲兵和白種人傭兵，撲滅叛軍，做到卡氏等人所未能做的事，可見其能力非凡。左姆貝的軍事成就，使他在國內的聲望大增；卡氏感到左姆貝對自己的總統職產生威脅，1965 年乃免左之職，左只好再逃往西班牙。同年，莫布杜再發動政變，判左姆貝死刑，左由國家英雄一變而為叛國賊。1967 年在地中海上機中被綁架降落到阿爾及利亞，病死獄中。

左姆貝一心一意追求卡淡加省之獨立，情勢不能為，乃由分離主義者轉向國家主義者，不失為正人君子。他一上台任總理，立刻大赦，號召國人歸心；除了壓平叛亂，在維持選舉和穩定金融方面均有重大成就，聲勢浩大，而有問鼎總統之勢。其離奇病死獄中，使政府再次無法掌握卡淡加省，忠於他的卡淡加憲兵又一次逃往安哥拉，因而造成 1978 年夏巴省（前卡淡加）之屠殺。如果他不死，或許尚能維持全國的團結。

五、莫布杜

莫布杜本為新聞記者，獨立時為魯孟巴延攬為總統秘書；當魯氏藉兵變逐走剛果軍中的比籍軍官時，升莫布杜為參謀長，可謂一步登天。1960 年卡、魯兩人紛爭不休之際，莫布杜發動政變，軟禁魯氏，造成後來魯氏之慘死。依沈大使之言，似乎莫布杜事先對魯一事不知情，但衡諸常情，今日剛果東北部人民仍堅信莫氏是兇手而懷恨在心，當可確知真象為何。

1965年卡、左兩人相持不下，莫布杜又發動軍事政變，取消總統選舉，而自任為任期五年的總統；為使他的總統職位合法化，他修改了憲法。他除了在內政上嚴厲壓抑政客活動外，嚴禁種族及部落主義，並積極把產業收為國有，把自己塑造成一個民族主義的影像。

在莫布杜的鐵拳政府下，剛果似乎尚能維持完整領土，使得那些預測他的政權不會維持太久的評論家們大失所望；不過，他在國內並不孚人望。他本身喜好享受，在全國各地分建九座王宮；他的無能使經濟崩潰，端賴外援才得以苟延殘喘。他本身貪污，官員和軍隊相繼效尤；軍隊毫無紀律，作戰不力、望風逃跑。1978年卡淡加憲兵的入侵，幾乎毫無阻礙地進佔夏巴省，賴比利時傘兵和法國外籍兵團才收復失地；但下一回如果外國不願出兵相助，他又能維持多久？

莫布杜能縱橫捭闔，維持尊位而不墜，自有其過人的技倆。他與一般獨裁者無兩樣，排斥異己、鬥爭奪權、修改憲法、鞏固權位，無所不用其極。不過，他倒也維持了剛果十多年的統一局面，不能說是無功，而且國內並無其他足以與之匹敵的人，所以一旦他去職，剛果只有更加混亂，這是西方民主國家所不願見到的；我們只能說，是他的反共立場維繫他的政權於不墜。

六、結語

列強十九世紀瓜分非洲，對當地的人文地理缺乏精確的知識，許多國界僅為幾何直線。武斷國界常會把一個部落分為兩段，或者把兩個相敵對的部落合併為一。開始，由於共同的敵人存在，使土人們獲得的暫時團結，可是一旦征服者突然撤離後，古老的仇恨也就隨之而重現，造成政治上的分立與地域的對立，而剛果不過是最顯明且血流最多的例子罷了。

剛果動亂的主因之一是缺乏優秀的政治人才，這或許要歸咎比利時殖民政府未能在統治過程中積極培養；從殖民政府本身來看，自不願看到殖民地人民有優越睿智的領袖出現，所以動亂註定要在各國獨立過程出現的。今天，人民所流的血已夠了，為了國家的生存，領導者應多多容忍，俾能建立一個堅強的中央政府。

參考文獻

沈覲鼎，《剛河暴風雨回憶》，傳記文學出版社，58 年 10 月 1 日初版。

費偉德，《剛果民主共和政治發展》，嘉新水泥文化公司基金會，58 年 5 月初版。

李祥麟，《聯合國軍研究》，台灣商務印書館，人人文庫 775 號，57 年 9 月初版。

楊逢泰，《非洲問題論叢》，台灣商務印書館，人人文庫特 237 號，62 年 3 月初版。

《美國參議院特別委員會報告》，林白出版社，66 年 3 月 15 日初版。

商岳衡，《非洲新面貌》，新聞天地社，59 年 9 月。

浩劫與認同的探討[*]

對過去視若無睹的人也將瞽盲於現在。

Whoever closes their eyes to the past, will be blind to the present.

President Richard von Weizsacker（Rabinbach, 1988:183）

一、前言

「浩劫」譯自英文 "Holocaust"，一般指的是納粹德國在第二次世界大戰期間對於歐洲猶太人的集體屠殺；不過，由於它的原文是希臘文 *Holokaustos*，用於描述《舊約聖經》中奉獻給上帝的燒牲，因此浩劫又有強調那些猶太受難者是殉道的神學涵意[1]。在 1941-1945 期間，總共有 600 萬猶太人喪命於德國納粹手中[2]，佔了歐陸猶太人的三分之二，也就是世界猶太人口的三分之一。

「滅種」則譯自英文 "Genocide"，為 Raphel Lemkin 在 1943 年所創。按照字面來解釋，它指的是對於某個民族趕盡殺絕、寸草不留；不過，就廣義來看，它也包含有計劃的採取各種行動來破壞某個民族賴以生存的基本所需，使其逐漸絕滅（Chalk and Jonassohn, 1990; Porter, 1982; Fein, 1992; Staub, 1989）。

---

[*] 發表於台北市政府、台灣歷史學會、吳三連台灣史料基金會主辦「二二八事件五十週年國際學術研討會」。台北，1997/2/20-22。

[1] 有些人不喜歡此字的宗教味道，改採 Shoah，即希伯來文孤寂的意思。美國歷史學者則建議用 Judeocide（Johnson, 1987: 244-25）。

[2] 參見附錄 1 的人數估計；Hilberg（1985）的估計數字稍異。

在本文裏，我們想藉著西方的學術研究成果來探討下列問題：
什麼是「浩劫」？是什麼因素促成浩劫？以及浩劫的歷史記憶對猶
太人與德國人[3] 的民族認同[4] 分別造成什麼影響？

戰後，猶太人的浩劫並未受到世人的矚目，主因在當時的紐倫
堡大審[5] 中，美國主導的國際軍事法庭並未特別關照納粹屠殺猶太
人的罪行[6]，匆促間把一切罪狀歸咎於納粹喪心病狂，長久以來就有
謀殺猶太人的打算，因此遑論有釐清來龍去脈的企圖。此外，當時
的歷史學者對於使用學術的方式來探討浩劫，多不以為然，他們的
理由大致可以歸納成兩派：傳統的一派認為其他的歷史事件多不能
與浩劫相提並論，若貿然以「冷靜的」學術方式來抽絲剝繭，恐怕
會破壞浩劫在猶太人心目中崇高而凜烈的地位，會抹去猶太人記憶
中慘絕人寰的經驗，更擔心「客觀的」學術研究會無意中淡化納粹
政權的邪惡本質；另一派則或因為他們原本就嫌惡猶太人受難者，
或怕研究過於深入而節外生枝，無意中把自己捲入責任歸屬的爭

---

[3] 　這裏的討論只限西德；有關戰後民族認同在兩個德國的發展，請參閱
　　Schweigler（1975）；至於兩德統一（1989）後的發展，請考 Winkler（1994），
　　LeGloannec（1994）及 Fulbrook（1994）；而 Breuilly（1992）等人則作了相
　　當詳盡的縱切面探討。

[4] 　民族認同（national identity）又譯為國家認同，其實兩者同義，因為民族的
　　意義就是一群人要共同建立一個國家，叫民族國家（nation-state），所以也
　　是以國家來作認同的對象。不過，在漢文裡，民族往往有種族（即血緣）的
　　涵意。

[5] 　當時的首席檢察官 Telford Taylor 日後（1992）現身說法，出版《紐倫堡大
　　審的解析》。

[6] 　當時起訴的罪狀分「危害和平」、「戰犯」、以及「戕害人命」，並未提及
　　謀殺猶太人的罪（Landau, 1992: 255-58; Taylor, 1992: append. B）。

議，因此惟恐避之不及（Marrus, 1987: 1, 4, 201）。總之，兩派學者的出發點雖然不同，卻不約而同地不願面對浩劫。

這種情況到 1960 年代才有改觀。面對學界此種有意或無意的淡化，以色列人擔心浩劫會逐漸為世人所遺忘，因此在 1961 年藉著自阿根廷誘捕納粹頭子 Adolf Eichman 的機會，苦心孤詣地在耶路撒冷進行戰犯公審，希望能為浩劫取得公平的歷史定位。當時的以色列總理 Ben Gurion 就公然宣示：他們之所以如此大張旗鼓，並非要進行報復，而是要世人知道有這回事；同時，他更擔心新世代不願面對猶太人自己歷史中最悲慘的一頁，因此要藉此來使新世代牢牢記住父祖之輩的苦難（Marrus, 1987: 4-5）。從此，西方學術界對於浩劫的研究才蓬勃發展起來。目前，除了官方檔案、民間口述史、回憶錄、訪問稿、紀錄片外[7]，光是用各種語言寫的浩劫專書就有 2,000 本以上（Deak, 1989: 63），相關期刊則有 *Holocaust and Genocide Studies*。

不過，目前猶太人輿論仍有一股反對將浩劫研究加以「正常化」（normalize）的聲音，也就是不贊成歷史學家運用其專業訓練來探討浩劫。Marrus（1987: 2-3, 201-2）把這些有心人士反對的理由歸納成幾點。首先，他們認為只有親身經歷過浩劫的人才有辦法體會煉獄的煎熬，而其中又以浩劫餘生者的反對最為強烈。比如 Nora Levin 便以為，即使資料再完備，大概沒有一個人可以全盤解釋為何這種慘劇會發生，為什麼呢？諾貝爾文學獎得主 Elie Wiesel 提供了答案：因為在受難者與我們之間存在著一道無法跨越的深淵，恐怕惟有生還者自己才有辦法從記憶中去想像其苦難，因此擔心學者

---

[7] Langer（1995）的論文集檢視了各種呈現浩劫的形式，比如文學及電影。

對於猶太人的苦難或納粹罪狀的描述不完備[8]。同時，他們也擔心被扭曲的歷史解說或帶有偏見的評價，會在披著學術外衣的情況下以假亂真。他們更關心的是，納粹政權的罪過在經過重新詮釋會不會被淡化？猶太人的苦難會不會淪為學術論文中的一個小註腳而已？也就是說，在別有政治企圖者的操弄下，歷史的改寫翻案會不會粗俗地變成替納粹辯護甚或脫罪的工具？

有關浩劫的研究，除了傳統的編年體方式外，一般習慣從加害者（perpetrator），受難者（victim），以及旁觀者（bystander）三個行為者（actors）來作橫切面的剖析，同時也有運用縱切的方式來分析浩劫的前因與後果。我們在下面的討論裏，大致追隨此傳統，先探討浩劫為什麼會產生，再來分別討論加害者、受害者與旁觀者的責任問題，尤其是前二者，最後再以民族認同形成的模型，來分析猶太人與德國人民族認同是如何受到浩劫的影響。

二、浩劫的產生

一般學者在探討「浩劫」為何會產生時，他們所採用的途徑大致可分為兩大派：「意圖論」（intentionalist）與「結構論」（structuralist）（Marrus, 1987; Nolan, 1988; Browning, 1992; Fulbrook, 1991）。持意圖論的學者強調希特勒扮演的角色才是關鍵[9]，主張光由他歷年所發表的反猶太人言論，就可以看出是他在推動反猶太人政策。比如

---

[8] Langer（1991）甚至擔心由於生還者的記憶因為各種因素遭到破壞，進而影響其口述證言的可信度。

[9] 有關希特勒的上台，請參考 Nicholls（1968），Barraclough（1984），Fulbrook（1991），或 Holborn（1969）。

Dawidowicz（1975）以為希特勒早在 1939 年德國攻佔波蘭時，就下定決心要消滅猶太人，而非如他人所詮釋，一直到 1941 年德國久攻蘇聯不下，他才立意要將猶太人斬草除根。也就是說，戰爭除了可以擴充領土外，同時也可以瞞天過海，藉機進行對猶太人的滅種。Marrus（1987: 36）把這一派的淵源，歸諸於紐倫堡大審時急就章的主流看法：納粹德國原先的計謀就是一石兩鳥，要同時發動戰爭，並且要實現反猶太人主義。

在這裏，我們必須對於「反猶太人主義[10]」（anti-semitism）稍作說明。Uriel Tal 把德國思想中的反猶主義分為兩種，「傳統反猶主義」源自於基督徒不滿猶太人堅持自己的信仰，膽敢排拒多數人所信奉的基督信仰，因而產生歧視。相對的，「激進反猶主義」是一次世界大戰以後才在德、奧出現的，它本身不只是反猶太信仰，更是反基督信仰；其中更夾雜著種族主義的色彩。這股情結日後蔚為納粹主義中反猶太人的主流（Bauer, 1996: 16-19; Marrus, 1987: 11; Gager, 1983: 22）。

就持意圖論的學者來看，由於希特勒的大力推動，反猶主義才會成為納粹主義的主軸。它的中心思想是這樣的：馬克斯主義與資本主義都是猶太人幕後策劃的，而他們的陰謀是要造成德國的退化，因此，猶太人是德國的死敵，消滅猶太人便成為納粹政權的要務。在這個架構下，學者研究的「分析單位」（unit of analysis）是個人，也就是政治菁英或是希特勒本人。因此，儘管德國社會本身

---

[10] 此後用「反猶主義」簡稱。有關其歷史發展，請參考 Arendt（1951），Gager（1985）與 Katz（1990）的全面性探討。

就有反猶傳統，或許納粹領袖真的要奉行納粹主義，也或許廣大的德國百姓真的信服納粹黨宣傳的那一套，但這些都不足以造成浩劫的產生，真正決定實行反猶主義的是痛恨猶太人的希特勒（Marrus, 1987: 13-18）。

就方法上來看，持意圖論的學者多從文件檔案中選擇希特勒最強烈的反猶言論來「證明」或「解釋」浩劫的發生。問題是希特勒的言行都有其特定環境或背景，因此光靠希特勒的言論，並不一定能有效地「預測」浩劫的出現。事實上，不論是德國百姓或是領導者而言，他們並非如一般想像般堅決信奉納粹的反猶教條。自從 19 世紀以來，歐洲反猶氣氛最強的國家並非德國，而是法國與俄國。一直到 1930 年代，德國也不是唯一瀰漫反猶主義的國家。當時「猶太人建國主義者[11]」認為最危險的地方不是納粹德國，而是東歐，尤其是在蘇聯與羅馬尼亞，貧困的猶太人不只遭到公開歧視，政府更坐令充滿敵意的百姓對猶太人進行燒殺戮掠（pogroms）[12]。

持結構論[13]學者的分析單位為整個政治體系，他們以為納粹德國的權力結構，並非如一般人想像般由希特勒一個人所專斷。事實上當時內部政治鬥爭不斷，不論是個人、小團體、或是官僚體系之間，彼此相互對立，競爭討好希特勒。面對這種政治及行政結構的限制，身為領袖的他自是不願介入下面的衝突，寧願保持距離，以

---

[11] Zionist 或直譯為「錫安主義」；此後簡稱為「建國主義」。

[12] 有關法國反猶的「Dreyfus 事件」，請參考 Halasz（1955）；有關德國的猶太人，可以看 Richarz（1991）或 Wertheimer（1987）；英國部分則請看 Endelman（1990）；其他，捷克看 Kieval（1988）；西班牙看 Gerber（1992）；蘇聯看 Vaksberg（1994）。

[13] 或稱為「功能論」functionalist。

「仲裁者」自居（Marrus, 1987: 40-46; Evans, 1987: 65-69）。當然，這派學者並不否認希特勒仇視猶太人，但是屠殺猶太人並非刻意的長期計劃，而是在內部充滿矛盾，而且一再配合環境的變動所作的漸進式修正而來。

誠然，在 1933 年希特勒上台之際，德國官方對猶太人的迫害政策並不明顯[14]。一開頭，雖然褐衫隊[15]與納粹黨徒在地方上向猶太人挑釁恐嚇，四處打劫猶太人商家，但政府官員的態度比較保留，擔心反猶動作太大，除了會破壞德國的國際名聲，同時也會妨礙德國的經濟復甦，因此主張要加以收斂。一直要到 1935 年 Nuremberg Laws 通過以後，猶太人的公民權被實質取消，其財產開始被充公[16]，從此不准當公務人員或從事專門職業，目的是在暗示猶太人並不受歡迎。在 1930 年代下半，隨著經濟景氣復甦與納粹政權的穩固，反猶政策才變本加厲。納粹於 1938 年在 Kristallnacht 策動一連串反猶暴動[17]，正式擺明要逼迫猶太人移民。

原本，德國的長遠目標是透過國際談判的方式，如何把境內的猶太人送走。不過，由於各國都不願意接納猶太人，納粹便轉而打算把他們東移，尤其是幅員遼闊的蘇聯。同時，外交部也在 1940 年提出「馬達加斯加計劃」，希望在戰後把猶太人遞解到非洲東岸的馬達加斯加島。不過在 1941 年，隨著戰事陷入膠著，未能如原先預

---

[14] 有關浩劫的發展，可參看 Arendt（1963），Burleigh（1991），Dawidowicz（1975），Landau（1992），以及 Gilbert（1985）。

[15] SA，即 *Sturmabteilung* 或 Storm Troopers。

[16] 名為「亞利安化」（Aryanization）。

[17] 除了 91 名猶太人被謀殺，3 萬名被捕外，共有 1,000 多間猶太教會堂被毀，7,500 多家猶太人商店被蹂躪（Richarz, 1991: 36）。

期般在幾個星期內就快速攻下蘇聯,而新納入版圖的波蘭又有更多的猶太人,焦慮的納粹無力處理源源不斷運來的猶太人,才開始下定決心要在戰爭結束前一了百了解決猶太人問題,從此不准猶太人移民,開始計劃如何有系統地消滅歐洲各地的猶太人。納粹在 1942 年召開 Wannesee Conference,召集歐洲各地的所謂「猶太專家」來「針對猶太人問題作最終的解決[18]」。這個看來中性的「終決」政策大致確立,最後給 600 萬猶太人帶來「浩劫」。

表面上,兩派的差別在於分析單位為個人或體系,同時也牽涉到雙方的研究重點分別為主觀的動機或客觀的結構,即 Agent 與 Structure 的辯證關係,但更重要的是我們即將討論的責任歸屬問題。

三、加害者的責任

戰後盟邦對紐倫堡大審中對浩劫的態度是縮小打擊面,因此,除了元兇以外,對於其他的共犯是以息事寧人的方式來處理;而德國人自己對於過去要如何負責並無意願處理,德國民族集體犯的罪也被化為「形而上的罪[19]」。為什麼戰後的德國人不關心過去,甚至感到敵意呢?Hermann Lubbe 主張納粹德國不堪回首的過去對於大眾來說是一大創傷,因此以社會心理學的觀點與政治上的考量來看,為了要恢復正常,大家要互相接受彼此的過去;為了要進行社會的整合,某種程度的沈默是必要的,沒有必要刻意去解釋納粹過去。在這種道德的真空裏,德國人可以說集體犯了「道德失憶症」,

---

[18] *Endlosung* 或 Final Solution of the Jewish Question,此後用「終決」簡稱。

[19] 照 Karl Jaspers 的說法,人們之所以會犯這種罪,是因為不義或犯罪的行為發生時,他們不小心剛好出現在現場。

而一些知識份子，諸如 Jaspers 希望能發動一場「道德政治的革命」，希望德國人能以自我反省來進行道德重整（Rabinbach, 1988: 161-64）。

到底要把浩劫歸罪於誰呢？若照意圖論的主張來看，希特勒當然要負全部的責任（Anderson, 1992），而持結構論的學者主張除了希特勒等原兇外，德國的菁英階層也要負責，尤其是文、武百官，因為他們實際參與了屠殺行動，卻沒有半句質疑。從 1942 年起，納粹不只是可以調遣黑衫軍[20]，還可以名正言順指揮公家機構各單位來配合「終決」政策。Hilberg（1985: Chap. 3）把「終決」政策的執行歸納成 5 個行政過程：定義誰是猶太人、把人找出來、送進集中營、遞解往死亡營、以及謀殺。如此複雜而大規模的行動，若非龐大的官僚體系配合，是不可能順利而有效率地進行。

學者多無法了解為什麼會有那麼多公務人員與軍人參與「終決」的執行。Hans Mommsen 認為光是納粹主義的教條 並不能提供令人滿意的答案，因為那些人並無強烈的反猶情結，因此，他提出「技術科層心態」（technocratic-hierarchical mentality）來作解釋，也就是說，大家透過行政過程的分工來分攤的責任。George Mosse 也以為這些人冠冕堂皇地以技術人員自許，藉專業來忘卻自己應有的人性考慮，如此，才能面對受害人的死亡能無動於衷（Marrus, 1987: 46-47, 51）。也因為那些劊子手與一般人並無兩樣，Arendt（1963）嗤之為「邪惡的平凡」（banality of evil）。難怪這些小人物戰後發現自己被列為共犯而百思不解。

---

[20] 即 SS，德文 *Schutzstaffeln* 或英文 Guard Troops。

此外，尋常德國百姓是不是也有責任呢？西方學者大致認為整個日耳曼民族與納粹政權的罪行是脫不了關係的，因為反猶政策雖然是少數納粹份子策動的，但是百姓卻普遍支持納粹主義。德國歷史學家 Friedrich Meinecke 便認為當初要不是百姓道德淪喪，希特勒那批人是不可能為所欲為；對他來說，納粹政權不只是日耳曼人（即德國人）有史以來最大的不幸，同時也是他們最大的恥辱（Marrus, 1987: 85）。

持相反意見的人則替老百姓打抱不平，畢竟在納粹極權政權[21]的高壓統治之下，百姓敢怒不敢言，而輿論又在政府的控制下遭到扭曲，復加上官方宣傳的洗腦與煽動，火上加油，實在不能怪罪一般百姓背書納粹的滅種政策。Karl Jaspers 比喻納粹德國猶如一座監獄，囚犯是沒有辦法從裏面掙逃而出的，因此，他以為德國人捲入「浩劫」，只能算是一種「政治罪」（Marrus, 1987: 86）。Primo Levi（1988: 15）也認為德國人即使再罪大惡極，他們集體所犯的罪也不過是懦弱罷了，也就是不敢正面挑戰納粹的屠殺政策。

根據 Marliss Steinert 與 Ian Kershaw 的研究，戰時德國的百姓的確沒有像希特勒個人般強烈地反猶太人，呈現的頂多是漠不關心的態度。Otto Dov Kulka 則主張至少要使用「被動的共犯」（passive complicity）來取代「漠不關心」，因為德國人對於猶太人被遞解出境所表現的視若無睹，骨子裏面其實就是「全民串謀保持沈默」（national conspiracy of silence）。而法國歷史學家 Leon Poliakov 的

---

[21] 即 totalitarianism，而非 authoritarianism（即所謂威權式政權）。請參考 Arendt（1951）分析極權體制如何控制人民。

道德標準更嚴：雖然德國人並未贊同納粹屠殺猶太人，但百姓表現出來卻是縱容默許的態度，因此責任是推卸不了的（Marrus, 1987: 86-93）。

四、受難者與旁觀者

雖然猶太人在浩劫裏是「受難者」，但是戰後學術界對他們的評價卻隨著時間的推移而有所遞嬗：一開始，大家習慣性地把浩劫當作是悲劇，把他們視為殉道者，主張世人要加以紀念。從 1960 年代起，猶太人開始認真作自我反省，比如 Arendt（1963）與 Hilberg（1985）就以相當批判的立場，嚴厲挑戰當時猶太人未能揭竿起義。在 Hilberg 的眼中，大戰期間的猶太人順服得像待罪羔羊般任人宰割，他們不僅沒有發動任何大規模的抗爭，甚至竭力避免觸怒納粹，他因此稱之為「預期中的順服」（anticipatory compliance）。對他來說，縱然納粹是罪魁禍首，但是猶太人的溫馴，才使浩劫得以順利進行。

Hilberg（1985）認為只有武裝抗爭才算真正的抗爭，因此不滿意猶太人幾乎沒有發動真正的抗爭。Bauer 的定義則比較寬容，只要是採取有組織的任何方式來阻礙納粹消滅猶太人，那麼就算是抗爭了，比如偷運物資進入猶太人住宅區（ghetto），或是把消息偷遞給國際人士知道；他甚至以為在那種慘無天日的情況下，只要能生存下去就是一種抗爭[22]；當時東歐猶太領袖便普遍主張這種非暴力的抗爭。在當時，若有猶太人逃脫封閉的猶太人住宅區去加入反抗

---

[22] Landau（1992）把「文化生存」視為精神抗爭的一種型式。

軍，很難不被自己人視為叛徒，因為納粹採取連坐法，一旦發生任何衝突，反抗軍的家族與工作小組的伙伴一定會被連累槍斃。猶太人領袖擔心武裝抗爭會波及住區的安危，往往譴責抗爭為不負責任的行為，甚至會加以阻撓破壞。由於怕報復，猶太人除非已瀕絕望之際，否則不願採取抗暴（Marrus, 1987: 134-37, 155-56）。

此外，納粹往往逼迫猶太人成立委員會[23]來管理自己，而其中最引人爭議的是猶太人領袖的角色，因為他們除了要維持治安外，還要配合納粹執行滅種政策，比如提供社區內猶太人的名單與財產清單，甚或是決定誰要先送往死亡營去與誰暫時留下來，也有人趁機發同胞的死亡財。這些人有自知之明，預期他們戰後一定會被指控為「通敵者」（collaborator，也就是「走狗」）；比如 Arendt 便認為他們行逕卑下，竟然幫助納粹消滅自己的同胞，悲憤地稱之為「猶太人黑暗史中最黑暗的一章」。

但是，也有人對猶太人領袖抱持比較同情的態度，因為在無國家政府照顧的情況下，如何顧全大局，儘量使猶太社區苟延殘喘，這不只是他們神聖的使命，更是一種無怨無悔的犧牲奉獻，所以，他們與納粹當局合作只不過是一種換取時間的策略，更何況反抗軍也不敢說他們的武力抗爭會對猶太人比較好（Marrus, 1987: 114-15）。

此外，學者發現在納粹對猶太人集體施暴的過程裏，有不少「旁觀者」，包括盟邦、中立國家、教會、甚至猶太人自己。他們不相信屠殺的消息；即使相信，也表現出事不關己，當然更不願破壞國際現實去援救猶太人。納粹德國在 1930 年代試圖以鄰為壑，尋求各國

---

[23] *Judenrate* 或 Jewish Council。

收容猶太人難民，西方國家卻無人願意接納。各國除了顧慮原來已
面臨的經濟大恐慌外，更擔心難民會加重原來的負擔；此外，各國
百姓原本就多少有反猶情結，政治人物不願自找麻煩；而最重要的
是各國領袖不願為了猶太人而得罪希特勒，比如美國總統羅斯福即
是。

　　猶太人的特色在於他們離散[24] 世界各地，由於他們因為國籍、
文化、宗教、及政治立場的不同，對於猶太人的未來並無一致的看
法，面對納粹在歐洲的迫害，他們內部因路線不同而無法整合出共
識。此外，其他地方的猶太人並不太相信他們的歐洲同胞正面對浩
劫的命運。Bauer 認為除了訊息的傳播以外，人們必須要進一步相
信其真偽，再來是如何把真相與可行的方案加以內化，最後才有可
能採取救援行動。因此，世界各地的猶太人或許激辯如何援助納粹
鐵蹄下的兄弟，但是由於真正的幫助來得太少及太遲，因而被指控
為袖手旁觀。(Marrus, 1987: 168-70)。

五、猶太人的認同

　　「民族認同」是一群人在意識上有共同的自覺，也就是「我們」
相對於「他們」或「你們」的獨特感覺，同時這群相信彼此休戚與共
的「命運共同體[25]」，在主觀上希望透過建立國家來保障共同福祉[26]。

　　我們大致可以把民族認同的產生歸納成三大類，一為原生的血

---

[24] 英文 diaspora 特別指西元 425-1492 這段期間的流亡際遇。有關猶太人的歷
　　 史，請參閱 Roth（1970）與 Johnson（1987）。

[25] community of fate 或 *Schicksalsgemeinschaft*（Wiemer,1987:173）。

[26] 以下的討論，請參考 Halbwachs（1992）與施正鋒（1996）。

緣論，認為民族認同建立於一群人在客觀上有形的共同文化基礎，
比如語言、宗教、生活習慣，甚或共同的血緣。二為權力結構論，
以為民族認同是因為一群人針對自己人在政治權力、或經濟財富上
的分配不公而形成主觀上的集團意識，而血緣或文化的特色只不過
是動員的工具。第三類強調無形的基礎，也就是共同歷史、經驗或
記憶（不管是真的或想像出來的）才是決定民族認同的關鍵；對一
個國家來說，要塑造集體的民族認同，其先決條件就是要建立官方
版的歷史觀。

　　其實，無論是歷史、經驗或是記憶，它們往往是人們選擇性認
知的結果，甚或是想像或創造出來的。也就是說，在共同歷史經驗
或記憶轉化為主觀的認同之前，必須先經過人們的認知來加以篩
選。同樣的，我們認為有形條件與結構條件，也都必須經歷認知的
過程，才有可能進一步構成人們的認同。我們把這些因素匯合整理
成下面具有序列含意的模型。我們將依據這個架構，先後考察浩劫
的共同記憶對於猶太人及德國人民族認同發展的影響。

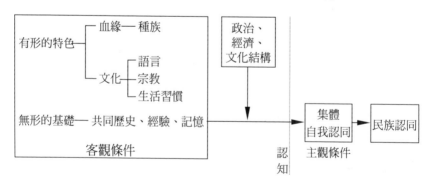

圖 1：民族認同形成的模型

　　猶太民族意識的發展遲緩，大致可以歸因為缺乏領土、共同的語言、以及在各國的人口居少數。在「專制王朝時代[27]」各國的王室積極限制他們的住所與經濟活動，目的在把他們納入國家權威體系來掌控。比起中世紀時的仇視政策，這時各地的猶太人政策就顯得比較寬容，也就是如何把他們以個人的身份加以整合，在這種情況下，猶太人在各國逐漸取得平等的公民權（Biale, 1986: 87-94）。

　　此時，一群居住在德國、奧地利、俄羅斯的知識分子發起「猶太人啟蒙運動[28]」，嘗試以教育、社會及宗教的改造來挑戰傳統猶太社區的宗教領導結構，也就是如何把猶太人現代化（Biale, 1986: 100-3）。這些「猶太啟蒙者」（*maskilim*）採取的策略是想辦法與專制王朝結盟，期待以借居國家的改造來尋求猶太人在社會上與政治之的全盤被接受，其中最重要的作法就是化整為零，以放棄猶太人的集體權力來交換個人的公民權利（pp. 108-12），也就是「解放」[29]（emancipation）。在這階段，猶太人開始認同各自定居的國家，也才有「德國猶太人」、「法國猶太人」、或「蘇聯猶太人」等概念（p. 124）。

　　隨著歐洲的都市化，猶太人開始大量聚居大都市，尤其是在烏克蘭、波蘭、以及白俄羅斯，他們開始感覺自成一個「真正的民族」（nation in reality），而不是四散各地的「少數族群」（minority），或是「記憶中的民族」（nation in memory）。在 19 世紀下半葉，歐洲

---

[27] 英文為 Age of Absolutism，大約指 17 世紀中葉到 19 世紀初，也就是現代民族國家在歐洲出現的時代。

[28] *Haskalah* 或 Jewish Enlightenment。

[29] 有關歐洲猶太人在各國解放的歷程，Birnbaum 與 Katznelson 所編的書（1995）作了相當詳盡的描述，亦可參考 Johnson（1987）。

各國的民族運動視猶太人的解放為危機，反猶情結又以新的面目出現，四散各國的猶太人再度面對迫害，猶太人的意識因此再度浮現，各國猶太人開始各自組織政治團體，尤其是在東歐組政黨。當時的猶太領袖同意早期啟蒙運動者的說法，也就是猶太人不應再巔沛流離，必須「正常化[30]」（normalizing the Jews），但終究發現歐洲的社會型態不適合猶太人，猶太建國主義於焉出現（Biale, 1986: 120-33）。

在 19 世紀末與二次世界大戰之間，歐洲的猶太人因為日漸感到經濟困乏與政治無力感而思索出路：到底是要建立自己的國家好呢，還是對現有的體制進行革命？在 1917-19 之間，除了建國主義[31]外，還有其他三種主張：社會主義（階級革命）[32]、自由主義（體制內改革）、以及地域主義（自治）。英國政府於 1917 年公佈〈巴爾福宣言〉（Balfour Declaration），同意將巴勒斯坦交給猶太人，使建國主義者贏得第一階段的勝利。稍後，俄國大革命推翻沙皇，也鼓舞持社會主義信仰的猶太人，相信革命可以擺脫長期以來對他們的不公平與迫害。而德國威瑪共和國的成立，也給自由主義者帶來短暫的興奮。最後，凡爾賽和約建立保護少數民族的原則，對於東歐要求自治的猶太人來說似乎也是前途光明（Biale, 1986: 118-19, 132）。

如前所述，二次大戰之前的猶太人對德國有相當程度的好感，普魯士於 1871 年普法戰爭取得亞爾薩斯（Alsace），許多猶太人覺得先前的法國統治者未能保障其生命財產，憤而轉向普魯士效忠。德軍於第一次世界大戰入侵波蘭，境內的猶太人視之為「光復」而

---

[30] 此「正常化」與下一章的用法完全不同，見 Maier（1988:18-19）的釐清。
[31] 請參考 Rubinstein（1984）與 Laqueur（1989）來了解其發展。
[32] 有關左派猶太人的爭論，請看 Traverso（1994）。

興高采烈地簞食壺漿迎接他們，期待也能浸淫高等的日耳曼文明。
在威瑪共和國時期，大多數德國境內的猶太人甚至反對建國主義，
怕會危害到他們好不容易取得的公民權（Johnson, 1987: 423-24;
Marrus, 1987: 9-10; Richarz, 1991: 20）。經過時間的考驗，持社會主
義者遭到史達林迫害，德國出現納粹，東歐則陷入法西斯政權手中，
最後，三條「歐洲路線」卻都不約而同走向浩劫之路。套句 Biale
（1986: 119-20）的話，既然歐洲已經沒有多少猶太人倖存，也就沒
有「猶太問題」要解決了。現在只剩下建國的路線了。

　　猶太建國運動在 1930 年代的加速推動，多少是受到納粹德國的
迫害所刺激。在猶太建國者的眼中，沒有國土的猶太人宛如「幽靈
民族」；由於猶太人自己的懦弱無能，造成他們未能創造自己的歷
史。所以，建國運動的目標就是要把猶太人回歸歷史，要把他們由
被動的客體變成主動的主體（Biale, 1986: 136-37）。在過去，猶太
人頂多遭到驅逐出境或強迫悖教（conversion），卻從來未經歷過政
府進行的集體屠殺，浩劫迫使猶太人承認改造歐洲的嘗試失敗。猶太
人在浩劫中被屠殺的事件給傳統的猶太人意識（Jewish consciousness）
注入一股建國的熱情，尤其是壯烈的武裝抗爭的經驗鼓舞了他們的
民族意識，也就是猶太人要有自己的國家，同時，他們更堅定支持
在巴勒斯坦建國（Wiemer, 1987）。匈牙利境內猶太人領袖 Otto
Komoly 在 1942 年歷劫後表示，猶太建國主義者的看法才是千真萬
確的：猶太人是沒有辦法被同化的，因此，只要他們沒有自己的國
家，不論到那裏去都會被視為外人（Marrus, 1987: 139）。在巴勒斯
坦的猶太人於 1948 年 5 月 14 日宣佈以色列獨立，終於建立自己的
國家。

雖然在以色列建國的初期，浩劫與救贖、重生、英雄主義是分不開的，但是以色列人只願意紀念那些武裝抗爭的歐洲猶太人烈士，而其他的猶太人則被嘲笑為「任人宰割的羔羊」，用意在強調離散時期猶太人被動，同時彰顯建國主義的挑戰。不過在 Eichman 審判與六日戰爭（1967）以後，面對阿拉伯國家的包圍與西方盟邦的遺棄[33]，以色列人在孤立無援中開始認同所有的浩劫受難者，以浩劫來象徵以色列人所遭受的苦難，並以共同被迫害的經驗來抗拒「猶太人的命運」。

六、歷史翻案與德國人的認同

對於德國人來說，浩劫與納粹的集體記憶一直是他們共同污點，也是他們重建民族認同的障礙；戰後德國的分裂也被視為是一種處罰。對於戰後大多數德國政治人物來說，猶太問題[34] 不僅是尷尬的過去，甚至是一種禁忌。然而，當時的總理 Konrad Adenauer（1949-63）獨排眾議，以為浩劫是德國人的集體良心問題，主張把納粹德國所犯的罪行攤開來討論，以為如果能解決猶太人問題，大家才能克服悲情。

Rabinbach（1988）把戰後德國面對納粹過去分成三個階段：與以色列簽訂賠償條約（1953），「掌握過去」的危機（1958-59），以及目前柯爾政府版的「克服過去」。首先，Adenauer 政府的作法與納粹政府劃清界線，由政府替大家的「形而上的罪」與納粹的罪承

---

[33] 比如德國左派同情巴勒斯坦人，視以色列為帝國主義者。
[34] 也就是浩劫。

擔道德責任與政治責任。而且，藉著與以色列簽訂賠償條約[35]，德國可以重返國際舞臺。如此一來，表面上把猶太問題置於德國問題[36]之上，納粹政權的罪行反倒巧妙地變成 Adenauer 政府的權力來源（Rabinbach, 1988: 164-68）。哲學家 Jean-Francois Lyotard 說得好：「如果有記憶的歷史的話，那麼也就會有遺忘的政治。」（Langer, 1995: 14）。

1950 年代末期對於猶太問題的討論稱為「掌握過去[37]」的危機，政府不再閃避納粹的過去。教育當局為了消除「歷史文盲」，開始在歷史課本討論納粹，政府也特別成立一個單位來起訴納粹戰犯[38]。不過，在 Adenauer 主政的時期，德國人對於猶太人問題的探討大致是被壓抑的，頂多論及納粹政權的罪行。

這個低迷的情況在 1960 年代初才改觀，反法西斯論述再度出現，開始論及納粹主義的其他層面，比如反猶主義、威權主義、甚或民族主義。不過，依 Rabinbach（1988: 175-77）的觀察，這時期反法西斯論述的目標在挑戰 Adenauer 所代表的保守主義，但因其採取策略把猶太人問題與納粹問題分開處理，「無意中」把猶太人問題相對比，同時也把猶太人問題「邊陲化」（marginalized）。

Bauer（1978: 38-43）發現戰後歷史學界的新生代有一股否定浩

---

[35] 除了個案外，以色列總理 Ben Gurion 於 1951 年替 50 萬來自德國的猶太難民集體求償美金 15 億，雙方最後於 1953 年達成協定，由德國在 14 年內賠以色列 8 億 4 千 5 百萬美元（Johnson, 1987: 514-15）

[36] 也就是德國的主權問題，見 Rabinbach（1988）、Stern（1991）、與 Breuilly 等人（1992）。

[37] mastering the past 或 *vergangenheitsbewaltigung*。

[38] 有關各方的處置，請見 Johnson（1987: 513-14）

劫發生過的走向，他把這些看法歸納為兩大類。第一類是粗糙的新
納粹宣傳者，始作俑者為法國籍的 Paul Rassinier：對他來說，浩劫
的故事都是猶太人自己捏造出來的，而 Auschwitz 集中營是否有毒
瓦斯室也十分令人懷疑。這種說法一再被新納粹引用來宣傳，沙烏
地阿拉伯駐聯合國大使還據之於 1976 年在大會發表演講，否定浩劫
發生過的說法還列入正式記錄[39]。另一些人翻案的手法就比較細緻
一點，比如英國作家 David Irving 為是，他並不敢赤裸裸地否定浩
劫，而是委婉的表示納粹德國不應該單獨為第二次世界大戰負完全
責任；此外，他也認為希特勒似乎是一個正常人，對於屠殺猶太人
一事完全是被矇蔽，理由是找不出任何文件可以證明他曾經下令過
用殺害全歐洲的猶太人（Marrus, 1987: 33-34; Bauer, 1978: 40-43）。

　　從 1980 年代起，德國民族認同的議題公開出現，同時反映在右
派學者與政治人物發動的三大事件中：Bitburg 事件，是否興建國家
歷史博物館，以及「歷史學者的論戰[40]」。這些人的目標在於如何找
出「可資利用的過去」（usable past），以便建立一種嶄新而自豪的民
族認同。他們除了反擊左派的歷史詮釋外，更重要的是尋求如何把
長期受到納粹過去連累的民族主義解放出來。因此，如何重新詮釋
納粹德國的歷史，也就成為他們建構民族認同的要務（Nolan, 1988:
61-62）。

---

[39] 美國西北大學的一名電機教授甚至還寫了一本「學術著作」，證明猶太人根
　　本就沒有被納粹德國屠殺過：或許 100 萬名猶太人死於戰亂，而其他民族死
　　亡的人數更多，其他的猶太人不是逃到蘇聯就是移民美國或以色列；至於
　　Auschwitz 的毒氣室不過是以訛傳訛，因為那些設備是用來消毒衣服用的
　　（Lipstadt,1993）。
[40] *Historikerstreit* 或 German historians' controversy。

1982 年開始執政的 Helmut Kohl 反對猶太人壟斷「受害者的道德資本」，不甘長期淪為過去的囚虜，而這種走向的具體表現就是 Bit-burg 事件[41]──故意在 1985 年邀請美國總統參加二次大戰陣亡官兵的紀念會，引起軒然大波的是「恰好」有 49 名黑衫隊屍體葬於此軍事公墓。Kohl 委婉的說法是這樣子的：「只有在我們能夠不分國籍為所有的受害者哀悼之後，和解才有可能。」Rabinbach（1988: 180-83）指出，Kohl 是想透過雷根之口說：「這些陣亡者雖然穿著德國制服，但同樣是戰爭的受害者」，企圖讓德國人在面對猶太人時能抬得起頭來，象徵德國的罪行已在歷史的正常化後進入尾聲。

Hagen Schulze 認為大戰結束以來，德國人為了追求完美的未來，因此嘗試著去擺脫過去所帶來的負擔。然而，不確定的現在只會帶來更多黑暗的未來；不管是民族還是個人，沒有歷史就沒有未來；若沒有經過刻骨銘心的去面對它，記憶會像陰霾般以神經衰弱或歇斯底里的方式再出現，他因此大聲疾呼德國人必須停止逃避歷史（Nolan, 1988: 62）。在學術界的推波助瀾之下，柯爾政府順水推舟於 1987 年宣佈將建立一座國家歷史博物館。

左派認為如果要建立史博館，應該是作為各方進行論壇用的，是用來批判過去，反對興建傳統般的博物館，透過歷史文物的陳列來塑造某種特定的國家認同。也就是說，他們反對政府把歷史當作宗教的代替品，反對右派追求的那種狂熱的民族認同；相對的，他們希望以批判的方式來了解德國的過去，然後再以理性的方式來接

---

[41] 見 Maier（1988: 9-16）的分析；亦參見 Habermas（1988b: 42）歸納出 Kohl 政府的三種動機。

受憲政民主，即 Habermas 所謂的「後傳統認同」（posttraditional identity）（Nolan, 1988: 64-65; Habermas, 1988a: 38）。

西德學界進而在 1986 年掀起了一場所謂的「歷史學者的論戰」，爭議的主軸在為納粹德國作「歷史定位[42]」，以及它與德國人的民族認同的關係為何。這些學者的目的在挑戰德國不光彩的過去，希望透過對於歷史的重新詮釋，能重新建構集體自我。

主導論戰的一邊是屬於新保守主義的學者，如被稱為「四人幫」的 Michael Sturmer、Andreas Hillgruber、Ernst Nolte、以及 Klaus Hildebrandt；另一邊則為先前提過的結構主義論者、比如 Hans-Mommsen、Hans-Ulrich Wehla、Jurgen Kocha，再加上自由派的哲學家 Habermas（Nolan, 1988: 51-53; Maier,1988）。雖然參與論戰的人以歷史學者為主，但是它的結果對於當前的德國有重要的政治影響[43]。表面上，雙方的論述只是在爭如何解讀德國社會的發展，卻免不了要面對納粹政權如何出現、與浩劫為何會發生等逃不掉的議題，最後，由於要透過集體記憶的詮釋來建構民族認同，大家終究要再一次評判歷史責任，因此雙方自然需要搶奪如此具有高度政治敏感性學術論戰的主導權。

Rabinbach（1988: 189-92）指出新保守派歷史學者的策略有二：首先是否定浩劫在歷史上「獨特的重要性[44]」，再來把責任全部推給希特勒，最終的目標就是重建德國的民族認同。Sturmer 是其中最堅

---

[42] historicization 或 *Historisierung*。

[43] 有關此論戰的背景，可參閱 Betz（1988）。

[44] 文獻上常見的用語是 uniqueness 或 singularity；請參考 Bauer（1978）、Maier（1988）與 Bauman（1989）的討論。

持推動追求民族歷史的人,對他來說,德國是一個沒有歷史的國家;在這個失去方向的土地上,為了尋求民族認同,如何連接過去與未來是必要的。他為這場論戰的正當性打響了一句一再為人引述的名言:「在一個沒有歷史的國度裏,只要誰能填充記憶,能定義概念,又能詮釋過去,那麼,誰就能贏得未來。」(Habermas, 1988a: 28)

　　Nolte 在〈迷失與修正主義〉一文裏認為,納粹的終決只能算是防衛性的反制,而德國人也不是始作俑者;如果把浩劫與其他政治性屠殺相較起來,比如史達林消滅富農(kulaks)及高棉波帕政權的集體屠殺,其實是小巫見大巫。此外,他以為以比較的方法來看,納粹現象其實可以從更廣的歷史脈絡來考察,也就是可以看作是對於現代化的反動[45],因此,除了說使用瓦斯來處決「人犯」以外,終決並沒有什麼稀奇之處。經過他如此「相對化」(relativize)的手法處理後,納粹時期的歷史可以獲得「正常化」,連德國人的「形而上的罪」也獲得了解除(Torpey, 1988: 8-9; Rabinbach, 1988: 184-89; Habermas, 1988a: 33-36; LaCapra, 1992: 112-14)。

　　同樣的,Hillgruber 的書《兩種瓦解:納粹德國的毀滅與歐洲猶太人的結束》也引起學人的撻伐。他主張學者必須體會德國入侵蘇聯是為了防止共產黨的威脅,設身處地那些在東線奮不顧身、英勇驍戰的德軍本身也是戰爭的受害者[46],因此捍衛家園與終決應該是

---

[45] 社會學者 Bauman(1989)同樣以現代化作出發點,卻有迥然不同的看法。

[46] Johnson(1987: 516)也指出奧地利於戰後也宣佈自己是受害者來逃避道德責任。Funkenstein(1992: 77)更以為這種說法是顛倒是非,因為如果德國人也是受害人,那麼,是否暗示猶太人為加害者呢?

兩回事，該負責的是希特勒（Anderson, 1992; Torpey, 1988: 7-8; Rabinbach, 1988: 186-89; Habermas, 1988a: 29-30；Maier, 1988: 19-25）。

對於 Habermas（1988a, 1988b）來說，這些新保守主義學者此地無銀三百兩的作法根本就是披著學術的外衣來達政治之實，也就是「歷史的公共使用」：一方面動員正面的過去，同時對於可能遭致道德批判的過去加以中立化。Torpey（1988: 19）就一針見血指出，這些人的學術著作其實是扮演「意識型態計劃者」（ideology planners）或「意義賦予者」（meaning-givers）的角色，遙相呼應保守派政治人物 Franz Josef Strauss 追求的目標：「德國人應該如何從納粹德國的陰影走出來，使她再度成為一個正常的民族」。

七、結論

著名的猶太歷史學家 Simon Dubnow 以 81 歲之高齡死於納粹手中，據說他被槍斃前的最後一句話是：「你們要寫下來作記錄！」（Jews！Write and record！）（Landau, 1992: 205）也就是要把猶太人的苦難流傳給後代知道，不能讓 600 萬死於浩劫中的猶太人白白犧牲。因此，對於猶太人來說，不管是以什麼樣的方式來進行，就是要讓世人永遠記住浩劫的教訓，這是他們自我期許的神聖任務。

對於幾千年來浪跡天涯的猶太人來說，浩劫「證明」了猶太人建國路線的看法是正確的，也就是唯有建立自己的國家，他們的集體福祉才能獲得保障。我們可以說，浩劫是猶太人流亡史中最具關鍵性的共同記憶。相對的，浩劫是德國民族建立現代民族國家的過程中，最慘痛與最羞愧的一章，這個共同經驗如影隨形般揮之不去，也是戰後德國人試圖重建民族認同的最大障礙。

　　對於浩劫的責任,紐倫堡大審是以戰犯的方式來處理個人的「法律罪刑」。誠如人權學者 Benomar(1993)所言,懲罰元兇是為了公義,以免同樣的罪行再犯;Human Rights Watch(1995: 7)也認為未能起訴暴力,等於是默許,甚或是鼓勵再犯。德國政府則代替納粹德國承受「政治責任」,也就是以金錢來賠償受難猶太人家屬,同時,讓共犯的大多數德國人背著比較輕微的集體的「形而上的罪」,也就是「道德責任」。不過,德國人似乎不滿意這種永無休止的道德負擔,因此有各種不同形式的歷史修正與翻案,企圖要「掌握過去」。

　　Habermas(1988b)提出自我反省,以為德國人再如何辯解也擺脫不掉他們的集體道義責任。也就是說,即使這一代的德國人雖然未親身經驗或目擊浩劫,但是他們仍然有義務為他們的父親或祖父負責,因為猶太人的第二代只能仰賴微微一絲幾乎是絕望的記憶來與受難者作心靈上的接觸,而德國人能作的就是公開幫助他們如何使苦難的記憶歷久彌新,而不是一味地壓抑、否認、逃避或扭曲歷史。

附錄 1：估計猶太人喪生於浩劫之人數

國家	死亡人數	百分比	原來人口
波蘭	3,000,000	90	3,300,000
烏克蘭	900,000	60	1,500,000
匈牙利	450,000	70	650,000
羅馬尼亞	300,000	50	600,000
白俄羅斯	245,000	65	375,000
波羅的海	228,000	90	253,000
德奧	210,000	90	240,000
俄羅斯	107,000	11	975,000
荷蘭	105,000	75	140,000
法國	90,000	26	350,000
保護國[*]	80,000	89	90,000
斯洛伐克	75,000	83	90,000
希臘	54,000	77	70,000
比利時	40,000	60	65,000
南斯拉夫	26,000	60	43,000
保加利亞	14,000	22	64,000
義大利	8,000	20	40,000
盧森堡	1,000	20	5,000
挪威	900	50	1,800
丹麥	-	-	8,000
芬蘭	-	-	2,000

[*]波希米亞暨摩拉維亞

資料來源：Dawidowicz（1975: 403）

參考文獻

施正鋒，1996。〈吳濁流的民族認同──以《亞細亞的孤兒》作初探〉發表於「吳濁流學術研討會」，臺灣客家公共事務協會主辦，10 月 5 日，新竹。

Anderson, Perry. 1992. "On Emplotment: Two Kinds of Ruin," in Saul Friedlander, ed. *Probing the Limits of Representation: Nazism and the "Final Solution"*. Cambridge, Mass.: Harvard University Press, pp. 54-65.

Arendt, Hannah. 1963. *Eichmann in Jerusalem: A Report on the Banality of Evil*. New York: Penguin.

Arendt, Hannah. 1951. *Totalitarianism*. New York: Harcourt, Brace & World.

Arendt, Hannah. 1951. *Antisemitism*. New York: Harcourt, Brace & World.

Barraclough, Geoffrey. 1984. *The Origin of Modern Germany*. New York: W.W. Norton & Co.

Bauer, Yehuda. 1996. "The Impact of the Holocaust." *The Annals*, Vol. 548, pp. 14-22.

Bauer, Yehuda. 1978. *The Holocaust in Historical Perspective*. Seattle: University of Washington Press.

Bauman, Zygmunt. 1989. *Modernity and the Holocaust*. Ithaca: Cornell University Press.

Benomar, Jamal. 1993. "Justice after Transitions." *Journal of Democracy*, Vol. 4, No. 1, pp. 3-14.

Biale, David. 1986. *Power and Powerlessness in Jewish History*. New York: Schocken.

Birnbaum, Piere, and Ira Katznelson, eds. 1995. *Paths of Emancipation: Jews, States, and Citizenship*. Princeton: Princeton University Press.

Breuilly, John, ed. 1992. *The State of Germany: The National Idea in the Making, Unmaking and Remaking of a Modern Nation-state*. London: Longman.

Browning, Christopher R. 1992. "German Memory, Judicial Interrogation, and Historical Reconstruction: Writing Perpetrator History from Postwar Testimony," in Saul Friedlander, ed. *Probing the Limits of Representation: Nazism and the "Final Solution"*. Cambridge, Mass.: Harvard University Press, pp. 22-36.

Dawidowicz, Lucy S. 1975. *The War against the Jews 1933-1954*. New York: Holt, Rinehart & Winston.

Deak, Istvan. 1989. "The Incomprehensible Holocaust." *New York Review of Books*, September 29, pp. 63-72.

Endelman, Todd M. 1990. *Radical Assimilation in English Jewish History 1656-1945*. Bloomington: Indiana University Press.

Evans, Richard J. 1987. *Rethinking German History: Nineteenth-Century Germany and the Origins of the Third Reich*. London: Harper Collins Academic.

Fein, Helen, ed. 1992. *Genocide Watch*. New Haven: Yale University Press.

Friedlander, Saul, ed. 1992. *Probing the Limits of Representation: Nazism and the "Final Solution"*. Cambridge, Mass.: Harvard University Press.

Fulbrook, Mary. 1994. "Aspects of Society and Identity in the New Germany." *Daedalus*, Vol. 123, No. 1, pp. 211-34.

Fulbrook, Mary. 1992. "Nation, State and Political Culture in Divided Germany, 1945-90," in John Breuilly, ed. *The State of Germany: The National Idea in the Making, Unmaking and Remaking of a Modern*

Nation-state, London: Longman, pp. 177-200.

Fulbrook, Mary. 1991. *The Divided Nation: A History of Germany 1918-1990.* New York: Oxford University Press.

Funkenstein, Amos. 1992. "History, Counterhistory, and Narrative," in Saul Friedlander, ed. *Probing the Limits of Representation: Nazism and the "Final Solution".* Cambridge, Mass.: Harvard University Press, pp. 66-81.

Gager, John G. 1983. *The Origins of Anti-semitism: Attitudes toward Judaism in Pagan and Christian Antiquity.* New York: Oxford University Press.

Gerber, Jane S. 1992. *The Jews of Spain: A History of the Sephardic Experience.* New York: Free Press.

Gilbert, Martin. 1985. *The Holocaust: A History of the Jews of Europe during the Second World War.* New York: Henry Holt & Co.

Gilman, Sander L. 1991. "German Reunification and the Jews." *New German Critique*, No.52, pp. 173-91.

Habermas, Jurgen. 1988a. "A Kind of Settlement Damages （Apologetic Tendencies）." *New German Critique*, No. 44, pp. 25-39.

Habermas, Jurgen. 1988b. "Concerning the Public Use of History." *New German Critique*, No. 44, pp. 40-50.

Halbwachs, Maurice. 1992. *On Collective Memory.* Chicago: University of Chicago Press.

Hilasz, Nicholas. 1955. *Captain Dreyfus: The Story of A Mass Hysteria.* New York: Touchstone Book.

Hilberg, Raul. 1985. *The Destruction of the European Jews.* （3 vols.）, rev. ed. New York: Holmes & Meier.

Holborn, Hajo. 1969. *A History of Modern Germany 1840-1945.* Princeton: Princeton University Press.

Human Rights Watch. 1995. *Slaughter among Neighbors: The Political Origins of Communal Violence.* New Haven: Yale University Press.

Johnson, Raul. 1987. *A History of the Jews.* New York: Harper & Row.

Jonassohn, Kurt, and Frank Chalk. 1990. *The History and Sociology of Genocide: Analysis and Case Studies.* New Haven: Yale University Press.

Katz, Jacob. 1980. *From Prejudice to Destruction: Anti-Semitism, 1900-1933.* Cambridge, Mass.: Harvard University Press.

Kieval, Hillel J. 1988. *The Making of Czech Jewry: National Conflict and Jewish Society in Bohemia,1870-1918.* New York: Oxford University Press.

LaCapra, Dominick. 1992. "Representing the Holocaust: Reflections on the Historians' Debate," in Saul Friedlander, ed. *Probing the Limits of Representation: Nazism and the "Final Solution".* Cambridge, Mass.: Harvard University Press, pp. 108-27.

Langer, Lawrence L. 1995. *Admitting the Holocaust: Collected Essays.* New York: Oxford University Press.

Langer, Lawrence L. 1991. *Holocaust Testimonies: The Ruins of Memory.* New Haven: Yale University Press.

Landau, Ronnie S. 1992. *The Nazi Holocaust.* Chicago: Ivan R. Dee.

Laqueur, Walter. 1989. *A History of Zionism*, new ed. New York: Schocken.

LeGloannec, Anne-Narie. 1994. "On German Identity." *Daedalus*, Vol. 123, No. 1, pp. 129-48.

Levi, Primo. 1988. *The Drowned and the Saved.* New York: Vintage International.

Lipstadt, Deborah. 1993. *Denying the Holocaust: The Growing Assault on Truth and Memory.* London: Penguin.

Maier, Charles S. 1988. *The Unmasterable Past: History, Holocaust, and German National Identity.* Cambridge, Mass.: Harvard University Press.

Marrus, Michael R. 1987. *The Holocaust in History.* New York: Meridian.

Nicholls, A. J. 1968. *Weimar and the Rise of Hitler.* New York: St. Martin's.

Nolan, Mary. 1988. "*The Historikerstreit and Social History.*" *New German Critique*, No. 44, pp. 51-80.

Porter, Jack Nusan, ed. 1982. *Genocide and Human Rights: A Global Anthology.* Washington, D.C.: University Press of America.

Rabinbach, Anson. 1988. "The Jewish Question in the German Question." *New German Critique*, No. 44, pp. 159-92.

Richarz, Monika, ed. 1991. *Jewish Life in Germany: Memoirs from Three Centuries.* Bloomington: Indiana University Press.

Roth, Cecil. 1970. *A History of the Jews: From Earlier Times through the Sixth Day War*, rev. ed. New York: Schocken.

Rubinstein, Amnon. 1984. *The Zionist Dream Revisited.* New York: Schocken.

Schweigler, Gebhard Ludwig. 1975. *National Consciousness in Divided Germany.* London: Sage.

Staub, Ervin. 1989. *The Roots of Evil: The Origin of Genocide and other Group Violence.* Cambridge: Cambridge University Press.

Stern, Frank. 1991. "The 'Jewish Question' in the 'German Question,' 1945-1990: Reflections in Light of November 9th, 1989." *New German*

Critique, No. 52, pp. 155-72.

Taylor, Telford. 1992. *The Anatomy of the Nuremberg Trials.* New York: Little, Brown & Co.

Traversop, Enzo. 1994. *The Marxists and the Jewish Question: The History of a Debate 1843-1943.* Atlantic Heights, N.J.: Humanities.

Vaksberg, Arkandy. 1994. *Stalin against the Jews.* New York: Vintage.

Wertheimer, Jack. 1987. *Unwelcome Strangers: East European Jews in Imperial Germany.* New York: Oxford University Press.

Wiemer, Reinhard. 1987. "The Theories of Nationalism and of Zionism in the First Decade of the State of Israel." *Middle Eastern Studies*, Vol. 23, No. 2, pp. 172-87.

Winkler, Heinrich August. 1994. "Rebuilding of a Nation: The Germans Before and After Unification." *Daedalus*, Vol. 123, No. 1, pp. 107-27.